개혁가들

시대의 개혁가들

역사의 변화를 선택한 사람들

임용한 지음

시공사

기원전 6세기경에 살았던 고대 그리스의 정치가 솔론은 인간 사회가 성장하면서 최초의 성장통을 앓던 시기, 부자의 야수적인 욕망과 빈자의 고통과 불만이 폭발하던 시기를 살았다. 참고할 아무런 선례가 없었던 아테네의 시민들은 서로 극단적이고 이기적인 요구를 했다. 부자들은 지금껏 해온 대로 부의 축적을 계속하기를 바랐다. 솔론은 빈민이 몰락한다면 부자들이 지금껏 이룬 것도 모두 상실할 것이라고 보았다. 빈민들은 부자의 재산을 빼앗아 재분배하라고 요구했다. 그것이 빈부 간의 문제와 사회모순을 없애는 궁극적인 방법이라고 믿고 있는 사람들이 요즘도 꽤 있지만, 그건 허상이다. 궁극적으로는 모두를 가난하게 할 뿐이고, 빈부의 분화는 다시 발생할 것이다.

양측의 요구는 너무 투박하고, 결과는 뻔해서 솔론은 양쪽을 충분히 설득할 수 있을 것이라고 믿었다. 그러나 동의하는 사람보다 분노하는 사람이 더 많았다. 인류가 깨달은 것은 그 후 2,000년이 지나도록 솔론의 상식이 통하기는 쉽지 않다는 진리뿐이었다.

지금 우리 사회는 어떤가? 많은 분들이 한국의 보수와 진보의 미래가 어떻게 될 것이냐고 묻는다. 그러면 한국에는 진정한 보수도 진보도 없다고 대답하는 분이 많다. 사실은 보수와 진보라는 구분 방식 자체가 오류다. 차라리 우익과 좌익이 더 정확하다. 그런데 이렇게 말하면 색깔론이라고 발칵 한다. 이것이 우리 사회 지적 수준의 진정한 현주소다. 참 답답한 것이 우파적·좌파적 정책, 극우와 극좌 사이에는 수천, 수만 가지 별종이 있다. 우파적·좌파적이란 표현은 가치관과 지향성을 말하는 것이지 그 자체가 옳다, 그르다를 판정하는 기준이 아니다.

그러나 우리 사회는 이런 수준의 논의구조를 도저히 벗어나지 못한다. 어떤 정책이 제시되면 그 정책을 분석하는 것이 아니라 그 정책이 좌냐 우냐, 부자 편이냐 빈자 편이냐는 식으로 나누고 본다. 이것이 소위 일반화의 함정이다. 여러 가지 대안에 대해 장단점을 다양하게 분석하고, 국민을 설득하고, 단계적인 해결책을 제시하는 역할을 차라리 포기하고, 두세 가지 패러다임 속에 집어넣고 국민에게 분노와 반감을 강요한다.

이러니 정치판이 포퓰리즘, 선동, 기만과 후회, 맹목적인 비판, 몰상식한 말 바꾸기로 일관할 수밖에 없다. 좌나 우나 인권, 성장, 위대한 대한민국, 경제 민주화, 복지, 사람 사는 세상 같은 추상적인 단어를 띄우고 제 편리한 대로 제도를 집어넣고 평가한다. 이런 가치를 부정하는 것이 아니다. 그런 가치는 다 인류가 수천 년간 지향하고 구축해온 가치들이다. 단 그것을 실현하기 위해서는 수많은 실험과 고민이 필요하다. 이상이 아무리 좋아도 완벽한 제도는 없다. 모든 제도는 시대와 사회의 변화에 맞추어 끊임없는 반성을 통해 개선되어야 한다.

그러나 우리 사회는 이런 방식의 논의가 실종되고 상대방의 정책을 이분법적 틀에 끼워 넣고, 서로 주홍글씨를 붙이기에 바쁘다. 그러니 정책은 더더욱 형식적·기만적이 되어만 간다. 그러다가 자신이 정권을 잡거나 기만적 정책의 문제가 불거져 터지면 언제 그랬냐는 듯이 말을 바꾸거나, 자기가 하면 로맨스 남이 하면 불륜이라는 식으로 우기고 들어간다. 정치인의 뻔뻔함, 기득권층의 탐욕, 아직도 일제시대의 패러디임을 우기는 지성의 무지, 과거의 틀에 얽매여 과거를 청산해야 모든 것이 해결된다고 믿는 신비주의, 이런 것들이 이 모든 현상의 원인인지도 모른다. 그러나 아주 근본적인 원인이 우리 역사에 녹아 있다.

한국병의 진정한 주범은 명분론적 사고에 함몰된 지적 전통과 국수적 고립주의다. 후자는 좀 생뚱맞게 들릴지도 모른다. 그러나 조선이 20세기가 되도록 실용과 기능보다 도덕과 지향을 우선시하는 강심장을 유지할 수 있었던 것은 외국의 장점과 발전에 눈을 감은 탓이었다. 또 그 탓에 국제관계에서도 강대국과 약소국의 현실을 자각하고 힘을 키우기 위해 노력하기보다는 도덕과 정신으로 이기면 된다고 안주할 수 있었다. 이런 사고방식은 16세기부터 시작되어 병자호란을 겪으면서 병적인 상태로 발전했다. 오늘날 많은 분들이 한국의 감정적 민족주의가 일제시대의 경험이 만들어낸 것인 줄 알고 있지만, 실제로는 그것이 국권상실과 일제시대를 초래한 주범이었다.

이 책은 이런 교훈을 되새기고 우리 역사 속에 숨어 있는 진정한 개혁가들의 면모를 살펴보고자 기획하였다. 이 책에서는 개혁을 추구했던 인물의 삶과 정책을 세 가지 유형으로 나누어 살펴볼 것이다. 자기 경험과 감정적인 열정의 범주를 벗어나지 못했던 개혁가들, 자신의 시대를 진단하고 끊임없는 연구와 준비를 통해 변혁을 추구한 개혁가들, 마지막으로 한국사회의 폐쇄적인 세계관과 싸웠던 개혁가들의 이야기를 담았다.

2009년 발행된 초판에서는 과거에 대한 집착과 자기개발이라는 주제까지 포괄하다 보니 인물 선정과 내용이 산만해지는 감이 있었다. 또 그 주제로 선정한 의자왕과 견훤은 필자의 다른 책에서도 다루고 있는 내용이었다. 그래서 이번 개정판에서는 두 사람을 제외하고, 실용적 접근의 상징이라고 할 수 있는 김육과 대동법을 추가했다. 그 밖에도 초판에서는 딱딱하고 설교적으로 서술된 부분이 너무 길었던 감이 있었다. 이 기회에 문장과 내용도 가능한 한 쉽게 사례 중심으로 고쳐 서술했다.

마지막으로 한 가지 부언하고 싶은 것은 만적이나 홍경래, 전봉준과 같은 혁명가의 이야기가 빠진 부분에 대해서다. 잘못하면 필자가 반란과 무장봉기 같은 급진적 행동의 역사적 가치를 부정하고 오직 점진적·정책적 개혁만이 올바른 개혁이라고 주장한다는 오해를 야기할 소지가 있다. 전혀 그렇지 않다. 이 책의 주제 자체가 정책과 개혁안을 중심으로 개혁을 살펴보는 것이었기 때문이다. 끝으로 개정판을 오랫동안 기다려 주고 도와주신 시공사 여러분께 감사를 드린다.

2012년 11월 임용한

차례

2부
닫힌 사회에 대한 도전 그리고 한계

1장 세계를 향한 창, 다양한 시선으로 변혁을 꿈꾸다

2장 전통의 벽, 그 너머로 고독한 희망을 외치다

3장 닫힌 사회, 사고의 틀 안에 갇히다

1부 열정과 의지의 두 얼굴

1장

의지와 문제의식은 출발점이지 완성이 아니다

광종
정치의 속성을 몰랐던 불운한 왕

운 좋은 왕자

세상에는 자신에게 운이 없다고 한탄하는 사람이 의외로 많다. 오랫동안 고대하던 기회가 찾아오거나 무언가를 이루려는 순간에 꼭 의외의 불운이 닥쳐 일을 망친다는 것이다. 그래서 우리는 큰 성공을 이룬 사람을 향해 '하늘이 도왔다'거나 '성공에는 천운이 따라야 한다'고 말한다. 하지만 천운 역시 혼자 찾아오는 법은 없다. 천운과 불운은 언제나 같이 온다. 그리고 언제나 성공의 마지막 한고비에는 가장 악한 불운과 방해 세력이 매복하고 있다. 그러나 그것은 불운이 아니다. 산은 정상 부분이 가장 좁고 가파르다. 왜냐하면 그곳이 정상이기 때문이다.

자신의 불운과 운명을 한탄하는 사람은 절대로 성공할 수 없다. 운명은 도전하라고 존재하는 것이다. 운명에 도전하는 사람에게는 설사

실패한다고 해도 운명과 싸워본 귀중한 경험이 남는다. 그리고 그것은 재도전과 성공을 위한 자산이 된다. 하지만 운명을 한탄하는 사람은 경험이라는 소득도 얻지 못하고 불안감만 커져간다. 다시 도전의 기회가 왔을 때 그는 이전보다 더욱 강하게 엄습하는 불안감과 불길한 예감에 휘둘릴 것이고, 이에 그가 성공할 확률은 더욱 낮아지기만 한다.

949년 스물다섯 살의 젊은 국왕 광종光宗의 즉위를 지켜보던 사람들은 모두 운에 대해 이야기했을 것이다. 광종의 즉위 과정을 보면 그는 더는 운이 좋을 수 없는 강운强運의 사나이였다. 광종은 고려 태조 왕건의 넷째 아들이다. 태조가 죽자 첫째 아들이던 혜종惠宗이 뒤를 이었다(943년). 하지만 혜종은 당시 고려의 국왕이 되기에는 심각한 약점이 있었다. 모친의 가계家系가 왕건의 다른 부인들에 비해 너무나 보잘것없었기 때문이다. 이는 왕건의 다른 아들들에 비해 혜종의 권력 기반이 상당히 약했음을 의미한다. 혜종의 모친 장화왕후莊和王后 오씨吳氏는 왕건이 궁예의 휘하에 있을 때 정벌하고 주둔했던 전라도 나주 지역 토호의 딸이었다. 나주 오씨의 집안은 토호라 해도 군사력이나 권력이 없는 평민이나 다름없었다.

왕건의 첫 부인 유씨는 아이를 낳지 못했다. 후계가 없는 몸이었음에도 왕건은 오씨와 관계하면서 오씨에게서 아이를 낳지 않으려고 했다는 전설이 전해진다. 그 전설이 사실이든 아니든 그만큼 오씨의 가문이 미미했다는 반증이다. 하지만 오씨는 아이를 낳았고, 이 아이는 건강하게 자라 왕건의 신뢰를 얻는다. 기록이 적어 아쉽지만 왕건을 따라 종군하면서 혜종은 무장으로 후백제와의 전투에서 훌륭한 활약을 했다. 혜종은 완력이 세고 무술도 뛰어난 용사였다. 용기와 대범함도 갖춘 듯하다. 첫째 아들이라는 장점도 있었지만, 이 시대에는 장자상속이라는 관념이 그리 강하지는 않은 혹은 절대적이지는 않은 시대였다. 우리가 알고 있는 장자상속의 관행은 17세기나 되어서야 성립한 것이다. 아마도 혜종은 그의 능력과 헌신으로 왕건의 신뢰를 얻었던 것 같다. 왕건은 그를 태자로 책봉하고 왕위를 물려주었다.

그러나 혜종의 왕위는 불안했다. 왕건의 난봉으로 중요한 공신, 장군, 토호들은 하나같이 왕건과 사돈을 맺고 있었다. 모두가 잠재적인 왕위 경쟁자이니 혜종과 사이가 좋을 리 없었다. 혜종이 즉위한 직후 후주後周의 사신이 고려를 방문한 적이 있는데, 그의 눈에도 혜종과 대신들의 갈등이 심각하게 드러날 정도였다.

그 열망은 혜종에 대한 암살 시도로 이어진다. 그것도 한 번이 아니라 두 번이나 일어났다. 첫 번째는 자객이 혜종의 침실까지 잠입해 혜종을 찔렀다. 뛰어난 무사이기도 했던 혜종은 단신으로 격투를 벌여 자객을 때려눕혔다. 그러나 자객을 질질 끌고 나온 혜종은 자객을 경호원들에게 넘기면서 암살 배후에 대한 수사는 하지 말라고 명했다. 이것은 결코 혜종이 통이 커서가 아니라 권신들 대부분이 그와 적대적이었기 때문이다. 자객의 배후에 대한 수사를 할 경우 고려 정계의 유력 세력 대부분이 수사선상에 오른다. 혜종이 조금만 충분한 권력이 있었다면, 이 사건을 빌미로 대규모 숙청을 단행했을 것이다. 그랬다면 역사가들은 혜종의 암살 미수 사건이 자작극이 아닐까라고 의심했을 것이다. 우리는 역사에서 비슷한 사례를 수도 없이 볼 수 있다.

혜종은 숙청을 단행할 권력이 없었기에 자객에 대한 조사조차 포기해야 했다. 수사본부를 차리면 불안해진 왕족과 공신들은 단결해서 저항할 것이 분명했다. 침실까지 접근하는 자객을 막을 권력도 없는 혜종이 저들의 단합된 저항을 이겨낼 수 있을까? 혜종이 할 수 있는 최선의 방법은 애써 무시하는 것뿐이었다. 얼마 지나지 않아 두 번째 암살이 시도되었다. 처음의 실패를 교훈 삼아 이번에는 자객이 무리를 지어 침입했다. 다행히 낌새를 챈 혜종이 거처를 미리 옮김으로써 두 번째 암살음모도 모면했다. 하지만 이번에도 혜종은 반격하지 못했다.

《고려사高麗史》에는 이 암살 사건이 왕규王規의 범행이었다고 기록되어 있지만, 그 배후는 정황상 혜종의 이복형제이자 그의 가장 강력한 경쟁자였던 요堯와 소昭가 유력하다. 동복형제인 두 사람은 왕건의 셋째, 넷째 아들로 요절한 동복형 둘째 태泰에 이어 왕위 계승 서열로도 두 번째와 세 번째였다. 혜종이 후사가 없고 요절하면 왕위는 요의 차지였다. 두 사람의 모친인 신명왕후神明王后 유씨는 충주 호족 유긍달劉兢達의 딸이다. 유씨 집안의 규모나 세력은 정확하게 알 수 없지만 장화왕후 오씨에 비해 영향력 있는 집안이었던 것은 분명한 듯하다.

불안해진 혜종은 특단의 조치로 자신의 맏딸을 이복동생인 소와 결혼시켰다. 삼촌과 조카의 결혼이었지만 당시에 이 정도 근친혼은 아무것도 아니었다. 일종의 결혼동맹인 셈이었다. 이 결혼으로 혜종은 고려의 유력 가문인 충주 유씨라는 배경도 얻을 수 있었고 왕위계승 2순위인 요를 견제하는 효과도 거뒀다. 하지만 결혼의 효과는 혜종 자신도 기대할 수 없었다. 그 어떤 것도 왕위라는 달콤한 과실을 상쇄할 수 없기 때문이다. 더욱 폐쇄적으로 변한 혜종은 오로지 경호무사와 측근에 둘러싸여 살다가 불안이 병이 되어 재위 3년 만에 요절했다.

혜종의 아들인 흥화군이 있었지만 나이도 어렸고, 왕위를 계승할 권력도 없었다. 결국 왕위는 왕건의 둘째 아들인 요에게로 넘어간다(945년). 그가 정종定宗이다. 그러나 정종 역시 옥좌에 앉자마자 자신을 노리는 검이 사방에 있음을 발견했다. 그중에서도 가장 날카로운 검은 왕위 계승 서열 3위였던 친동생 소였다. 혜종과 대립할 때는 어려움을 함께 이겨낸 친동생이었지만 이제는 자신의 가장 강력한 경쟁자였다. 마치 혜종이 요와 소를 경계했던 것처럼 이제는 정종이 자신의 동생 소를 견제하고 경계하는 상황이 되었다. 아마도 그들은 둘 다 불안했을 것이다. 친형제는 서로 간에 가장 위험한 적과 숙청 일순위가 되었다. 혜종과 마찬가지로 정종 역시 이 복잡한 정치적 상황을 견디지 못했다. 그는 아예 귀족들의 영향이 비교적 덜한 서경으로 천도를 계획했지만 그 역시 이루지 못하고 오히려 내부의 갈등만 더 키웠다. 결국 정종도 949년 재위 4년 만에 스물일곱의 나이로 요절하고 말았다.

아버지 태조 왕건이 죽은 뒤 불확실한 미래로 불안에 떨었을 소는 단 6년 만에 두 단계를 뛰어넘어 네 번째 고려의 국왕, 광종이 되었다. 혜종부터 정종까지 불안한 정치상황에서 광종은 신뢰할 수 없는 음모와 모략 속에서 살았음이 분명하다. 본인의 천성이 착하고, 형제간에 우애가 돈독했다고 해도 주변 사람들이 결코 그를 가만두지 않았을 것이다. 무엇보다 광종 자신이 잘 갈아놓은 칼과 같은 인물이었다. 어쩌면 왕이 되기 전 겪은 경험이, 즉위 후 그가 지속적으로 펼친 왕권강화책에 큰 영향을 미쳤을지도 모른다.

사람들은 광종의 즉위를 보면서 그의 천운을 칭송했다. 하지만 요즘처럼 인터넷이 있었다면 아마 온갖 추측성 기사와 음모론, 암살설이 도배를 했을 것이다. 두 왕을 요절시킨 상황도 달라진 것이 없었다.

광종에게 주어진 왕위는 행운의 선물이 아니었다. 그는 진정한 운명의 시험대에 선 것이었다.

《정관정요》를 탐독하는 군주

광종은 26년간(재위 949~75년) 통치를 했다. 스물다섯 살에 즉위해서 오십 대 초반에 사망했지만 평균수명이 낮았던 당시로는 상당히 오래 산 왕에 속한다. 광종의 파란만장한 연대기의 첫 번째 기사는 그가 《정관정요貞觀政要》를 탐독했다는 이야기로 시작한다.

> 봄 정월에 큰 바람이 불어 나무뿌리를 뽑았다. 왕이 이 재변을 물리치는 방법에 대하여 물으니 사천司天(천문관)이 말하기를 도덕을 닦는 것이 가장 좋은 방법이라고 하였다. 이때부터 왕은 일상적으로 《정관정요》를 읽었다. (그리고) 덕이 해처럼 빛나게 하겠다는 의미로 '광덕光德'이라는 연호를 공포하였다. **《고려사》 권2, 세가2, 광종 원년 1월**

《정관정요》는 중국 역사상 최고의 제왕으로 꼽히는 당태종 이세민李世民과 신하들의 문답을 기록한 책이다. 당태종을 신격화하는 데 크게 기여했으며, 오늘날까지도 '제왕학의 교과서'로 간주되는 책이다. 《정관정요》가 묘사하는 태종은 덕과 능력을 겸비한 왕이다. 당나라의 전성기를 이끌었으며, 무엇보다도 바다같이 넓은 마음으로 신하들의 간언, 충고, 심지어 비난까지도 겸허하게 수용하고 자신의 잘못을 솔직하게 인정한다. 이것이야말로 제왕이 갖추어야 할 최고의 덕성이다. 그래야 인재가 모여들고 충신이 역량을 발휘한다. 그러므로 《정관정요》를 탐독했다는 것은 모든 사람들이 바라는 훌륭한 군주가 되기 위해 노력하겠다는 표현이다. 조선시대에는 경연제도가 있어서 왕이 되어도 매일 경연에 나가서 강제로 공부를 해야 했다. 그러나 고려시대에는 그런 강제 규정이 없었는데, 광종 스스로 공부하는 군주, 노력하는 군주의 자세를 보인 것이다.

그런데 이 《정관정요》는 정말로 아이러니한 책이다. 겉으로 보면 군주의 하염없는 겸손과 포용을 강조한다. 하필 그 모델이 당태종인 것이 또한 역설적인데, 당태종은 중국 역대 황제 중에서도 카리스마가 가장 넘쳐나는 황제다. 그의 카리스마는 칼을 뺄 때는 주저 없이 빼서 벤다는 냉혹성도 포함한다. 그는 동생을 죽이고, 아버지를 강제 폐위하고 황제가 되었다. 이런 카리스마 덕분에 《정관정요》의 비난을 용납하고 잘못을 시인하는 자세가 더욱 짜릿하게 와 닿은 듯하다. '이렇게 대단한 황제도 분노를 참고, 신하들을 공경했다. 당신이 당태종보다 뛰어난 인물일 리가 없지 않느냐? 그러니 더욱 겸손하고, 신하들의 말을 경청해야 한다.' 이것이 신하들의 바람이었다. 그래서 조선시대에도 《정관정요》는 경연의 교재로 애용되었다.

그러나 이것은 위험한 착각이다. 똑같은 이야기도 사람에 따라 입장에 따라 전혀 다른 인상을 준다. 황제로서 당태종의 카리스마는 너무 강렬했다. 아무리 편집으로 덧칠을 해도 그의 본성을 감추기는 어렵다. 통찰력 있는 군주라면 《정관정요》에서도 그 기운을 충분히 느낄 수 있을 것이다.

당태종 이세민

당태종은 수나라 말기 혼란한 정세를 극복하고 재위 기간(626~649) 동안 당나라를 태평성대로 이끌었다. 그의 치세는 '정관의 치'로 불리며 후대 군주들의 본보기가 되었다. 강력한 왕권을 꿈꾼 광종 또한 《정관정요》를 탐독하며 개혁의 칼날을 벼렸다.

행간의 뜻을 읽을 줄 아는 왕이 보면 《정관정요》는 신하들을 위한 바이블이 아니라 진정한 독재자의 교본이다. 이것은 역사로도 증명된다. 조선시대의 진정한 독재자였던 세조世祖가 좋아한 책이 바로 《정관정요》였다. 세조는 《정관정요》의 주석을 자신이 직접 달겠다고 나설 정도였다. 평생토록 세조가 닮고자 한 군주는 신하들의 말을 경청하는 《정관정요》 속의 이세민이 아니라 신하들을 이용한 이세민이었다.

세조가 주를 달자 영조는 몸소 후서를 지었다. 영조는 르네상스의 군주로 알려져 있지만 신하들을 주무르고 처벌하고 음모를 꾸미는 데는 누구보다도 대단했던 군주였다. 머리가 비상하고 신하들의 뒤통수 치는 데는 거의 달인의 경지에 올라 있었던 숙종도 《정관정요》를 좋아했다. 이 왕들은 자기들이 《정관정요》를 좋아한 진정한 이유를 밝히지 않았지만, 그들의 행적을 보면 《정관정요》에 묘사된 당태종이 아니라 그 이면의 당태종과 교감하고 있었음이 분명하다.

광종도 마찬가지였다. 젊어서 광종을 섬긴 고려의 명신 최승로崔承老는 광종이 사람을 알아보는 통찰력이 뛰어났다고 했다. 그런 인물이라면 《정관정요》의 내면을 파악하는 것쯤은 쉬운 일이었다. 오히려 《정관정요》를 탐독하는 왕의 모습을 신하들이 어떻게 받아들이는지 잘 알고 있었기에 이를 적절하게 이용했다. 아마도 신하들과 함께 정사를 논하거나 토론을 하면서도 《정관정요》를 곧잘 인용하고 써먹었을지도 모를 일이다. 그래서였을까? 많은 신하들이 즉위 후에 선왕인 정종의 '서경천도'와 같은 성급하고 충격적인 정책을 시도하지 않고, 얌전하게 《정관정요》를 탐독하는 광종을 보면서 안도했다. 광종 즉위 후에 고려의 정치와 사회를 흔들 만한 대내외적 사건이 없었고, 그의 초창기 정치에 대한 평가가 나쁘지 않은 것을 보면 '대가 센' 신하들도 광종에게 만족했던 것 같다. 덕이 해처럼 빛나게 하겠다는 광종의 결심에 감동했던 것이다. 그러나 태양의 본질은 빛이 아니라 열임을 그들은 몰랐다.

광종의 왕권강화책

즉위 후 무려 7년 동안 광종은 자신의 본모습과 생각을 꼭꼭 감추고 살았다. 신하들에게는 점잖게 예의를 갖추었다. 정사에도 열심이었고, 가난한 사람을 구제하고, 선비들을 대우하며 밤낮으로 열심히 일했다. 자의든 타의든 이미 국왕 두 명이 자신들과 다투다가 폐사하는 것을 본 신하들은 광종의 조심스러운 태도에 각별한 뿌듯함을 느꼈을 것이다. 하지만 광종은 신하들의 기대와는 전혀 다른 왕으로 성장하고 있었다. 최승로가 말한 광종의 장점은 곧 '신하들의 심성과 약점을 얄미울 정도로 잘 파악하고 능숙하게 이용한' 당태종 이세민의 장점이기도 했다.

위장된 처신을 하면서 암암리에 광종은 자신의 권력을 확장하기 위한 방법을 모색했다. 국왕의 정치적 권력을 양성하는 제일 좋은 방법은 자신에게 절대적으로 충성하는 부하를 확보하는 것이다. 그러나 고려의 관료들은 거의가 대신의 자제였다. 그들이 개인적으로 광종을 존경한다고 해도 피는 물보다 진한 법이다. 간간이 지방에서 올라온 입지전적인 인물이 없는 것은 아니었지만, 그들은 기반이 없고 서로 단결되어 있지도 않았다. 그리고 왕이 조금만 총애하는 기색을 보이면 바로 결혼, 사돈관계를 통해 주류 관료군의 세계로 흡입될 것이었다.

제일 좋은 방법이 중국 황제들이 선호하던 환관 육성이었다. 그래서 광종도 환관을 좀 키웠던 것 같지만, 우리나라에서는 환관 양성이 중국처럼 쉽지 않았다. 아무래도 새로운 관료군이 필요했다. 그때 새로운 인력시장이 열렸다. 이런 서술에 자존심이 상할 수 있지만 서기 10세기 때만 해도 고려보다 몇백 년은 앞서 있던 나라가 중국이다. 중국은 당나라가 망한 뒤로 5대 10국이라는 혼란기가 지속되고 있었다. 혼란기라도 춘추전국시대 같은 백가쟁명의 시기가 열릴 때는 오히려 기회의 시대가 된다. 그러나 이때는 흡수합병의 종착기로 5대 10국도 끝나가던 시기였다. 국가와 인생의 앞날이 불안하고 불투명했다.

955년 개경에 후주의 사신단이 도착했다. 단장은 설문우薛文遇였는데, 이 사신단에 쌍기라는 인물이 있었다. 쌍기의 정식 관직은 무승군武勝軍 절도순관節度巡官, 장사랑將仕郎, 시試 대리평사大理評事였다. 무승군은 지금의 산둥반도로 관직은 대략 중하급의 관원이었다. 개경에 온 쌍기는 갑자기 병이 나서 거동을 할 수 없게 되었다. 설문우는 할 수 없이 그를 두고 후주로 돌아갔다. 나중에 광종이 이 소식을 듣고 쌍기를 불러 면담을 했다. 광종의 질문에 쌍기가 대답한 내용이 광종 마음에 들었던 것 같다. 광종은 후주에 사신을 보내 양해를 구하고 쌍기를 한림학사翰林學士로 등용했다.

3년 뒤인 958년에는 청주淸州(중국 산둥성 칭저우) 수령으로 있던 쌍기의 부친 쌍철雙哲까지 고려로 망명했다. 이를 보면 쌍기의 망명은 우연한 사건이 아니라 계획적인 행동이었을 가능성이 있다. 쌍기의 망명 동기는 불확실하다. 후주는 960년에 멸망한다. 그러나 후주는 중원 한복판인 개봉에 도읍한 왕국으로 5대 10국 중에서는 강력한 나라였다. 후주의 멸망도 다른 나라에 침공당해 망한 것이 아니라 장군이었던 조광윤이 어린 황제를 몰아내고 집권한 것으로, 조광윤이 새로 세운 나라가 바로 중국을 통일하는 송나라였다.

그러나 후주 황가의 명운이 불안한 것도 사실이고, 그 불안한 정치적 상황이 쌍기의 망명을 초래했을 수도 있다. 하지만 무엇보다도 근본적인 이유는 광종의 적극적인 외국인 수용정책이었다. 《고려사》에서는 이 사실을 별로 발설하지 않았지만 쌍기 이외에도 많은 외국인들이 고려로 들어왔다.

> 당시 광종은 귀화한 중국 사람들을 특히 후대하기 위하여 신하들의 주택 중에서 취사선택하여 집을 배정하여 주고 처녀들도 택해서 주곤 했다. 어느 날 서필徐弼(서희의 부친)이 왕에게 아뢰기를 "제가 살고 있는 집이 좀 넓으니 바치고 싶습니다"라고 했다. 광종이 그 까닭을 물어본즉 그는 대답하기를 "지금 귀화하여 온 사람들은 관직을 골라서 벼슬을 하고 집을 택해서 거처하는 반면에 세신世臣 고가故家들은 도리어 거주할 곳을 잃은 사람이 많습니다. 저의 어리석은 생각에는 참으로 자손을 위한 계획을 생각한 바 있습니다. 재상이 거처하는 집이 자기 소유로 되지 못하니 그럴 바엔 저의 생전에 제 집을 회수하시기 바랍니다. 저는 봉록의 나머지로 다시 작은 집을 짓겠습니다. 이것은 나중에 후회하지 않기 위하여 그렇게 하는 것입니다"라고 대답했다. 광종은 화를 냈으나 나중에는 뉘우치고 다시는 신하들의 집을 빼앗지 않았다. **《고려사》 권93, 열전6, 서필**

광종은 중국인 관료들을 받아들여 관직을 주고 고려 처녀와 결혼까지 시켰다. 이것은 이들을 단순히 고용한 것이 아니라 동화정책을 수행한 것이었다. 더욱이 원로대신의 집을 빼앗아 이들에게 주었다고 한다. 옛날에는 자신의 집과 궁궐과의 거리가 권력의 크기와 국왕과의 친밀도의 바로미터였다. 그래서 조선시대 왕족, 공신, 근신의 집은 궁궐 바로 옆에 있었다. 망명객들에게 대신의 집을 빼앗아 준 것은 '내 옆자리로 와라'라는 식으로 그들에 대한 총애와 정치적 신뢰도를 과시하는 행위였다. 이것은 일종의 인의 장막으로 궁궐을 호위, 보호하는 의미도 있었다.

이런 시도가 바람직한 방법이었느냐는 논쟁은 일단 보류하고 이 시기 광종이 놀랄 만한 개방정책을 사용한 것은 분명하다는 사실에 주목하자. 우리 역사를 보면 고조선이 위만의 세력을 그리고 고려에서 거란에게 멸망한 발해 유민들을 받아들인 적은 있지만, 광종처럼 조직적이고 집단적으로 외국인 관료를 '스카우트'했던 사례는 한말에 외국인 고문관을 도입하기 전까지는 발견되지 않는다.

이때 채용한 외국인 관료의 규모는 알 수 없다. 하지만 이러한 외국 관료의 망명은 꽤 여러 사람을 대동하게 된다. 이 시기 중국의 관행으로 볼 때 쌍기와 쌍철이 후주에서 그 정도의 벼슬을 했다면 최소한 지방 귀족은 되는 가문이라고 보아야 한다. 이들 집안이 망명하면 수하의 관리, 호위무사, 노비들도 함께 이주한다. 또한 귀족의 노비 중에는 악공이나 화가와 같은 예술가나 기능공들이 포함되어 있는 것이 보통이다. 그러므로 이들의 망명은 최소한 대가족 내지는 작은 집단의 망명이며 정치권력만이 아니라 문화적으로도 많은 영향을 남긴다. 쌍기 일가가 고려 사회에 남긴 영향과 에피소드는 거의 발견되지 않는다. 광종이 죽은 후 많은 관료들이 이 외국인 집단에 대해 비판적이어서 이후 쌍기의 운명도 알 수 없다. 그러나 쌍기가 들여온 제도 하나는 우리 역사에 확고하게 남았다. 바로 과거제도다.

과거제도는 958년(광종 9년) 5월에 최초로 시행되었다. 과거에 대비해서 광종은 쌍기를 한림학사로 특채했고, 과거가 시행되자 그를 시험관인 지공거智貢擧로 임명했다. 지공거가 되었다는 것은 과거 출세와 선발에 전권을 주었다는 의미다. 게다가 지공거와 이때 급제한 관리 간에는 거의 대부와 양자 관계가 성립한다. 과거가 처음 시행된 것은 중국 북위 때로, 이는 수·당나라에서 자리 잡았다. 통일신라시대에 유명한 최치원부터 많은 학생들이 당나라에 유학 가서 과거에 급제했으므로 고려에서도 과거제도를 잘 알고 있었을 것이다. 그럼에도 이때까지 과거를 시행하지 않은 이유는 철저하게 혈연과 지연을 중시하는 통일신라의 폐쇄적 정치구조와 후삼국 시대라는 혼란기가 있었던 탓이었다. 무엇보다 과거제도가 생각처럼 신진세력을 등용한다는 기능을 쉽게 수행하지 못한 이유가 컸다.

오늘날 많은 사람들이 과거가 공정한 인재선발제도라는 환상을 가지고 있는데, 전혀 그렇지 않다. 부정선발을 해서가 아니라 공정하게 운영해도 과거제도는 여러 가지 한계를 지니고 있었다. 오죽하면 조광조부터 한말의 최한기까지 차라리 천거제를 해야 초야에 묻혀 있는 인재를 등용할 수 있다고 주장했을까? 그 이유를 다 설명하기는 어렵지만 몇 가지를 따져보면 이렇다. 아무리 시험제도라고 해도 공정성을 기하기는 어려웠고, 아직 학문과 학교가 크게 보급되지 않아 전국에 과거 응시생이 분포하고 있는 상황도 아니었다. 그러므로 과거제를 실시해도 시험에 응시하는 사람, 뽑히는 사람은 거의가 명문가의 자제일 수밖에 없었다.

그리고 과거는 시험관과 급제자 사이에 특별한 인간관계를 만들어준다. 이것은 왕의 의도와는 반대로 관료층 간에 유대를 강화시킬 수 있다. 지금까지 세력가들이 서로 동맹을 맺는 방법은 결혼밖에 없었는데, 그들을 엮을 수 있는 새로운 끈을 제공하는 셈이 된다. 결국 광종이 외국인 스카우트를 시행한 이유는 과거제도도 제도지만 과거를 통해 자신에게 충성하는 신진 관료층을 만들어낼 수 있는 수단을 얻기 위해서였다. 그래도 초기 과거는 급제자가 많지 않았다.

첫 번째 과거의 합격자는 겨우 일곱 명이었다. 문과 두 명, 명경과 세 명, 복업 두 명으로, 복업은 기술직이고, 유학의 소양을 시험하는 것은 문과와 명경과였다. 문과는 시와 부, 제술과 같은 작문시험을 보았고, 명경과는 유교 경전의 뜻을 해석하는 시험을 치렀다. 이렇게 보면 명경과가 더 어려울 듯하지만, 명경과의 권위는 문과에 비해 아주 낮았다. 명경과는 문장 해석 능력과 암기 능력만 있으면 되고, 작문은 경전 학습을 통해 체득한 지식을 문학으로 또는 감정과 사회제도에 대한 해결책으로 다시 승화시켜 표현하는 과정으로 이해했기 때문이다.

아무튼 관료가 되는 사람은 문과 급제자여야 했는데, 단 두 명이었다. 광종은 경복궁으로 치면 근정전에 해당하는 위봉루에 나가 합격자를 직접 발표했다. 이후 960년(광종 11년)과 964년(광종 15년), 972년(광종 23년)에 과거를 시행한 기록이 있다. 대략 4년마다 시행했고 한 번에 두 명씩 급제했다면, 광종이 사망하는 975년까지 다섯 번을 시행했다고 해도 급제자는 겨우 열 명 정도다. 급제했다고 벼락 승진하는 것도 아니다. 그들이 책임 있는 관직에 오르려면 20년은 걸린다고 볼 때 광종이 사망할 때나 되어야 겨우 한두 명이 권력의 중심으로 접근할 수 있게 된다.

그래도 관료군이 협소한 사회에서 믿을 만한 관료, 국왕에게 절대적으로 충성하는 관료를 둔다는 것은 없는 것보다 나은 일이었다. 관료군을 분열시키고 견제하는 효과도 컸다. 광종은 후자만으로도 만족했을 것이다. 이제 칼을 뽑아야 할 시기였기 때문이다. 사실 쌍기가 망명한 다음 해인 956년에 이미 광종은 가면을 벗어던지기 시작했다. 이 해에 그는 과거제도보다 관료들에게 더 충격적이었을 정책을 시행한다. 바로 노비안검법奴婢按檢法 이다(956년).

> 광종 7년(956)에 노비에 대한 심사를 시행하여 그 잘못이 어디 있는가를 판정하라고 명령했다. (이 명령을 내리자) 당시 종[奴]으로서 주인을 배반한 자들이 많았으며 윗사람을 무시하는 기풍이 아주 성행하였으므로 사람들이 모두 다 원망하였다. 그래서 왕후가 간절히 왕에게 간하였으나 광종은 듣지 않았다. **《고려사》 권88, 열전1, 대목왕후 황보씨**

노비안검법은 집권층, 특히 호족 세력이 불법적으로 차지한 노비를 국가에서 심사해 평민으로 돌린다는 법으로, 우리가 흔히 생각하는 노예해방은 아니다. 우리나라의 노비는 미국의 '흑인 노예'와는 다르다. 당시에는 인간이 가져야 할 기본적인 권리나 자유를 빼앗긴 문자 그대로 '노예'와 같은 노비나 집에서 부리는 몸종 같은 노비도 있었지만, 대부분의 노비는 보통의 소작인이었다. 같은 농민이라도 국가에 세금을 내고 국가에서 부과하는 역役을 부담하면 양인良人이고, 개인이나 관청에 속해서 그곳에 세금을 내고 역을 부담하면 노비였다. 결국 양인이나 노비는 세금과 역을 부담하는 대상이 다를 뿐 아주 특수한 경우를 제외하고는 큰 차이가 없었던 셈이다. 그러므로 권세가의 노비가 되는 것이 양민보다 낫다고 생각하는 사람도 있었다.

광종 당시의 소작제도는 노비제도와 얽혀 있었다. 즉 평민도, 노비도 소작을 하고 또 노비가 노비를 거느리기도 했다. 이렇게 복잡한 구조와 관계로 이루어진 사회였으므로 노비제도의 전면적인 수정은 거의 불가능했다. 귀족은 물론 민중조차도 다 찬성하기는커녕 반발하는 세력이 많았다. 더욱이 전국을 효율적으로 통치할 수 있는 중앙집권적인 지방제도도 완전히 갖추어지지 않았기 때문에 전국적인 노비안검은 사실상 불가능했다. 이 사실을 광종이 모르지는 않았다. 결국 광종의 노비안검법은 '노비 해방'이 목적이 아니었다. 그것은 수도에 사는 집권층을 대상으로 하는 정책이었다.

노비안검법의 명분은 귀족들이 불법적으로 차지한 노비를 양인으로 되돌려, 귀족들의 경제력이나 군사력을 약화시킨다는 것이었다. 그러나 실제로 여기에는 아주 교묘한 정치적 목적이 있었다. 어느 집단이든 내부의 적이 가장 무섭다. 가족 간에 비밀을 유지하기가 힘들 듯이 집권층의 비리와 음모를 가장 잘 아는 사람이 노비였다. 역사책을 뒤져보면 중국이든 한국이든 개인이나 집단의 역모를 고발하는 사람은 대개가 노비였다. 사실 가족은 가장이 어디로 가고 무엇을 하는지 가장이 얘기해주지 않는 이상 알 수 없다. 그러나 상전을 모시고, 물건을 들고 수행하는 노비는 관원의 일정과 만난 사람을 다 알 수 있다. 중요한 편지 심부름도 그들이 다 한다.

노비의 위력은 여기에서 끝나지 않는다. 당시의 고위층들은 사병집단도 거느렸는데, 노비는 이들이 거느린 사병의 주력이기도 했다. 광종은 이들의 해방을 약속했다. 단, 억울하게 노비가 되었는지를 '심사'한다는 조건을 달았다. 말이 심사지 솔직히 과학적 수사방법이나 공증제도가 발달하지 않은 당시에 공정하고 객관적인 심사란 애초에 불가능했다. 모든 것이 고발과 자백에 의존했다.

그렇다면 이것이 무엇을 의미할까? 그 답이 위의 기록에 있다. "주인을 배반하는 종이 증가하고 윗사람을 무시하는 풍조가 성행했다"는 것이다. 모든 노비가 다 그런 것은 아니겠지만, 심사를 하면서 심사자와 노비 간에 일종의 거래가 이루어졌음이 분명하다. '내부 고발'과 '해방'이 서로가 가진 카드였던 셈이다. 광종은 노비안검법을 빌미로 귀족가문의 정보와 비밀 등을 알고 있는 노비들을 국왕의 신하 내지는 사역인으로 만들 수 있었다. 노비안검법이 존재하면 노비들은 언제나 귀족 내부의 정보를 가지고 '안검'을 신청할 수 있는 가능성과 유혹 아래 놓이게 된다. 결국 노비안검법은 귀족층의 손발이던 노비들을 오히려 그들 내부에 이식된 시한폭탄과 같은 존재로 바꾼 것이다. 노비안검법은 대숙청의 전조였다.

피로 얼룩진 숙청의 끝

두 번째 과거를 시행한 960년(광종 11년)부터 광종은 전격적이고 거대한 숙청을 단행했다. 사건의 발단은 준홍俊弘과 왕동王同이라는 인물의 역모사건이었지만 이것은 그저 빌미일 뿐이었다. 광덕을 자처했던 광종의 뜨거운 정치가 비로소 시작된 것이다.

평농서사評農書史 권신權信이 참소하기를 대상 준홍, 좌승 왕동 등이 역모를 꾸민다고 하였기 때문에 이들을 내쫓았다. 이때부터 아첨하는 자들이 득세하여 충성 있고 현량한 사람들을 모함하였으며 노비가 제 주인을 걸어 고소하고 아들이 제 아비를 참소하여 감옥이 항상 가득 차게 되었다. 이리하여 따로 임시 감옥까지 설치하였다. 죄 없이 잡혀 죽는 자가 계속 생겨나고 (서로) 시기하는 버릇이 날로 심해졌다. 왕실 일족들도 많이 잡혀 죽었고 왕의 외아들 왕주王伷까지도 역시 의심을 받아 왕에게 가까이 가지 못하게 되니 모든 사람들이 두려워하여 감히 마주 앉아서 이야기도 하지 못하였다. **《고려사》 권2, 세가2, 광종 11년**

이 기사는 960년 한 해 동안 있었던 이야기가 아니고, 광종 치세 동안 있었던 긴 공포의 시기를 총괄한 것이다. "아첨하는 자들이 득세하고, 아들이 아비를 참소했다"는 기록은 그동안 광종이 관료군 내부, 가족 내부에도 자기 세력을 교묘하게 확보했다는 사실을 말해준다. 아니면 고문과 회유로 그들을 이간시켰을 수도 있다. 광종이 자신의 지지 세력을 전적으로 쌍기와 같은 외국인에게 의존했다면 당장 훈구 귀족들이나 관료들은 단합해서 저항했을 것이다. 명민한 군주였던 광종은 은밀히, 당시의 집권 세력인 공신이나 훈구 세력들을 분열시키고 그들 가운데 자기편을 만들었다.

노비안검법을 미리 시행한 덕에 노비를 이용하기는 더욱 쉬웠다. 양심적이고 주인에 대한 애정을 가지고 있던 노비들도 주인을 고발한 노비가 출세하거나 크게 보상받는 걸 보면 마음이 흔들렸다. 하물며 세상에는 의리와 충성보다 눈앞의 이익을 좇는 사람이 훨씬 많다. 게다가 특

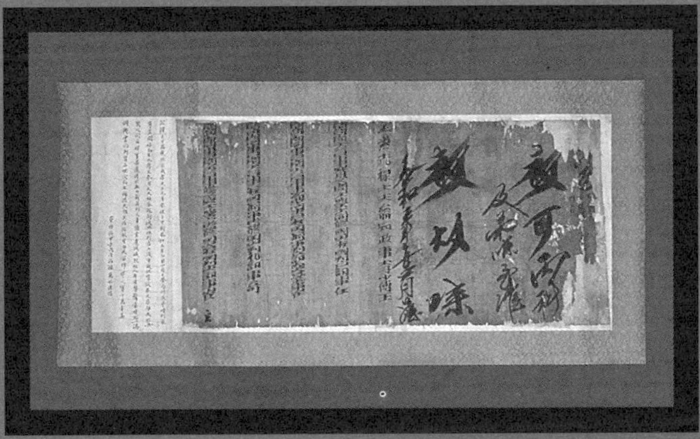

장양수 급제 패지

고려 희종 원년(1205년)에 진사시에 급제한 장양수에게 내린 교지다. 현재 전해지는 급제 패지 가운데 가장 오래된 것으로, 문서에는 과거 시험에 참여한 사람의 관직과 성이 열거되어 있다. 958년(광종 9년) 처음 실행된 과거제도는 이후 완전히 정착해, 고려가 폐쇄적인 문벌귀족 사회로 협착하는 것을 보완해주었다.

히 공신가의 노비들은 후삼국 항쟁기에 전쟁터에서 획득한 포로나 정복지의 양민을 전리품 삼아 자기 노비로 삼은 경우가 많았다. 억울하게 노비가 되었지만 감히 호소하는 사람이 없었다. 노비에 의한 고발과 포상이 시행되자 많은 노비들이 집안의 내력과 선조의 고난을 생각해냈다. 그런 사연이 없는 사람들도 옛날 주인에게 얻어맞은 일, 욕을 먹은 일, 술자리가 질펀하게 벌어지는 잔칫집 앞에서 찬 음식도 제대로 얻어먹지 못하고 말을 붙잡고 쭈그리고 앉아 있던 일을 기억해내기 시작했다.

이때부터 시작된 광종의 숙청은 우리 역사에서 보기 드문 광범위하고 피로 얼룩진 사건이었다. 더욱이 이 숙청은 권력의 주변인들인 중하급 관리나 유생을 대상으로 한 것이 아니라 대를 이어 권력을 누려온 최고 권력층에게 떨어진 것이었다. 고급관료, 대신만이 아니라 왕족, 친자식, 왕건을 따라 개국에 공을 세운 공신가에도 피바람이 몰아쳤다.

효은태자孝隱太子는 명확하지는 않지만 태자라는 시호가 붙은 것을 보면 광종의 아들인 듯한데, 성격이 음험하고 난폭하며 악당과 사귀면서 반역을 꾸몄다는 이유로 광종이 사약을 내려 자결하게 했다. 그의 두 아들은 도망쳐서 민간에 숨어 다니다가 현종顯宗 때에 이르러서야 겨우 복권되었다. 광종의 뒤를 이은 경종景宗은 태자 시절에 광종이 자신도 죽일까 봐 전전긍긍하며 지냈다는 이야기가 있는데, 이는 효은태자의 전례가 있었기 때문일 것이다.

최언휘崔彦撝는 최치원과 같은 경주 최씨로 당나라에서 과거에 급제했다. 귀국해서 왕건을 도와 최고의 문관으로 명성을 날렸다. 네 아들을 두었는데, 첫째 최광윤崔光胤은 거란에 갔다가 포로로 억류되었다. 그도 학문이 뛰어나 거란황제가 문관으로 중용했다. 고국에 돌아오지 못했지만 거란의 침공 정보를 몰래 고려에 전해주었다. 둘째 최행귀崔行歸는 5대 10국 시절에 강남에서 유학한 후 과거에 급제하여 관료가 되었다. 귀국해서 고려에 등용되었지만, 광종의 숙청에 걸려 처형되었다.

왕건 휘하 최고의 장수였으며 정종 때 있던 내란을 평정하여 공을 세운 공신 박수경朴守卿의 아들 세 명도 숙청되었다. 박수경은 화병이 나서 죽었다.

최승로는 광종 대의 숙청에 대해 이렇게 증언했다.

> 옛 신하들과 이름난 장수들이 차례로 살육당하고 골육 친척들도 역시 모두 멸망했습니다. … 말년에 이르러서는 자기의 외아들에 대하여서까지 의혹과 시기를 품었습니다. 때문에 경종景宗이 바야흐로 태자로 있을 때 항상 안심하고 살지 못하다가 요행으로 왕위를 계승하게 되었던 것입니다.
>
> **《고려사》 권93, 열전6, 최승로**

숙청에 성공하고 왕권을 확실히 정립한 광종은 이제 공포의 독재자가 되었다. 이 틈에 신흥 관료들도 제법 진출했다. 광종은 절차를 무시하고 이들을 급속히 승진시켰고, 최승로나 서희徐熙같이 개경의 공신 혹은 대신가가 아닌 사람들을 육성했다. 이렇게 함으로써 광종은 고려의 정치구조를 한 단계 발전시켰고, 고려가 무식하고 탐욕적인 공신 그룹의 간섭에서 벗어나 정상적으로 발전할 수 있는 환경을 조성했다.

그러나 여기서 광종은 중대한 실수를 저지른다. 광종은 제도개혁을 하고, 새로운 제도가 제기능을 발휘하기 위해서는 제도를 운영하는 인적 청산이 선행되어야 한다고 생각했을 것이다. 여기까지는 분명히 맞는 말이다. 그러나 인적 청산에도 방법이 있다. 아무리 의도가 좋고 명분이 옳다고 해도, 비정상적이고 정치적인 방법에만 의존해서는 결코 개혁을 이룰 수 없다. 숙청과 같은 극단적 방법은 결과적으로 인적 청산의 효과와 구조를 왜곡시킨다. 탐욕스럽고 부패한 구세력을 기회주의자와 겁쟁이로 대체시킬 뿐이다. 아울러 불신과 극단적 대립이란 불씨를 던져놓는다. 관료들은 살아남기 위해 투쟁할 것이고, 결과적으로 개혁은 물 건너가게 된다.

물론 어느 정도 인적 청산은 필요했을 것이다. 우리뿐 아니라 중국의 왕조도 이런 사례가 많으며, 현대와 달리 전근대의 청산은 종종 피의 숙청 내지는 비인간적인 방법을 수반할 수밖에 없다. 하지만 이런 숙청은 제도개혁을 수반하고, 개혁의 순위가 정확하고 체계적으로 구성되었을 때 의미가 있다. 광종은 너무 급했고, 정치적 청산의 비중이 너무 높았다. 그는 쉽게 그리고 단숨에 세상을 바꾸고 싶었을지 모르지만, 그가 실시한 인적 청산은 선부른 의사가 단숨에 치료한다고 환부를 바로 절제해버린 격이었다. 환부를 도려내자 과다출혈에 쇼크가 오기 시작했다.

심지어 광종이 기대했던 정치적 안정조차 오지 않았다. 희생자의 유족과 숙청을 지켜보며 분노에 휩싸인 사람들은 다시 새로운 적이 되었다. 당시 고려의 집권층은 실제로는 범위가 매우 좁았다. 삼촌과 조카, 이복형제, 자매끼리 결혼하는 왕실의 극단적인 근친혼에서 짐작할 수 있듯이 혼인관계로도 서로 복잡하게 얽혀 있었다. 이들을 모조리 제거할 수도 없는 상황에서 가혹한 숙청을 단행하자 적이 사라지기는커녕 오히려 증가해버렸다. 태자(경종)까지 죽음의 공포에 떨어야 했던 것도 태자가 무슨 음모를 꾸며서가 아니라 그의 외가든, 처가든 주변 모든 인물이 누군가와는 관련이 있기 때문이었다. 연좌의 끈은 궁궐과 관청에 있는 모든 사람을 휘감았다.

불안해진 광종은 숙청이 낳은 불안을 숙청으로 해소하는 수밖에 없었다. 결국 숙청은 끝없이 반복되고, 불안은 더욱 커져만 갔다. 그는 기존의 정치세력과 연관이 없는 지방 출신으로 시위군을 뽑고, 시위대를 크게 증원했다. 마음의 불안을 해소하기 위해 말년에는 불교행사를 크게 벌이고, 과도하게 불교에 의지했다. 이것이 단순히 위로를 얻기 위해서만은 아니었다. 불교는 광대한 장원과 인력, 무사, 정보망을 소유한 집단이어서 그 정치적 힘 또한 적지 않다. 하지만 불교 역시 인맥으로 들어가면 왕족, 귀족과 각종 연이 있다. 광종이 주로 행차하고 후원했던 절은 귀법사인데, 개경 주변에는 귀법사 외에도 절이 많았다. 광종이 귀법사를 총애한다는 것은 다른 절과 소원해진다는 의미다. 무엇을 하든 내 편을 하나 만들면 열 명의 적이 새로 탄생했다. 그것이 광종식 개혁의 철저한 한계였다.

얻은 것과 잃은 것

광종이 야망 있고 추진력 넘친 군주였던 것은 분명하다. 광종은 황제만이 제정할 수 있다는 연호를 독자적으로 제정하고(광덕光德과 준풍峻豊), 개경을 '황도皇都'라고 부르기도 했다. 이런 간접 증거로 보면 자신을 왕이 아니라 황제로 불렀을 가능성도 있다. 이 이야기를 하면 중국 황제와 맞먹었다며 자주성을 연상하는 분이 있는데, 이때 중국은 5대

10국의 혼란기라 고려와는 사신 왕래도 적었고, 주변 나라에 별 간섭도 하지 않았으며, 힘도 발휘하지 못하던 시기였다. 그러므로 광종의 황제 호칭과 연호제정은 중국에 대한 자존감의 선언이 아니라 국내용이었다. 국내 정세가 불안하고, 선왕 두 명은 암살 공포에 떨다가 요절했다. 광종은 땅에 떨어진 국왕의 권위를 세우고 오만해진 대신층을 억압해야 했다.

광종은 권위와 힘을 추구한 군주였다. 정치적 숙청을 하며 국왕의 권위만 세우려고 했던 것이 아니라 국가의 힘도 추구했다. 그는 군사력 재건과 북방개척에 열심이었다. 거란의 침공에 대비하기 위해 전국의 군대를 정비해 광군을 설치하고, 북방지역에 성을 쌓았다. 물론 권력은 총구에서 나온다고, 이 틈을 이용해서 직할의 수도군단을 키우는 것도 잊지 않았다. 광종의 대숙청에는 거란의 침공을 빌미로 재정비한 군대와 친위군이 큰 역할을 했음이 분명하다. 광종이 죽고 난 뒤에 신하들은 이 친위군을 해체하기 위해 갖은 노력을 다했다.

과거제와 군사제도 개혁에서 볼 수 있듯이 광종이 정치 게임에만 몰두하고 제도개혁에 소홀했던 것도 아니었다. 군사력을 강화하려면 재정 확보가 필수다. 나중에 과도했다는 비판도 듣지만 그는 전국의 세금제도를 정비했다. 관리의 공복제도를 정리해서 신분, 지위별로 관복의 모양과 색깔을 다르게 정했다. 현대인들은 이런 개혁에 당장 '그깟 형식적인 것은 해서 뭐해'라는 생각을 하기 쉽지만, 신분질서가 엄하고 신분과 지위에 따라 먹는 것, 입는 것까지 다 달라지던 시기에 이런 제도개혁은 영향이 꽤 커서 위계질서와 특권의 정리까지 불러왔다. 이를 잘 이용하면 관료층의 분열과 통제에도 짭짤한 효과를 발휘할 수 있었다. 인간은 개개인이 하나의 우주라고 할 정도로 대단히 복잡하기도 하지만, 어떨 때 보면 대단히 단순해서 사소한 것에 울고 웃고 분노하고, 쉽게 휘둘린다. 특히 정치인들은 별 것 아닌 권위와 특권에도 무섭도록 집착한다.

그러나 이런 제도개혁도 가만히 보면 중앙정치와 숙청에 초점이 맞춰져 있음을 볼 수 있다. 과거, 관리 공복, 친위군, 군정기구의 정비가 그에 해당한다. 군사제도와 조세제도 정비는 국가 기간제도의 정비라고 볼 수 있지만, 그것은 대강 정한 수준이었다. 조세제도도 조세기구나 지방행정망을 정비한 것이 아니라 전국 군현에서 납부하는 조세액과 물품을 정비한 수준이었다. 그리고 그 본질은 분명 증액이었을 것이다. 그런데 군대를 징발하거나 조세를 늘리는 것이 필요하다고 해도, 이런 정책을 시행하려면 반드시 지방행정망이나 수취기구 같은 기간제도를 먼저 정비해야 한다. 특히 조세에 대한 기존 관행을 수술하고 증액할 경우에는 새로운 수취 기준을 감시하고 판결할 재판기구나 이차적 관리기구의 정비가 반드시 선행되어야 한다. 그런 것 없이 기존의 관행을 고치면 아주 약간 증액했다고 해도 바로 폐단이 발생하고 현장에서는 몇 배의 모리와 부정이 발생할 수 있다.

광종의 개혁이 지닌 근본적인 문제는 국가라는 거대한 유기체에 대한 고민이 부족했다는 것이다. 영양실조에 걸린 사람이나 동물에게 급하게 필요한 것은 에너지를 생산할 수 있는 양식이다. 그러나 그에게 자양분을 공급하기 위해서는 신체구조와 신진대사에 대한 의학적 지식이 필요하다. 그것 없이 무조건 양식을 공급하면 탈이 나거나 목숨을 잃는다.

광종은 국가가 거대하고 복잡한 유기체라는 사실은 인식했지만,

그 유기체가 자기 판단과 상식 이상으로 복잡한 구조라는 사실을 간과했다. 광종 대에는 지방관도 파견되지 않았고, 국가의 기초조차 엉성했다. 그는 원점으로 돌아가 국가라는 유기체에 우선적으로 필요한 것과 그것을 세워가는 방법을 고민했어야 했다. 많은 사람들이 그가 《정관정요》를 탐독할 때 그런 고민을 하는 줄 알았지만, 광종은 국왕이 되기 전에 이미 필요한 것과 우선순위를 마음속에 정해놓고, 국왕이 되어서도 그것을 재고하지 않았던 것 같다.

기존의 정치세력에 대해 과도한 분노와 경계심을 지니고 즉위했던 탓에 그에게는 그런 문제를 토의할 여유와 의지가 없었다. 그것이 자신의 아집에 더욱 몰입하게 했다. 이것이 큰 실수였다. 아무리 부패하고 마음에 들지 않는 세력이라고 해도 정치란 자기편을 확대해가는 과정이다. 그래야 자신이 추구하는 정의의 세계를 이룩할 수 있다. 그러나 성급하고 단선적인 사람들, 과거의 불행과 고통에 지나친 트라우마를 지닌 사람들은 자신의 정의와 기준으로 보기 싫은 세력을 제거하려고만 한다. 그는 환부가 제거된 깨끗한 세상을 기대했겠지만 그 후에 남은 것은 피투성이 상처와 고통에 찬 울부짖음이었다.

조광조
빛바랜 군자의 꿈

성균관의 신성 클럽

조선의 왕은 고단하다. 오늘날은 삼권분립이지만 조선시대는 사법, 입법, 행정 관련 모든 서류가 왕의 책상 앞으로 온다. 그보다 더 고달픈 일이 평생토록 해야 하는 공부다. 경연이라고 불리는 학습시간이 한 번에 두 시간, 하루에 세 번씩 어김없이 찾아온다.

경연의 텍스트는 유가의 고전과 역사서들이다. 선발된 문신들이 국왕 앞에서 문장을 해석하고 해설을 단다. 국왕이 요절하면 다행이지만 영조처럼 장수를 누리면 수십 년 동안 같은 텍스트를 몇 번이고 반복해서 공부해야 한다. 그러므로 경전 해석만 하면 지겨워서 견딜 수가 없고 할 이야기도 없다. 그래서 간간이 정치토론도 하고 이슈가 되는 사회문제를 논의하기도 한다.

중종 5년(1510) 음력 10월 10일, 제법 쌀쌀해지기 시작하는 계절의 아침 경연시간이었다. 경연관으로 참석한 김세필이 강론을 하다가 화제를 시사로 슬쩍 돌렸다. 요즘 선비들은 공부를 해도 경전의 문장을 외우고, 글로 표현하는 재주만 익히고, 정작 경전을 묵상하며 자신을 수련하지는 않는다는 것이었다. 요즘 말로 하면 논술을 공부해도 입시용으로만 공부를 하니 사고력과 수양에 도움이 되지 않는다는 말이다.

이렇게 화두를 떼자 함께 참여한 여러 문신들이 이리저리 맞장구를 쳤다. 분위기가 조성되자 김세필金世弼이 진짜로 하고 싶은 말을 했다. "요즘 학교의 사풍이 무너져서 유생 중에 성현의 행동을 흠모하는 자가 있으면, 다른 사람들이 떼를 지어 비방하고 헐뜯곤 합니다. 이 폐단을 고치려면 모범이 될 수 있는 선비를 학생대표로 임명해서 본을 보이도록 해야 합니다."

중종은 눈치가 빠른 왕이었으므로 김세필이 무슨 이야기를 하는지 금방 알아챘을 것이다. 그 무렵 성균관에서 작은 소동이 있었고, 일부 유생들이 문제 학생을 처벌해달라고 왕에게 탄원서를 제출하는 사태까지 벌어졌다. 이날 경연에서 조광조의 이름이 직접 거론되지는 않았지만, 이 소동의 중심이자 진원지가 조광조였다. 1510년 스물아홉 살에 진사시에 장원으로 급제한 그는 바로 성균관에 입학해서 기숙사 생활을 시작했다. 그는 입학하자마자 독특한 서클을 만들어 화제를 일으켰다.

조광조는 종교로 비교하면 수도승들이 경전 공부만 하고 기도, 참선, 수행은 소홀히 한다는 비판을 했다. 어떤 종교에서나 종교가 귀족화하고 나태해지면 이런 현상이 발생한다. 그러면 수행의 회복을 요구하는 성결운동이 발생하게 된다. 단 조광조의 수행론은 세속을 초월하기 위해서가 아니라 정치의 완전성을 추구한다는 점이 다르다. 수행을 겸비하고 마음을 닦아서 도덕적으로 온전한 사람, 진정한 도학자가 정치를 해야 국가와 사회를 바로잡고 정의가 강물처럼 흐르는 사회를 이룩할 수 있다는 것이다. 이런 신념으로 무장한 조광조는 모든 면에서 남달랐고, 원칙을 중시하는 그의 삶은 단박에 주목을 받았다. 조광조는 선비란 먹고, 쉬고, 공부하는 시간 전체가 수행의 과정이어야 한다고 보았다.

선비는 먼저 옷차림이 격식에 맞아야 한다. 일어나면 바로 관을 쓰고 복장을 갖춘다. 선비가 다 그러는 것 같지만, 이 관이라는 게 요즘처럼 탄력성 있는 소재로 만드는 것이 아니어서 한두 시간만 쓰고 있어도 머리를 조이고, 덥고, 자칫하면 떨어져서 목에 부담을 주었다. 그래서 옛날에 문지방 선비라는 말이 있었다. 혼자 있을 때는 관을 벗고 옷고름도 풀고 편하게 있다가 누가 찾아오면 문지방으로 내다보고 얼른 복장을 갖춘다는 의미다. 참선비라면 그래서는 안 된다. 수행이란 고통 속에서 단련되는 법이다. 조광조는 공부할 때도 쉴 때도 추울 때나 더울 때나 절대 관을 벗지도 옷소매를 걷지도 않았다.

걸어 다닐 때의 자세에 대해서는 정보가 없지만 분명 늘 팔에 책을 끼고 걷고, 지나가는 여자를 보느라 고개를 돌리지도 않았을 것이다. 눈은 늘 정면을 응시하고 턱을 약간 들고, 흙탕물이 튀거나 비가 쏟아져도 펄쩍 뛰거나 도포 자락 한 번 펄럭이지 않고 오직 목표를 향하여 시선을 똑바로 응시하며 걷는다. 이것이 선비의 보행자세다. 하지만 이런 행동은 존경보다는 비웃음을 낳았다. 꽉 막혔느니 융통성이 없느니 하는 소리를 들었을 것이다. 그러나 조광조는 꿋꿋했다. 이미 처음이 아니었기 때문이다. 그의 신념과 행동은 성균관에 들어오기 이전부터 시작되었다. 그리고 동료들도 여럿 있었는데, 가장 친한 동료가 같은 성균관 생원이던 김식金湜이었다. 그 외도 여러 명이 있었다. 그들은 10대 시절부터 교우를 맺었고, 논어와 맹자에서 그리는 이상적인 유학자가 되겠다고 결심한 지 오래였다. 공자에게는 수십 명의 제자가 있었고, 제자들마다 개성이 조금씩 달랐는데, 조광조의 친구들은 서로를 각각의 개성에 따라 공자의 제자에 빗대어 불렀다. 물론 그중에서 부자夫子(공자를 말함)는 당연히 조광조였다.

한양의 상류층 사회는 좁았기 때문에 이 일화도 충분히 소문이 났을 것이다. 어떤 이들은 여전히 웃기는 애들이라고 했겠지만, 타협하지 않는 신념은 독특한 매력과 흡인력을 갖는 법이다. 적은 수지만 그에게 매료되어 그를 추종하는 선비들도 나타났다. 이쯤 되자 사태를 심각하게 받아들이는 사람도 생겨났다. 따지고 보면 조광조의 행동이 다른 사람에게 피해를 주는 것은 아니었다. 조광조는 방에 드러눕는 선비를 나무라거나 남에게 자신처럼 행동하라고 강요하지도 않았다. 하지만 사람이 가장 기분 나쁜 것이 남과 비교되는 것이다. 조광조의 행동은 그 자체가 타인과의 비교우위를 내포하고 있었다. 그것도 정도가 지나쳐서 조광조처럼 하면 진짜 유학자 내지는 군자, 그렇지 않으면 가짜 선비 내지는 소인배임을 공공연히 드러내는 셈이었다.

성균관 입학 1년도 되지 않아 조광조는 문제학생이 되었다. 성균관에서 조광조, 김식 등이 자신들을 사성십철이라고 자칭하면서 분란을 야기한다는 탄핵이 들어왔다. 예문관과 승문원의 관원도 가세했다. 이 관청들은 뛰어난 문신으로 선택받은 사람들만이 들어갈 수 있는 관서로, 신임관원의 선발도 기존 관원의 천거와 합의가 중요했기 때문에 서로 간에 독특한 유대관계가 있었다. 그들은 조광조의 행동에 대해 위화감 이상의 어떤 불길함을 느꼈던 모양이다.

하지만 조광조를 지지하는 선배들도 이미 조정에 포진하고 있었다. 경연에서 조광조를 옹호한 김세필도 그중 한 명이었다. 중종은 이미 조광조 탄핵사건을 알고 있었다. 그런데 김세필이 그를 변호하고 오히려 그를 사표로 삼자고 나섰다. 탁월한 음모가이자 정치꾼이었던 중종은 조광조 사건에서 독특한 흥미를 느꼈다. 조광조를 둘러싸고 기존의 관료와 유생층 사이에 상반되는 그리고 서로가 예민하게 반응하는 기류가 형성되고 있었다. 그것이 무얼까? 이 색다른 진사는 독특한 정치적 가치를 지니고 있을지도 몰랐다.

지방 선비와 명문자제

평안북도 지도를 보면 주요 도시가 거의 평북 서쪽 지역에 있다. 평북 동쪽 지역은 개마고원 못지않은 산악 오지다. 그 오지의 경계선에 있는 마지막 고을이 희천이다. 1498년 연산군이 무오사화戊午士禍를 일으켰을 때 김굉필金宏弼은 김종직의 문인이라는 이유로 이곳 희천에 유배되었다. 김굉필은 별명이 '소학동자'였다. 이때까지 유학자들이 《소학小學》은 별로 중시하지 않았다. 그러나 김굉필은 《소학》을 선비들이 깊이 공부해야 하는 필독서라고 보았다.

선비란 눈과 머리로 익히는 지식이 아니라 수양을 통해 자신을 도인으로 단련해야 한다. 학문의 목적은 학자가 아니라 군자, 도학자가 되는 것이다. 책을 읽고 학문적, 사변적 지식만 쌓으면 학자는 되겠지만 도인은 될 수 없다. 윤리의식이 강하면 될까? 그것도 안 된다. 삶 전체, 말 한마디, 입는 것, 먹는 것, 행동거지 하나하나가 수양이고 도학에 맞지 않으면 안 된다. 이런 자세로 살아가는 사람이 진정한 학자이며 도학자다. 그런데 이런 학자가 되기 위해서는 소년시절부터 훈련이 중요하다. 소년시절부터 항상 바른 생활 훈련을 익히고, 바른 가치를 깨닫고 수도자와 같은 생활을 해야만 한다. 그래서 김굉필이 《소학》의 중요성을 강조했던 것이다.

이 소학선생이 희천에 있을 때, 조광조의 부친이 어천도 찰방이 되었다. 어천도는 영변과 강계 사이의 도로로, 희천이 그 중간에 있다. 부친을 따라왔던 조광조는 희천에 있던 김굉필을 만났고, 그의 문인이 된다. 김굉필과의 만남이 길지는 않았지만 조광조의 삶에 큰 획을 남겼다. 조광조는 김굉필의 도학사상만이 아니라 그의 슬픔과 고통까지 계승했다. 1504년 갑자사화甲子士禍가 터지자 희천에 있던 김굉필이 처형되었다. 조광조에게 이것은 큰 충격이었다. 김굉필은 정치적으로 투사도 아니었다. 지방에 은거하다가 천거로 하급관원이 되었지만, 그는 평생을 선하게 살아왔고, 관리라기보다는 시골선비에 가까운 학자였다. 이런 그가 사형을 당했다. 조선의 법에 사대부의 처형은 살인이나 대역죄에만 해당되었다. 김굉필은 양심범도 아니었다. 성리학의 근본원리에 더 가까이 다가갔을 뿐이다. 왜? 도대체 무엇이 세상을 이렇게 만들었는가?

청년 조광조는 대학의 운동권 학생과 비슷한 경로를 겪는다. 순진했던 학생이 갑자기 세상의 부조리에 눈을 뜨고, 혼탁한 사회와 위선적인 제도권 교육에 영혼을 맡기기보다는 진리를 사수하고 세상을 바꿔

야겠다는 결심을 하게 된다. 그리고 변혁을 위한 이데올로기 학습을 시작한다. 20세기에 변혁을 추구하던 학생들은 하이데거의 학생운동론이나 마르크스-레닌의 혁명사상을 붙들었지만, 조광조는 스승의 도학사상을 선택했다. 오늘날 우리의 눈에 유학사상은 변혁사상과는 거리가 있어 보이지만, 연산군 치세에 김종직-김굉필의 도학론을 공부하는 것은 5공 시절에 운동권 서클에 가입하는 것만큼이나 위험한 짓이었다. 부친과 친척들이 그의 행동을 걱정하고 꾸짖기도 했지만 조광조는 멈추지 않았다.

조광조가 김굉필, 즉 16세기에 등장한 사림파의 정통 계승자이며 훗날 훈구세력과 대립했다는 사실 때문에, 그를 지방 양반가 출신이라고 생각하는 사람이 의외로 많다. 예전에는 역사학자 중에서도 그렇게 생각하는 사람이 많았다. 하지만 조광조는 가문의 성격으로는 정통 훈구파에 속한다.

조광조는 개국공신인 조온趙溫의 5대손으로 태어났다. 조온은 태조 이성계의 외조카이며, 개국공신만이 아니라 조선 초기에 가장 권위 있는 공신호인 3대 공신(개국, 정사, 좌명)으로 모두 책봉되었던 인물이다. 조선시대에 공신이 된다는 것은 대단한 특혜를 받게 됨을 의미했다. 공신이 되면 자자손손 부와 권력이 보장되고 막대한 공신전을 받아 자손에게 대대로 세습할 수 있었다. 과거에 급제하면 관직이 보장되고, 누구보다 출세가 빨랐다. 밀려난다고 해도 고위직을 얻을 수 없을 뿐이지 무관직, 음서를 통해 중하급의 관직을 받아 사대부의 지위는 계속 유지할 수 있었다.

그런데 조온은 대단한 공신이었지만, 전통적인 문신, 대가들과는 조금 차이가 있었다. 고려시대 몽골이 고려를 침공했을 때, 함경도 지역이 반란을 일으켜 몽골에 귀순했다. 그래서 쌍성총관부가 생기는데, 쌍성총관부 최대의 토호가 조휘趙暉의 후손인 조씨가와 이성계 집안이었다. 두 집안은 대대로 혼인을 맺으며 동맹관계를 유지했다. 그런데 공민왕이 쌍성총관부를 탈환할 때, 이씨가는 고려로 귀순했지만, 조씨가는 저항하다 멸망했다. 조온은 이 조씨가 출신으로 고아가 되어 어렵게 사는 것을 이성계가 데려다 키웠다.

조온은 이성계 휘하에서 무장으로 성장했다. 가문의 한을 숨기고 있었는지, 더 큰 출세를 원해서인지는 알 수 없으나 조온은 왕자의 난 때 태종 이방원 편에 붙었다. 붙은 정도가 아니라 결정적인 공을 세웠다. 1398년(태조 7년) 이방원이 궁궐을 포위하고, 태조 이성계를 강제로 하야시킨 날, 경복궁 수비대의 반을 지휘한 인물이 조온이었다. 그가 가담하지 않았더라면 이방원의 거사 자체가 불가능했을 수도 있다. 조온은 태종 치세에 재상인 의정부 찬성사贊成事까지 역임했다 하지만 가문의 평판이 별로 좋지는 않았던 모양이다. 조온의 후손들은 비교적 평온하게 살았지만, 정치권에서 두각을 나타내지는 못했다. 조광조의 부친은 6품직인 찰방과 현감을 역임했고, 조광조가 성균관에 들어가기 전에 사망하고 말았다.

형식상으로는 대단한 명문가이면서 현실적으로는 그렇지 않은 가문의 이런 애매한 위상은 조광조에게 자괴감을 주기에 충분했다. 이런 잠재의식이 조광조가 문신 명문가 출신들도 성취하지 못한 '진짜 유학자', '참된 유학자'를 추구하는 숨은 원인이 되었을 가능성이 높다. 그런데 김굉필과의 만남에서 조광조는 지금 조정에서 문신이나 유학자로 명성을 날리고 출세한 사람들은, 진정한 문신이나 유학자가 아니라는 깨달음까지 얻는다. 그들은 애초에 교육과 사상이 잘못되었고, 유학자나 관리로서 제대로 된 숙성과정을 거치지 못했다. 그러니 국왕이 사화를 일으켜 그들보다 선량한 진정한 선비를 학살하는 것을 보고도 막지 않은 것이다. 또한 그들이 다스리는 세상에서는 부정부패와 가혹한 세금이 늘어만 간다.

조광조는 진정한 수련을 통해 먼저 자신이 참된 유학자가 되고, 동료들을 모아 참된 유학자로 양성함으로써 세상을 바꾸기로 결심한다. 그는 자신의 뜻에 동의할 사람을 수소문하고 방문하면서 동료들을 모았다. 그리고 지난 세대의 잘못과 시대의 사명에 대해 이야기한다.

《중종실록中宗實錄》을 편찬한 한 사관은 조광조가 무오, 갑자사화의 주범인 유자광柳子光 이야기만 나오면 얼굴에 분한 표정을 나타내며, 주변 사람에게 그가 나라를 망친 과정과 상황을 열심히 이야기하곤 했다고 회고했다. 구체적으로 무슨 말을 했는지는 알 수 없으나 이렇게 짐작이 된다. 유자광은 그들이 가장 싫어하는 스타일, 마음에 도는 없고 현실을 살아가는 능력만 탁월한 인재였다. 조광조는 재능과 실리를 중시하는 태도는 결국 부패와 탄압이라는 독재로 귀결될 수밖에 없고, 그것을 해결하려면 이들을 내쫓고 도학자가 관리가 되어 정의와 도덕이 살아 있는 사회로 만들어야 한다고 설파했을 것이다. 오늘날도 그렇지만 이런 이상론은 젊은이들이 혹하기 쉬운 주장이다. 선하고 양심적인 관리가 국가를 운영하면 세상은 밝고 정의로워진다. 너무나 분명하고 간단한 방법이 아닌가. 그들은 조광조를 더욱 우러러보기 시작했다. 일단 그의 몸가짐 자체가 보통 선비가 할 수 있는 수준이 아니었다.

운동권에서 권력 실세로

조광조의 동료들도 대체로 한양의 괜찮은 집안의 자제들이었다. 그들은 모임도 가지고 MT도 가면서 토론도 하고 수양도 했다. 수련을 통해 군자가 되어야 한다는 의식 하나는 투철했던 그들은 아예 자신들의 모습에 공자와 그 제자들을 투영했다. 리더 격인 조광조를 그들은 공자를 지칭하는 호칭을 써서 '조부자'라고 불렀다. 다른 친구들도 서로 개성과 학문수준에 따라 안회顔回, 자공子貢 등 공자 제자들의 이름을 붙였다.

그런데 이 작은 스터디 그룹이 세상을 바꿀 수 있을까? 1920년대, 30년대에 시작된 사회주의 독서 토론회, 1960년대 이후 대학에서의 속칭 이념서클도 이런 작은 모임에서 시작됐다. 찻잔 속의 태풍 같지만, 그 찻잔이 보통 찻잔이 아니었다. 16세기 한양에서 지식인 그룹은 전체 인구 중의 극소수인 명문가, 양반가의 자제로 이루어져 있었다. 일제시대 고등교육을 받은 사람들, 1960~70년대 서울 명문대학에서 형성되는 인맥보다도 훨씬 좁았다.

더 중요한 사실은 권력을 쥐고 있는 훈구세력도 이미 포화상태를 넘어 분열하고 있었다는 것이다. 중종을 비롯해서 관료군의 한쪽 세력은 조광조의 사상이 상대편을 공격하고 제압하는 데 아주 유용하게 사용될 수 있다는 사실을 깨달았다. 연산군 때의 사화는 결코 훈구와 지방 사림의 대립이 아니라 훈구세력 간의 대립이었다. 나중에 커다란 정치적 이슈가 되는 중종반정 이후 과도하게 책봉한 억지 공신군의 출현도, 이미 한양의 관료군이 공급과잉 상태가 되어 명문가의 젊은이들이 출세에 제약을 받기 시작하던 분위기의 소산이었다. 사실 가짜 공신과 조광조 파는 같은 배경에서 탄생했다. 위기감을 느낀 일부는 어떻게 해서든 남보다 우월한 지위를 얻어 권력에 가까이 가려 했고, 일부는 가문이 아니라 실력으로, 시험성적이 아니라 심성까지 점검해서 인재를 뽑아야 한다고 주장하게 되었다. 물론 그들 자신도 태생적으로 지방 양반들과는 비교할 수 없는 특혜와 이익을 보유하고 있었지만, 그렇기 때문에 능력본위라는 구호에 큰 부담을 느끼지 않고 동의할 수 있었다.

이것이 조광조의 주장이 기성 관료층 내부에 상당한 중견관료층에게까지 쉽게 확산될 수 있었던 비결이었다. 흔히 특권주의는 훈구파가, 실력주의는 가문 배경은 약하지만 죽도록 공부하는 지방 사림이 지지했을 것이라고 추측하기 쉬운데, 절대로 그렇지 않다. 더욱이 조광조의 사상은 자본주의와 사회주의처럼 기존 사회체제와 상극인 사상도 아니었다. 15세기 성리학과 조광조의 도학사상은 애덤 스미스의 자본주의 사상과 케인스의 수정 이론보다도 격차가 작았다.

탄핵사건이 난 지 5년 뒤인 1515년 조광조는 중종의 부름을 받아 관계로 진출한다. 그러나 자원해서 과거를 보아 1515년 8월에 열린 문과 전시에 급제했다. 이때부터 1519년 사이에 조광조는 승승장구했다. 그의 경력은 조선시대 엘리트 관료가 따라가는 승진 코스의 전형이었다. 그의 첫 관직은 종이 제조를 담당한 관청인 조지서造紙署의 종6품관직인 사지司紙였다. 한국사 연구가 미진하고 선비문화의 유습이 남아 있던 1960~70년대에는 조광조의 조지서 사지 임명을 두고 고명한 학자를 종이공장 공장장에 임명했다고 분노하고, 이것을 조광조를 꺼리는 훈구파의 고의적인 모욕이라고 음모론을 제기하는 분도 있었다.

그러나 조지서 사지는 장원급제자 같은 과거 성적 우수자에게 지급하는 관례적인 관직으로서, 사지가 되었다는 것은 전도유망한 엘리트라는 징표였다. 조선시대 엘리트 관료는 언론기관이자 감찰기구인 대간(사헌부와 사간원), 육조, 청와대 비서실 격인 승정원의 중하급 관직을 골고루 역임하며 승진한다. 마침내 2품관이 되면 대사헌, 육조판서를 역임하고 재상으로 진출하는 것이 표준적인 승진 코스다. 조광조도 이 과정을 교과서적으로 거쳤다. 아니 초고속으로 거쳤다고 표현하는 것이 옳겠다. 1518년 1월 조광조는 당상관으로 승진하면서 학식 높은 문관에게만 주는 홍문관 부제학副提學으로 임명되었다. 종6품관에서 정3품 당상관까지 올라오는 데, 단 2년 7개월이 걸렸다. 보통 관원이면 종6품에서 정6품이 되기도 쉽지 않은 기간이었다.

이 해 11월 조광조는 겨우 서른일곱 살의 나이로 대사헌大司憲이 되었다. 한편 이 눈부신 승진 과정과는 별도로 1516년부터는 경연에 참석하여 일곱 살 어린 막냇동생 같은 중종의 스승 노릇을 하기 시작했다. 중종과 조광조를 엮은 이 유명한 학습은 하루 네 번, 심하면 다섯 번, 더 심할 때는 새벽 두 시까지 가혹하게 진행되었다. 중종은 입시준비생도 견디기 힘들 듯한 이 과정을 옷차림도 흩트리지 않고 불평 없이 수행했다.

이 기간 동안 조광조의 오랜 동료들인 김식金湜, 박훈朴薰, 김정金淨도 함께 승진했다. 특히 중종 2년인 1507년, 과거에서 장원급제로 조광조보다 먼저 관직에 나선 김정은 조광조만큼이나 빠른 승진을 거듭했다. 1517년에 부제학이 되었고, 승지를 거쳐 1518년 7월에 대사헌, 1519년 7월에는 형조판서가 되었다. 김식은 성균관 교장 격인 성균관 대사헌이 되었다. 게다가 조광조 파들이 홍문관과 대간직에 대거 진출해서 홍문관의 일곱 개 관직 중 다섯 개를, 대간의 열한 개 관직 중 세 개를 차지했다. 유인숙柳仁淑은 도승지가 되었고 홍언필洪彦弼, 박세희朴世熹, 윤자임尹自任, 박훈이 승지로 진출했다.

대사헌과 형조, 성균관을 이들이 장악했다는 것은 이들의 사상과 가치관이 법과 관리의 도덕성, 자질을 판단하는 기준이 되었음을 의미한다. 청년 정치그룹으로서는 놀랄 만한 성장이었고, 사상계와 행정부서에는 충격이었다. 단숨에 사회의 사상적, 도덕적, 교육의 기준이 바뀌었다.

승리의 날이 다가오다

1519년 그들은 또 하나의 중요한 승리를 거둔다. 중종이 현량과의 시행을 허가한 것이다. 현량과는 시험을 보지 않고, 서울과 지방에서 오직 추천으로 인재를 등용하는 과거다. 결국 현량과는 과거가 아니라 천거제였다. 그럼에도 현량과라고 한 것은 관료의 승진에 과거의 권위가 절대적이었기 때문이다.

현량과의 명분은 과거제가 공정하지 못하므로 천거를 통해 재야의 인재를 등용한다는 것이었다. 1519년 4월 드디어 현량과가 시행되어 전국에서 120인이 천거되었다. 그러나 구세력의 반발도 만만치 않았다. 그들은 천거로 올라온 사람을 검증 없이 임명하는 것은 부당하다고 주장했다. 이를 무마시키기 위해 국왕이 직접 대신들과 함께 천거자의 면접시험을 보았다. 하지만 잠깐의 면접은 형식적일 수밖에 없었다. 결국 별도의 시험을 보게 되었다. 막상 시험을 보니 천거자들의 실력이 신통치 않았는지, 반대파의 기세에 밀렸는지 120인 중 28인만 급제했다.

급제자 정원이 줄어든 내막은 알 수 없지만 조광조 파가 시험 채점과 선발권까지 빼앗겼던 것은 아니다. 홍문관과 대간직을 장악한 그들은 채점과 선발에 직접 간여했다. 이 시험에서 장원을 한 사람이 조광조와 가장 친했고 이미 사헌부 장령掌令으로 근무하고 있던 김식이었다. 그는 이 급제로 4일 후에 성균관 대사성大司成으로 승진한다. 급제자 명단에는 박훈도 있었다. 그는 급제 후 반년 만에 정5품직에서 정3품 동부승지同副承旨로 진급했다.

처음 조광조가 성균관에서 추천을 받고, 관계에 들어서는 데 가장 큰 역할을 한 안당安塘은 아들 셋을 두었는데, 이들 안처겸安處謙, 안처함安處 , 안처근安處謹 역시 모두 급제했다. 조선시대에 세 아들, 혹은 다섯 아들이 모두 과거에 급제한 기록을 가진 집안이 더러 있지만, 한 번 시험에 세 아들이 동시 급제한 사례는 아마 이것이 유일무이할 것이다. 조광조 파는 드디어 날개를 달았다. 이미 이들은 작은 그룹이 아니었다. 현량과의 시행과 김식의 장원, 조광조 파의 대거 급제는 성균관 유생들과 과거 준비생들에게 그들의 힘을 각인시켰다. 과거 조광조를 탄핵했던 성균관과 경향 각지의 젊은 유생들 사이에서 조광조의 사상은 떳떳한 주류 사상이 되어갔다.

비웃음과 조롱의 대상이던 조광조식 학습법도 성균관의 유행이 되었다. 도학이 대세가 되자 그림에 나오는 도인 티를 내느라고 소를 타고 다니는 유생도 있었고, 전통적인 과거 교재인 《사서오경四書五經》을 팽개치고 조광조가 중시한 《소학》과 《근사록近思錄》만 끼고 다니는 학생도 있었다. 도를 닦는다고 수업에 불참하는 유생마저 생겼다. 이건 도학도 수양도 아니고 새로운 위선이라고 비판하는 사람도 있었지만, 성균관 총장이 된 김식은 이런 풍조에 제동을 걸려고 하지 않았던 듯하다. 그저 감회가 새로웠을 것이고, 그런 모습들이 자신들의 꿈이 실현되고 지지 세력이 확산되는 증거로 느껴졌을 것이다. 그리고 솔직히 이 분위기를 더 조장하고 지지하면 젊은 세대들이 자신들의 확고한 지지층이 될 것이라는 기대도 했을 것이다. 조금 위선자가 있으면 어떠랴, 부패하고 무식한 과거 집권층의 추종자보다야 낫지 않겠느냐는 말이다.

그러나 조광조 파는 만족할 수 없었다. 현량과를 시행은 했지만 급제자 수로 보면 6분의 1의 승리였다. 그것이 억울했는지 그해가 가기 전에 조광조 파는 승부수를 던졌다. 정국공신의 위훈삭제를 요구한 것이다. 중종반정의 공로자에게 수여한 정국공신은 반정의 공이 전혀 없는 사람에게도 공신작위가 남발되었다 하여 논란이 끊이지 않았다. 그러나 마치 고양이 목에 방울 달기 같아서 누구도 재심사와 삭탈을 주장하지 못했는데, 조광조가 칼을 빼어든 것이다.

조광조 파가 주장한 위훈삭제는 과거사 정리 수준이 아니었다. 조선의 관료제는 건국 이래 이권을 매개로 연결되는 국왕과 공신집단과의 검은 동맹이었다. 조광조 파의 주장은 위훈삭제를 통해 '이 죄악의 사슬을 끊고 성인과 군자 간에 오직 진실과 합리로 맺어지는 순수한 관계'를 창출하자는 것이었다. 권력과 권력의 관계, 국왕과 신하의 관계가 신뢰와 정의로만 맺어진다면 얼마나 좋을까? 백성에 대한 착취와 부정부패도 현저하게 줄어들고 권력도 정의의 심판에 굴복할 것이니 말이다.

그것은 세계 정치의 영원한 이상이다. 그러나 적어도 전근대사회에서 이 이상이 노골적으로 부정되는 데는 나름의 이유가 있다. 첫째, 사람의 진심을 알 수가 없다. 둘째, 진실한 인재라도 양심이 끝까지 유지된다는 보장이 없다. 권력과 부는 모든 양심을 타락시킨다. 셋째, 조광조가 들으면 기절할 이야기지만 권력자의 입장에서 가장 못 믿을 것은 국왕이 아니라 정의에 충성하는 진정한 양심이다. 국왕도 양심과 원칙을 지키기 힘들고 솔직히 완벽하게 지키고 싶어 하지도 않지만, 더 본질적인 문제는 국가란 수많은 이해관계의 집합이라는 점이다. 정의와 양심의 기준이 진심으로 모호한 경우가 수도 없이 많다.

그래도 정의를 추구해야 하지 않겠느냐고 말하고 싶다. 하지만 그것은 의지로 되는 문제가 아니라 사회와 산업구조가 받쳐주어야 하는 문제다. 의지만 있으면 정의로운 의지를 지닌 자들이 승리하여 고대, 중세시대에도 이상적인 민주국가를 건설할 수 있다는 생각은 완전한 환상이다. 조광조의 이상사회도 현대의 기준으로 보면 차별의식으로 충만한 소수 지배층 중심의 정의일 뿐이다. 우리가 이해하는 정의사회는 현대 산업사회, 민주사회에서나 가능하고, 정도의 차이가 있을 뿐 어떤 나라나 체제에서나 아직 진행형이다.

그렇다면 이 시대에 국왕과 신하를 이어주는 가장 신뢰할 수 있는 매개변수는 무엇일까? 욕망과 이익이다. 공신이라고 하면 고위층을 떠올리기 쉽지만, 그렇지 않다. 궁을 경비하는 무사와 경호원, 궁중을 관리하는 별감, 관아의 서리 등의 자리에도 공신의 적자와 서자들이 대거 진출했다. 이들이 국왕 개인이 아니라 각자의 신념과 정의에 충성한다면 왕은 하룻밤도 편히 잠들 수 없을 것이다. 그래서 왕은 공신을 책봉하고, 그들에게 특권과 특별한 이익을 선사한다. 공신의 사전적 의미는 '공을 세운 신하'이지만 현실에서는 왕과 특별한 관계가 있는 사람, 더 나아가면 같은 배를 탄 평생의 동지, 즉 운명공동체에 가깝다.

중종에게 조광조의 주장은 양날의 검이었다. 공신층은 국왕의 현실적인 보호막이지만, 국왕이 공신층의 욕망과 이익에 포위되어 있다는 것도 바람직한 상황은 아니다. 공신의 막을 조금은 성성하게 만들고, 그들을 견제하고 분발을 요구할 견제 세력이 필요하다. 조광조 파는 그런 점에서 확실히 유용했다. 그러나 공신층을 배제하고 정의에 의한 보호와 이권에 의한 보호 중 하나를 선택하라고 한다면?

11월 11일, 망설이고 망설이던 중종이 마침내 공신 117명 중 76명의 작위를 삭탈하기로 결단을 내린다. 그날 조광조는 비명에 간 스승 김굉필을 떠올렸을지도 모른다. 그의 기준에서 보면 위대한 승리의 날, 정의가 실현된 날, 조선의 백성에게 정의와 축복이 약속된 날이었다.

12일, 기세가 오른 조광조 파의 대간들이 공신작위를 환수하면서 포상으로 하사한 관품과 집, 하사품까지 환수해야 한다는 상소를 올렸다. 토지도 환수하자고 했을 것이다. 환수된 물품들은 다시 누군가에게 되돌아가야 한다. 그것을 받을 자격이 있는 집단은 하나밖에 없었다. 부패한 공신들보다 훨씬 정의롭고 양심적인 집단임에도 불구하고 오랫동안 이 부패한 세력들로부터 부당한 비판과 탄압을 받았고, 그것에 굴하지 않고 정의를 실현한 사람들. 그러나 결정적 순간에 중종이 제동을 걸었다. 13일 중종은 긴급 명령을 내려 환수를 취소시켰다. 14일 박훈과 정응이 배석한 아침 경연에서는 중종이 직접 왕안석의 사례를 언급하며 개혁을 너무 성급하게 추진해서는 안 된다고 주의를 주었다. 그러나 조광조 파는 들은 척도 하지 않았고, 다음 날 보란 듯이 다시 환수를 요청하는 상소를 올렸다.

1519년(중종 14년) 음력 11월 15일, 제법 춥고 쌀쌀했을 새벽, 중종의 처소에서 한 장의 밀지가 새어 나왔다. 조광조, 김식, 김정, 윤자임, 기준奇遵 등 조광조 파의 핵심 인물에 대한 체포명령서였다. 그들은 순식간에 체포되어 의금부 감옥에 투옥되었다.

투옥된 바로 다음 날 국문장이 설치되고 국문이 시작되었다. 재판은 번개같이 진행되었다. 중종은 조광조에게 사형을 요구했지만 대신들의 필사적인 만류로 유배로 감형되었다. 하지만 유배 한 달 후 중종은 끝내 조광조에게 사형을 언도했다. 12월 20일 유배지인 전남 승주에서 조광조는 사약을 받았다.

숙청은 여기서 끝나지 않았다. 1521년 신사무옥辛巳誣獄으로 불리는 2차 숙청이 시작되었다. 명분은 안당의 아들 안처겸의 역모였다. 그가 역모를 꾸몄을 리가 없지만 중종은 이를 빌미로 당시 좌의정이던 안당은 물론 현량과에 동시 급제했던 안당의 세 아들까지 살해했다. 김정을 비롯해 유배되었던 조광조 파의 핵심 인물들인 기준, 한충, 김구 등이 모두 처형되었고, 김식만이 유배를 피해 달아났다.

내가 하면 로맨스, 남이 하면 불륜

신념과 정의를 위해 순교한 덕분에 조광조는 우리 유학사에서 가장 존경받는 인물이 되었다. 그가 활동한 시기가 당파가 생기기 이전이어서 모든 당파로부터 존경받는 특별한 영예도 누렸다. 이것은 정말로 특별한 영예였다. 퇴계 이황과 율곡 이이조차도 당파적 편견은 피하지 못해 생전과 사후에 의외로 비난도 많이 받았다. 하지만 조광조는 청아하고 고고한 명성을 끝까지 유지했다. 그들의 집권이 짧았고 구체적인 정책을 제시하거나 정책을 집행한 사례가 없는 것도 큰 도움이 되었다. 원론적인 주장만 한 덕분에 별다른 트집을 잡히지 않았고, 구세력이든 신세력이든 모든 사람이 조광조를 자기편이라고 하거나 자기의 정책과 지향이 조광조와 일치한다고 말할 수 있었다.

조광조를 특히 치켜세운 사람이 노론의 거두 송시열宋時烈이었다. 조선 후기 보수집권세력의 대표자로 이해되는 노론이 조광조를 지지했다는 것은 좀 의외이지만, 송시열의 조광조 사랑은 대단해서 모든 면에서 조광조가 최고라고 평가했다. 하루는 송시열의 제자가 선학 중에서 문장력이 가장 뛰어난 사람이 누구라고 생각하느냐고 묻자 그 역시 조광조라고 대답했다. 이건 좀 아니다 싶은데, 조광조는 남아 있는 글도 적지만 문장으로 세상을 풍미한 인물은 아니었다. 그러나 송시열은 선비라면 문장을 평할 때도 문장의 기교가 아니라 내용을 가지고 평가해야 한다고 주장했다. 이 기준을 적용하면 최고 명필도, 말을 가장 잘하는 사람도, 가장 잘생긴 사람도 조광조가 될 것이다.

그런 조광조가 왜 이런 비극적 최후를 맞았을까? 후대 사람들은 중종이 조광조의 위훈삭제 주장에 분노한 보수파, 즉 정국공신과 대신층의 압력에 휘둘렸다고 추측했다. 그들이 궁궐 후원의 나뭇잎에 꿀물로 '走肖爲王(주소위왕)'이란 글자를 쓰고('走'와 '肖'자를 합치면 조광조의 성인 '趙'가 된다. 이 문구는 조씨가 왕이 된다는 의미다) 벌레들이 글자를 따라 갉아먹게 해서 중종이 조광조를 의심하게 만들었다는 이야기까지 생겨났다.

그러나 조선시대 사람들이 미신을 믿기는 했지만, 특히 정치인들은 이런 조작에 넘어갈 정도로 어수룩하지 않다. 또한 당시는 정국공신의 핵심 인물들인 박원종, 성희안, 유순정이 이미 다 사망한 후였다. 영의정 정광필은 조광조 파는 아니었지만 온건하고 호의적이었다. 좌의정 안당은 가장 확고한 지지자였다. 조광조는 심정과 남곤이 배후에 있다고 추측했다. 덕분에 많은 야사에서도 이 견해를 따라 심정과 남곤을 비난했다. 그러나 그들도 조광조 파를 살해하고 숙청해야 한다고 생각하지는 않았다.

이런 추정들은 조선시대 내내 《조선왕조실록》이 관료들도 쉽게 볼 수 없는 봉인된 기록이었기 때문에 발생한 것이었다. 봉인이 해제된 지금 실록을 보면 기묘사화己卯士禍의 주도자와 진행자는 처음부터 끝까지 중종이었다. 조광조의 사형을 주장하고 명령한 사람도 중종이었다. 배석한 신하들이 사형에 반대하자 중종은 이렇게 말했다. "조광조는 내 곁에 오래 있어서 내가 잘 안다. 그자는 심성이 바르지 못한 인간이다. 죽어도 아까울 것이 없다."

중종이 조광조를 죽이려고 한 것은 위훈삭제의 최대 피해자가 자기 자신이었기 때문이다. 정국공신의 리더들은 다 사망했고, 중종은 이미 그들의 그늘에서 벗어났다. 남아 있는 공신은 왕족이거나 국왕의 호위대, 궁중의 실무진에 상당수가 포진해 있었다. 위훈삭제가 단행되면 공신호를 빼앗긴 사람뿐 아니라 남아 있는 사람들도 불안해질 것이었다. 게다가 조광조가 제시한 위훈삭제 대상 중에는 왕족이면서 공로가 확실했던 운수군雲水君 이효성李孝誠, 운산군雲山君 이계李誡도 있었다. 중종 자신이 그들의 활약을 직접 목격했다고 말했지만 조광조는 승복하지 않았다. 공신이 되기에는 심성이 바르지 않다는 것이었다.

'심성이 바르지 않다.' 이 한마디에는 아주 중요한 의미가 내포되어 있다. 정의롭지 않다면, 그들의 기준에 맞지 않다면 어떤 공적도 지위도 인정할 수 없다. 아주 당연한 말일 수도 있다. 국왕도 정의를 손상시킨다면 폐위되어야 한다. 중종도 그런 이유로 연산군을 물리치고 왕이 되었다. 그러나 그 정의의 기준이 무엇일까? 그 기준이 아주 편협하고, 자의적이며, 도무지 세상 물정을 모르는 사람들의 손에 있다면? 중종은 그들에게 자신의 목숨을 맡길 마음이 전혀 없었다.

그러면 구체적으로 조광조의 한계와 실수는 무엇이고, 조광조는 왜 중종의 의도를 전혀 알아차리지 못했던 것일까? 조광조의 주장은 원론적으로는 아무런 문제가 없다. 그러나 정치에 참여하면서 그들은 중대한 착각을 한다. 어떠한 법과 제도도 완전할 수는 없고, 비리나 부조리를 완전히 없앨 수는 없다. 세상과 적당히 타협하고 살자는 의미가 아니다. 국가와 사회문제에 접근할 때는 다양한 각도에서 고찰하고 신중하고 정밀하게 접근할 필요가 있다. 거기에는 다양한 이해관계와 메커니즘이 내재되어 있다. 혈기왕성한 학생이나 세상을 단순하게 보는 사람, 국가와 사회의 구조를 잘 모르는 사람들은 세상의 문제를 단순하게 보는 경향이 있다. 그들은 이 제도만 바꾸면, 지배층이 결심만 하면 세상을 바꿀 수 있다고 믿는다. 하나의 현상 뒤에 내재되어 있는 다양한 변수들이 보이지 않기 때문이다. 그래서 그들은 더 분노하고, 이 간단한 것 하나도 해결하지 못하는 부패한 지배층에 분노한다.

정계에 들어왔어도 그들은 이 생각을 바꾸려 하지 않았다. 어쩌면 조금은 깨닫고 당혹해했을 수도 있다. 그러나 새로운 상황에 대한 당혹감과 자신들의 무능력에 대한 자각, 현실적·기능적 논의를 수용하면 부패한 집권층의 주장에 동조할 수도 있다는 두려움 때문에 그들은 법과 제도에 대한 사고를 포기하고 아주 단순한 잣대로 개혁을 추진했다. 그들은 관료를 군자와 소인으로 양분하고 정책과 제도를 평가할 때도 제도의 기능과 메커니즘을 보고 판단하지 않았다. 오로지 그것이 군자에게서 나왔는가, 소인에게서 나왔는가 또는 현시점에서 군자들에게 유리한가, 소인들에게 유리한가로 판단했다.

역사적으로 A라는 정책은 군자가 지지했고, B라는 정책은 소인이 지지했다면 군자의 역사적 사명은 A를 시행하는 것이다. A라는 정책은 제기만 되었을 뿐, 역사상 시행된 적 없는 정책이고 수백, 수천 년이 지난 지금 현실에서 어떤 현상과 부작용을 일으킬지 모른다고 다른 사람이 반론을 제기해도 개의치 않는다. '그런 걸 고민하거나 반대하는 놈은 틀림없이 소인이기 때문이다.' 그런데 현실정치에 들어오니 이런 태도만으로는 버티기 곤란하다. 수단과 편법이 필요할 때가 있고, 이상적이라고 믿었던 제도가 막상 시행해보니 문제를 일으키기도 한다. 여기서 '막상 정치를 해보니 선배들의 고충을 이해하겠다'라고 고백해야 할까? 아니다. 도저히 그럴 수 없다. 여기서 전가의 보도가 나온다. '내가 하면 로맨스고 남이 하면 불륜이다.'

김식이 과거시험의 채점관이 된 적이 있다. 과거법에 채점 부정을 방지하기 위해 답안지 위쪽, 즉 이름을 쓴 윗부분을 밀봉하도록 되어 있었다. 이 방법은 송나라 후기에 나온 것으로 공신과 귀족 세력의 부정을 줄여보자는 의미로 만들어진 법이었다. 기묘사림이라면 당연히 지지해야 할 법이지만, 김식은 이런 법은 군자를 의심하는 행동이라고 우긴 뒤 그 밀봉을 찢고 채점했다. 다음 날 급제자 발표를 보니 모두가 기묘사림이었다. 그들 중에는 형편없는 답안지를 작성해서 급제를 아예 포기한 유생도 있었다.

> 자기와 뜻을 같이하면 선인善人이라고 하고 뜻을 같이하지 않으면 악인이라고 한다. 논의할 때 말이 자신들에게 거슬리거나 일이 서로 다르면 공론을 막는다고 하거나 마음이 바르지 않다고 하며 조정의 정사 운영이 바깥의 의논에 의해 결정된다. **《종종실록》 권30, 12년 10월 12일**

이런 사례는 수도 없이 많다. B라는 소인배의 정책에서 폐단이 발생하면 그들은 그 정책을 당장 철폐해야 한다고 외친다. 하지만 군자의 정책인 A에서 폐단이 발생하면 이들은 세상의 모든 제도에는 폐단이 있다고 변호한다. 왜 이중적 잣대를 적용하느냐고 지적하면 그들은 간단하게 대답한다. '그 이유를 모르면 당신은 소인이다.'

이들의 로맨스는 꽤 많은 사례를 남겼지만 가장 선명한 사건은 기묘사화 때 발생했다. 그렇게 수양과 의리, 도덕적 우월성을 주장하던 조광조 파의 핵심 인물들이 유배 도중에 혹은 유배지에서 탈출을 시도한 것이다. 조선시대에 명색이 고위관료가 유배지에서 도망친다는 것은 대단히 특별한 사건이다. 악법도 법이니 준수해야 하기 때문이 아니다. 유배는 국왕의 결재를 받아 시행되는데, 유배를 거부한다는 것은 국왕에 대한 명령불복종 정도가 아니라 국왕과 자신과의 관계를 끊겠다는 반역행위이기 때문이다.

순순히 유배지에 도착한 사람은 조광조뿐이었다. 김정과 기준은 유배지로 가는 도중에 도망쳤다. 호송하던 사람과 도망친 지역의 수령은 그들의 명성이 너무 높아 이런 일을 벌일 줄은 생각도 못 했다고 변명했다. 그들의 고고한 명성 덕분에 수령이 결박을 하지도 않고 감시병을 붙여두지도 않았던 것이다. 도망도 도망이지만 그다음이 더 치졸했다. 두 사람 다 얼마 못 가 잡혔는데, 김정은 모친이 위독하여 수령의 허가를 받고 떠난 것이라고 했다. 기준은 오직 어머니가 보고 싶어서 충동적으로 달아났다고 했다. 이 말을 듣고 그들의 동료들은 효성이 무슨 죄냐고 그들을 변호했다. 형조판서까지 지낸 김정이 이런 치졸한 변명을 한다는 것이 믿기지 않는다. 김식은 유배지인 선산까지 무사히 갔는데, 얼마 뒤 아들과 두 명의 호위무사까지 이끌고 도주했다.

심각한 자가당착

나는 군자고 너희는 소인이다. 군자에게서 나온 정책은 무엇이든 옳고, 소인에게서 나온 것은 무엇이든 그르다. 소인은 자나 깨나 군자를 해칠 생각만 한다. 그러므로 소인의 의견은 무엇이든 군자를 해치려는 음모다. 세상을 바로잡으려면 소인을 가려내고, 그들의 의견을 무시하고, 그다음에는 제거해야 한다. 이 편리한 이분법은 정책에 대한 고민을 실종시킨다. 그냥 자신들의 머리에서 나온 정책이면, 그것이 설사 10대 시절에 고대의 역사를 보고, 술자리에서 떠들다가 튀어나온 생각이라도 세상을 바꿀 위대한 정책이다.

이들은 정권을 잡고, 거의 장관급까지 승진하고서도 이 버릇과 이런 사고의 위험성을 깨닫지 못했다. 오히려 더 위험한 함정 속으로 스스로 걸어들어 갔다. 선민사상이 주는 교만에 빠진 그들은 주변 사람과 정치상황을 뭐든지 제멋대로 파악했다. 인간은 주어진 상황에 반응한다. 적과 아군은 태어날 때부터 정해지는 것이 아니라 사회적 조건과 반사작용의 산물이다. 그래서 정계의 인물은 적과 아군으로 나뉘는 것이 아니다. 정치상황과 사안에 따라 다양한 이해관계를 구성한다. 그러나 그들은 이런 쪽으로 전혀 생각하지 않기 때문에 정계 인물들의 생각과 행동을 이해하지도 예측하지도 못했다.

당장 그들은 중종이 왜 자신들을 등용했는지 이해하지 못했다. 조광조가 죽고 난 뒤 경연 때 보니 중종이 조광조의 도학과 강론에 감동을 받은 게 아닌 것이 분명하더라는 증언도 나왔다. 그러나 조광조는 그것을 전혀 눈치 채지 못했다. 중종이 조광조의 건의안을 받아들이지 않자 조광조는 아직 공부와 수양이 부족해서 그렇다고 경연 시간을 새벽 두 시까지 연장했다. 천하의 능구렁이 중종도 이 고문을 견디기 어려워서 몸을 비틀고 피곤한 기색을 드러낸 모양인데, 조광조의 눈에는 그것이 보이지 않았다. 그러고는 자기가 보기엔 중종의 사생활, 성생활에 문제가 있는 것 같다고, 일과 후에 밤에 무슨 일을 하고 사는지 자신에게 실토하라는 요구까지 했다.

대신층과 정가의 선배들에 대해서도 마찬가지였다. 그들이 자신들에 대해 어떤 생각을 가지고 있는지, 어떤 이해관계로 연결되어 있는지도 파악하지 못했다. 그냥 저들 소인배는 우리를 죽자고 미워할 것이라 넘겨짚고, 그들은 자신들을 죽이려고 하는 세력이라고 치부했다. 그러면서 호시탐탐 자신들의 생명을 노리는 악마들에게 둘러싸인 순교자처럼 행동했다. 그 결과 그들은 죽을 때까지도 자신들이 왜 죽는지, 누가 자신을 죽이는지 몰랐다. 중종의 전격적인 체포명령으로 조광조 파가 의금부에 수감되던 날, 누군가가 감옥에 술을 넣어주었다. 조광조와 동료들은 울며불며 마시다가 취해버렸다. 설사 완벽한 덫에 갇혔다 하더라도 진정으로 이상을 추구하고, 국민을 위한다면 냉정하게 사태를 분석하고 최선의 방책을 찾아야 했다. 그러나 그들은 중종이 마침내 소인배의 중상모략에 넘어갔다고 속단하고, 통곡부터 한 것이다.

다음 날 국문장에 끌려왔을 때, 조광조는 만취 상태였다. 그는 제대로 변호도 못했다. 국문 책임자는 병조판서 이장곤李長坤이었는데, 그는 조광조 파는 아니었지만 당시 관료 중에서는 조광조에게 호의적인 편에 속했다. 그러나 술 취한 조광조는 자신보다 아홉 살이나 많은 소인배인 이장곤에게 반말을 하고 호통을 쳐댔다. 어차피 죽일 마음이었지만 이 보고를 받은 중종은 이 사건을 구실로 사형을 선고했다. 조광조가 노력을 안 한 것은 아니었다. 하지만 다른 사람을 전혀 신뢰하지 않았던 그는 중종을 한 번만 만나면 모든 혐의를 벗고 왕을 개종시킬 수 있다고 믿었다. 그는 중종에게 한 번만 만나달라는 간절한 편지를 썼다. 조광조를 죽일 마음이 전혀 없었던 관료들은 중종에게 그 상소를 전달했지만 중종은 읽고 코웃음을 쳤다. 반면 감옥에 있던 조광조는 왕의 부름이 없자 간신들이 그 편지를 중간에서 낚아챈 것이 틀림없다고 믿었다.

12월 20일, 금부도사가 사약을 들고 찾아왔을 때, 조광조는 이것이 정적이 보낸 가짜 사신이 아닌가 의심하고, 금부도사에게 사형명령서를 보여달라고 요구했다. 그래도 의심이 풀리지 않았던 그는 유서를 쓸 시간을 달라고 요청하고 방에 들어가 해가 저물 때까지 나오지 않았다.

그는 가끔 창밖을 내다보았다고 하는데, 뒤늦게 간신에게 속았다는 것을 깨달은 중종이 사형명령을 취소한다는 급전을 보낼지도 모른다고 기대한 것인지도 모른다. 조선시대에 사약을 받으면서 이렇게 시간을 끈 사람도 조광조가 유일무이했다. 소인배들이 그런 행동을 했다면 조광조파는 엄청난 비난을 퍼부었겠지만, 조광조의 명성 덕분인지 이 사건은 거의 알려지지 않았고 비판도 받지 않았다.

조광조의 착각은 이것만이 아니었다. 금부도사가 왔을 때 조광조는 자신이 유배된 후에 누가 재상이 되었느냐고 물었다. 금부도사가 남곤과 심정이라고 대답하자 조광조는 고개를 끄떡였다. "그렇다면 내가 죽는 것이 당연하도다." 정작 그 직전까지 남곤과 심정은 조광조를 살리기 위해 애쓰고 있었다. 자가당착의 마지막 압권은 김식이다. 선산에서 도주한 김식은 어이없게도 영광靈光에 있다는 무슨 의적을 찾아 헤맸다고 한다. 다음은 그 의적에 대한 김식의 설명이다.

> 영광에 도둑 떼가 매우 많은데, 거의 때를 기다려서 일어난 자들이다. 도둑의 괴수는 성이 조趙인데, 유학자이고 지휘도 잘하니 이상한 일이다. 이 도둑은 예닐곱 고을을 연결하여 무리가 크게 성하고, 서울에서는 녹사·서리, 외방에서는 색리와 사졸이 다 그 눈과 귀가 되므로 조정과 수령의 동정을 낱낱이 미리 알고 있다. 또 그 도둑질하는 것이 겁탈만 하는 것이 아니라, 가난하고 빌어먹는 자는 구휼하고 의관한 자는 예절로 대우한다. 겁탈과 살육을 함부로 하는 자가 있으면 자기 무리라도 반드시 죽이고 용서하지 않는다.
>
> 전에 누군가가 그 종적을 관에 고한 일이 있었는데 수백 집을 죽여 없앴

다. 이 때문에 사람들이 다 그 위세를 두려워하고 의리를 사모하여 감히 어기지 못한다. (이런 행적을 볼 때) 이들이 어찌 약탈하고 훔치는 걸 목적으로 모인 무리겠는가? 그 뜻이 장차 크게 무언가를 하려는 데에 있으니 반드시 때를 기다려서 움직일 자들이다. 내가 예전부터 아는 영광에 사는 선비가 있는데 도둑의 괴수와 매우 친숙하므로, 내가 이 사람을 인연해서 들어가기는 어렵지 않을 것이다. **《중종실록》 권39, 15년 4월 29일**

이 기록은 김식의 사고 수준과 정신세계를 적나라하게 보여준다. 홍길동과 임꺽정, 로빈후드를 합한 것 같은 이런 의적전설은 어찌 보면 민중세계에 보편적으로 작용하는 오마주다. 정부에도 이런 소문이 들어왔는데, 이런 이야기의 발단이 된 어떤 강도단이 있기는 했던 모양이다. 그러나 그들은 이미 체포되었고, 김식은 그것이 과장되어 퍼졌다는 것까지 알고 있었다. 그럼에도 매사에 소인을 믿지 않고 세상을 음모론으로 재단하는 버릇이 있는 김식은 이 소문을 믿고 그 도둑 떼를 만나려고 했다. 대사헌까지 지낸 사람이 이런 도둑의 소문을 사실로 믿는 것도 어이가 없지만, 그보다 무서운 것이 이들의 철저한 계급의식이다.

김식은 이 도적이 유학자에 지휘도 잘하고, 백성을 겁탈하거나 살육하면 부하라도 반드시 죽이지만, 자신들을 밀고한 백성 수백 집을 죽여 없애는 도둑이라고 했다. 이런 모순된 행위를 훌륭하다고 칭찬하는 것도 한심하지만, 자신이 그들을 설득해서 지휘할 수 있다고 믿는 자신감은 어디서부터 오는 것일까? 그야말로 세상을 자기 멋대로 이해하고, 자기만의 확신 속에 사는 인물의 전형이다. 이런 인물이 조광조와 가장 친한 동료였다. 김식은 영광까지 가지 못하고, 수배망이 좁혀지자

거창의 산속에서 목을 매고 자살했다. 자살한 그의 몸에서 유서가 나왔는데 거기에 자기가 도망친 이유를 적어놓았다. '앞으로 (사악한 훈구파들이) 난을 일으키면 봉기해서 왕을 보호하기 위해서였다'는 것이다. 그는 죽음의 순간까지도 자기만의 세계 속에 갇혀 있었던 것이다.

> 심정이 사림의 논의를 용납하지 못하여 가슴에 원한을 쌓았는데, 성상께서 조광조를 후히 대우하여 학자들이 그에게 쏠리고 사람들이 찬미하자 모함으로 사림의 화를 꾸미고, 부끄러움을 모르는 무리를 거둬들여 조정을 채웠다 합니다. 그렇다면 이는 전하의 조정이 아니라 바로 심정의 조정이니, 전하의 형세 또한 외롭고 위태롭지 않겠습니까? 그러므로 신은 마음속으로 참고 도망하여 물러나 기다렸다가, 간흉의 위험이 임금에게 닥치면 몸을 일으켜 난에 앞장서 나아가 전하께서 세상에서 보기 드물게 저희를 대우해주신 데에 보답하려 하였습니다. 이것이 신의 본디 뜻이었습니다. 또 신은 전하께서 조광조를 의심하신 것은 본심이 아니며 신 등을 죄주신 것도 본심이 아님을 잘 알기에 이 구구한 말을 합니다. **《중종실록》 권39, 15년 5월 27일**

그들이 세상을 바꾸었을까

조광조 파가 집권했더라면, 그들이 추진한 정책이 받아들여졌더라면 세상은 좀 달라졌을까? 일찍 몰락하는 바람에 조광조의 개혁정치는 사실 실체가 없다. 그들의 핵심적인 지론은 도학자가 집권하면, 즉 자신들이 집권하면 세상이 바뀐다는 것인데, 그들의 판단력과 선민의식을 보면 국정을 제대로 운영했을 것 같지도 않다. 어쩌면 상당한 숙청과 정치보복으로 정국을 혼란에 빠트렸을 수도 있다. 자신들이 추진한 정책이 잘 시행되지 않고 부작용이 발생하면, 그들은 자신의 수준을 돌이켜보기보다는 소인배들의 농간 때문이라고 단정했을 것이 뻔하기 때문이다.

그런 증거도 있다. 오늘날 많은 역사책에서 그들이 특권층과 세습권력에 대항했다는 면을 부각시키지만 도학정치에 그런 상향식 정책만 있었던 것은 아니다. 도학이 실현되는 사회는 엄밀한 신분제 사회였다. 아무리 신분제라도 예외는 있어야 하는 법인데, 융통성 없는 그들은 그것조차 용납할 수 없었다. 그들은 사회정화를 위해 대상을 찾았다. 그들이 특히 주목한 자들은 권력가나 부호의 후원을 받아 장사로 성공한 사람, 그중에서도 부유해진 노비들이었다. 그들은 분수에 맞지 않게 기와집을 짓고 비단을 입은 노비들을 잡아 매를 쳤다.

김식이 대사헌으로 재직하고 김정이 형조판서로 있을 때, 이 검거작전이 벌어져 감옥이 넘치고, 사망자가 속출했다. 부유층의 권력형 비리, 재산축적과 수탈을 견제하기 위한 정책이라고 해석할 수도 있다. 그러나 세상을 정화하는 해법이 제도가 아니라 인간으로 가면 어떤 일이 벌어지는지 우리는 이미 역사에서 수많은 사례를 보았다. 알고 보면 그들이 말한 산골의 어린아이까지도 소학을 읽고 도를 아는 세상은 글 읽는 소리보다 타작소리가 더 큰, 우리가 상상하는 것보다 훨씬 무서운 세상일지 모른다.

조광조가 운이 좋았던 것은 조선이 국제적으로 고립되고 사회는 정체되어 융통성 없는 유학자들을 계속 생산해냈던 덕분이다. 그래서

심곡서원

1650년(효종 1년) 조광조의 묘 옆에 조성되어 위패를 안치한 사액서원이다. 조광조는 선조 초 사림파가 정권을 잡자 신원되어 영의정에 추증되고, 학자의 최고 영예인 문묘에 종사되었다.

조광조의 문제점을 지적하기는커녕 그의 사상에 혹하는 선비들을 계속 늘려놓았던 것이다. 조선 사회에서 지식인 수는 계속 늘어나서 조선 후기에는 전 국민의 60~80퍼센트가 명목상 양반이 되었다. 그러나 양반이 되었다고 해도 이들 상당수는 자신들이 꿈꾼 관료세계로 들어갈 수 없는 사람들이었다. 오히려 명목상 양반이 늘어나자 위기감을 느낀 집권층은 자신들의 특권과 부조리를 더욱 강화했다.

서구사회는 시장경제와 자본주의가 발달하면서 사회적으로 늘어난 신분상승자들이 관료세계가 아니라 부와 상공업계로 몰려갔다. 그러나 우리 사회에서는 오직 바랄 수 있는 것이 관료뿐이었다. 결국 관료를 지원하는 사람이 엄청나게 늘면서 좌절과 불만은 더 커져갔다. 그런데 이처럼 부조리의 벽 앞에 늘어선 사람들 역시 유학의 경전만을 학습할 뿐 실무 경험을 쌓을 수 있는 이들이 아니었다. 그들은 삶의 현장에서 진정한 고민을 할 수 있는 기회가 거세된 그런 지식인들이었다.

이러한 이들이 늘어나자 세상의 현상을 오직 도학적 원론에 비추어 판정하는 풍토가 증가했다. 사실 이런 풍토는 오늘날까지도 우리 사회의 발목을 잡고 있는데, 이런 사유구조의 최대 단점은 사회문제 해결을 원칙과 의지의 문제로 이해해버리는 경향을 낳는다는 것이다. 정의로운 사람이 집권하면 사회문제는 해결된다는 믿음, 한두 가지 정책이면 천 년 동안 인류사회를 괴롭혀온 문제가 해결된다는 믿음이 사회를 지배하게 된다. 정책을 논할 때도 마찬가지다. 한두 가지 기준으로 부자를 위한 정책과 빈자를 위한 정책을 쉽게 양분해버리는 지식인들이 너무나도 많다. 그런 의미에서 조광조식 개혁은 오늘날까지도 진행형이다.

2장

이성과 실천, 세상을 바꾸다

정몽주

열정과 양심 그리고 지성을 갖춘 개혁가

시골 청년의 성공

정몽주鄭夢周 하면 선죽교에서의 죽음으로 상징되는 고려의 충신 이미지가 떠오른다. 한편 일반인에겐 조금 낯설겠지만 조선시대의 유학자들은 그에게 성리학의 종주라는 높은 타이틀을 부여했다. 성리학자로서 정몽주에 대한 존경은 대단해서 고려시대에 성리학을 이해한 사람, 고려의 충신은 정몽주와 길재吉再뿐이라고 단정할 정도였다. 그러나 정몽주의 일생을 살펴보면 그의 삶에는 더 중요하고 감동적인 이야기가 가득하다.

정몽주의 자는 달가達可, 호는 포은圃隱이다. 《고려사》 열전에 수록된 출생전설에는, 어머니 이씨가 임신 중의 어느 날 꿈에 난 화분을 안았다가 갑자기 떨어뜨리고는 놀라서 잠이 깨고 그를 낳았으므로 몽란夢蘭이라고 명명했다고 한다. 그는 태어날 때부터 특이하게 생겼으며 어깨 위에 검은 사마귀 일곱 개가 마치 북두칠성[北斗] 같이 배열되어 있었다고 한다. 아홉 살 되던 해 어느 날 그의 어머니가 낮잠을 자다가 꿈에 검은 용[黑龍]이 동산 가운데 있는 배나무에 올라간 것을 보고 놀라서 잠이 깨어 나가보니 정몽주가 나무 위에 올라가 있었다. 그래서 이름을 몽룡夢龍으로 고쳤다는데, 성년이 된 후에 몽주로 다시 개명했다.

성장기와 학업기에 대해서는 별다른 정보가 없다. 그가 태어나고 자라난 지역은 지금의 경북 영천 우항리였다. 고려시대 인물 중에서 출생지를 이처럼 정확하게 알 수 있는 것은 드문 경우인데, 이 역시 정몽주에 대한 존경과 무관하지 않다. 1487년 경상감사 손순효가 영천 우향리에서 땅에 묻혀 있던 비석 하나를 발굴했다. 1389년(공양왕 원년) 영천군수였던 정유가 세운 정몽주의 효자비였다. 정몽주는 1355년(공민왕 5년)과 1365년 각각 부친상과 모친상을 당하자 관직을 사임하고 삼년상을 지내기 위해 낙향했다. 이때만 해도 삼년상은 흔하지 않던 제도였다. 공민왕은 진정한 성리학자라고 정몽주를 표창했다. 나중에 정몽주가 출세해서 재상이 되자 영천군수가 그 사적을 기념하는 비를 고향에 세운 것이다. 덕분에 우리는 정몽주의 고향을 정확히 알 수 있게 되었다.

영천 분들에게는 죄송한 이야기지만 고려시대 정치사를 기준으로 보면 영천 우항리는 권력과는 상당히 먼 지역이라고 할 수 있다. 그러나 고려 중기부터는 조금씩 지방출신들도 정가로 진출하기 시작했다. 다만 처음부터 문관이 되기는 어렵고 서무직이나 무관직 위주였다. 정몽주의 선조는 주사奏事 정습명襲明인데, 그는 1135년 묘청의 난이 발발하자 이를 진압하기 위한 정부군 지휘관으로 참전해서 공을 세웠다. 그러

정몽주 유허비

부모의 3년상을 치른 정몽주의 효행을 기려 조정에서는 그의 고향인 우항리에 비를 세웠다. 앞면에는 효행을 행한 마을이라는 뜻의 '효자리孝子里'라는 글귀를 큼직하게 새겼다.

나 그 후에 후손들이 크게 출세한 것 같지는 않다. 사족士族이기는 했지만 특별한 학연이나 지연, 인연이 없는 그가 중앙 정계에 데뷔하기 위해서는 특별한 실력과 노력이 필요했다.

《고려사》에서는 정몽주가 용모부터 특이하다고 했는데, 정몽주의 초상을 봐서는 노년의 상이라 그런지 몰라도 '특이하다'는 것이 무슨 의미인지 모르겠다(우리 조상님들은 왜 이렇게 글을 추상적으로 쓰는지, 얼굴에 총기가 넘쳤다거나 표정만 봐도 집념이 느껴진다든가 이렇게 썼으면 좀 좋았을까). 하지만 정몽주의 특이함을 이해하는 데는 그의 이력만으로도 충분하다.

1355년 부친상을 당한 정몽주는 삼년상을 치르고, 1359년 소과에 응시했다. 소과는 생원, 진사를 뽑는 시험으로 합격자에게는 성균관에 들어갈 자격을 준다. 그다음에 대과에 응시해서 합격하면 관리가 될 수 있다. 소과에는 초장, 중장, 종장이라고 부르는 세 번의 시험이 있는데, 장마다 시험과목이 다르다. 그는 이 세 번의 시험에서 연속해서 장원을 했다. '전 과목 수석합격'이다. 정몽주의 장원은 언론에 대서특필될 만한 대형사건이었다. 우선 삼장 모두 장원은 조선시대를 통틀어도 아주 드문 대기록이었다. 더 놀라운 것은 정몽주의 집안과 출신으로 보면 한 번 장원도 힘든 상황이었다는 것이다. 비록 사족 가문이라고 하지만 장원을 하려면 대단한 집안 배경이 필요했다. 조선시대에도 '장원'은 서울의 명문대가집 자제에게 준다는 암묵적인 관행이 있었다. 대문호 송시열도 이 관행에 걸려 장원을 못 할 뻔했는데, 마침 시험관이 송시열을 알던 최명길崔鳴吉이어서 장원으로 뽑혔다는 일화가 전해질 정도다.

조선은 고려에 비해 문벌귀족의 특권을 대거 축소했음에도 이 정도였다. 그런데 정몽주는 이 대단한 차별의 벽을 그것도 세 번 모두 장원이라는 전무후무한 기록으로 뚫었다. 2등과 압도적인 차이가 나지 않고서는 불가능한 일이다. 정몽주의 돌파는 여기서 끝나지 않는다. 다음 해 그는 대과에서도 당당히 장원을 했다.

관원이 된 정몽주는 소문난 수재답게 성균관 교수로 채용되었다. 1366년(공민왕 15년)에 공민왕은 홍건적의 난으로 불탄 성균관을 재건하고 과거제도를 개혁했다. 성균관의 수장인 대사성大司成에 이색이 임명되고, 당대 최고의 신예 학자들이 교관으로 자리를 잡았다. 그들이 정몽주, 박상충朴尙衷, 이숭인李崇仁, 박의중朴宜中, 김구용金九容 등이다. 나중에 정도전도 교관 대열에 합류한다.

공민왕의 성균관 재건과 과거제 개혁은 고려 말과 조선 전기에 활약한 신진사대부를 육성하는 동력이 되었는데, 정몽주는 1375년에 대사성이 되었다. 당시 이색은 성균관의 쟁쟁한 학자 중에서도 정몽주의 학문이 최고라고 평가하고, 우리나라 성리학의 창시자라고 칭찬했다. 정몽주는 그런 평가를 받을 만한 자격이 있었다. 그가 사서四書(《논어論語》《맹자孟子》《대학大學》《중용中庸》)에 대한 주자의 주석서인 《주자집주朱子集註》를 제대로 해석하고 가르친 최초의 인물이었기 때문이다. 이때는 주자학 수입 초창기여서 주자의 사상을 제대로 이해하지 못했는데, 정몽주는 독학으로 그것을 풀어냈다.

> 당시 우리나라에 들어온 경서經書들은 다만 《주자집주》가 있을 뿐이었는데 정몽주는 그것을 유창하게 강론하여 다른 사람들의 의견보다 뛰어났으므로 듣는 사람들이 적지 않게 의심했다. 그 후 호병문胡炳文(중국 원나라 인종 때의 유학자)이 쓴 《사서통四書通》을 얻어 참조해본즉 정몽주의 해석과 일치

해서 여러 선비들이 더욱더 탄복했다. 이색은 빈번히 그를 칭찬하여 말하기를 "정몽주가 이치를 논평한 것은 물론이고 이러저러하게 함부로 하는 말도 그 어떤 것이나 모두 사리에 합당하지 않은 것이 없다"라고 했고, 그를 추대하여 우리나라 성리학의 창시자라고 평가하였다. **《고려사》 117권, 열전 30, 정몽주**

정몽주는 수백 년간 이어온 지방 출신에 대한 차별과 불리함을 노력과 실력으로 극복했다. 하지만 이것은 출세의 성공담이지 개혁가의 길은 아니었다. 개혁가 정몽주가 되기 위해서는 두 개의 관문을 더 넘어야 했다.

행동하는 관료

학자로서 정몽주는 정상의 자리에 올랐다. 그는 나라에 단 하나뿐인 국립대학이자 관료양성소에서 가장 유명한 교수이자 총장이다. 이 지위는 매우 중요한데, 과거급제자의 80퍼센트 이상이 성균관 출신이다. 고로 앞으로 대부분의 과거급제자와 관료가 그의 제자가 된다. 이것만으로도 개인적으로는 충분한 권력과 존경을 얻을 수 있다. 하지만 고려가 정몽주에게 감동하고 양보한 세계는 여기까지였다. 현실 정치와 권력의 세계는 여전히 완고하고 위험했다. 그러나 학자적 존경에 만족하지 않고 세상을 바꾸려면 그 위험한 세계로 뛰어들어야 했다. 이제 정몽주의 두 번째 도전이 시작된다.

공민왕에서 우왕 대까지 고려는 극심한 전란을 겪어왔다. 홍건적과 여진족, 왜구 등과 같은 이민족은 물론, 충선왕의 셋째 아들인 덕흥군德興君의 침공까지 남북으로 쉬지 않고 전쟁이 터졌다. 과거의 '거란전쟁'이나 '몽골전쟁'처럼 호사가들이 좋아할 만한 굵직한 타이틀이 없는 까닭에 이 시기의 전쟁들이 후대에 큰 인상을 주지는 못했지만, 실제로는 고려의 전 시기를 통해서 가장 참혹하고 긴 전란의 시대가 바로 이 시기였다. 정몽주만 해도 과거에 급제하고 관계에 들어오자마자 첫 번째로 한 일이 홍건적의 침공으로 개경을 버리고 도망가는 왕의 행차에 참여하는 것이었다.

쉴 새 없는 전쟁은 다양한 인재를 요구했다. 문관도 필요했다. 전쟁 때는 무장만 중시할 것 같지만, 실제로는 문관의 역할도 상당히 중요하다. 모든 군대에서 실제 전투병은 30퍼센트도 되지 않는다. 나머지 70퍼센트는 관리, 보급인원이다. 전투병이라고 해도 순수하게 전투를 하는 시간은 극히 짧다. 2년을 종군해서 전투를 벌인 것은 몇 번 안되고, 어떤 전투는 15분이 걸렸다는 사례도 있다. 나머지 시간은 결전의 순간을 대비하고 준비하기 위해서 사용된다. 그 시간을 채우는 활동이 훈련, 행군, 진지구축, 보급, 관리, 행정, 정보, 연락이다.

흔히 군대를 모르는 분들은 훈련과 작전이 승부를 결정짓는 줄 알고 있지만, 실제로 많은 전쟁이 위의 과정으로 승패가 결정된다. 관리와 보급을 위해서는 능력 있는 행정장교가 필요하다. 그런데 한문이 워낙 어려운 문자인 데다가 당시 무장 중에는 글자를 모르는 사람도 많아서 이 업무는 문관이 해주어야 했다. 즉 오늘날 군대에서 전투지휘관과 행정·작전장교가 하는 역할을, 옛날에는 무관과 문관이 나누어서 한 셈이다.

행정장교도 엄연히 군인이라 문관 중에서도 적임자가 드물었다. 전쟁에 적응할 수 있는 용기와 판단력이 필요하고, 군대 이동과 막사 생활을 견뎌내는 체력과 의지도 필요했다. 게다가 옛날의 '행정'은 상상할 수 없을 정도로 안일하고 느렸다. 그나마 대부분은 서리에게 맡기고 관원은 결재조차도 직접 하지 않으려고 했다. 하지만 전쟁터에서의 행정은 긴박감과 신속함, 임기응변을 요구한다. 안일하고 훈련되지 않은 관료세계에서 이와 같은 역량이 있는 관료는 양성하기도 힘들고 드물었다. 제갈량이 유비의 보물이 된 이유도 그가 《삼국지》에서처럼 작전의 천재였기 때문이 아니라, 무식과 폭력이 횡행하던 전란의 시대에 보기 드문 '행정의 천재'였기 때문이다. 제갈량의 숙적 사마의가 제갈량은 천재라고 감탄한 이유도 신출귀몰한 지략 때문이 아니고, 그 천재적인 행정능력을 군대에 적용한 촉군의 진형을 보고 나서였다. 제갈량은 막사 간의 거리, 간격, 화장실의 분포 등을 적절하게 계산해서 주둔지를 가장 효율적으로 건설해냈던 것이다.

그런데 정몽주는 성균관 관원이었기 때문에 전쟁터에 가지 않아도 되는 면역특권을 가지고 있었다. 하지만 정몽주는 이런 특권에 연연하지 않고 기꺼이 참전했다. 그것도 가장 위험해서 다른 관료들이 꺼리는 거친 부대로 갔다. 바로 함경도 주민과 여진족으로 구성된 이성계의 동북군이었다.

정몽주의 첫 전쟁은 1363년 이성계가 활약한 여진족 삼선, 삼개의 침공이었다. 삼선, 삼개는 이성계의 사촌뻘이었다. 이들은 이성계가 동북면을 비운 틈을 타 함경도로 침공했다. 고려군을 격파하고 함흥을 함락했지만 돌아온 이성계의 군대에 격파당했다. 이 전쟁에서 정몽주는 동북면 도지휘사 한방신韓邦信의 종사관이 되어 참전했다. 이때 이성계와의 만남이 이루어진 것 같은데, 이성계는 정몽주의 용기와 능력에 깊은 인상을 받았던 것 같다.

1380년 이성계가 치른 평생의 전투 가운데 가장 위험하고 격렬했던 전투인 운봉의 황산전투에도 정몽주는 판도판서版圖判書로 이성계를 따라 종군했고, 1383년 함경도에서의 왜구토벌 작전에도 조전원수助戰元帥로 참전했다. 이것은 우연이 아니고 이성계가 정몽주를 막료로 요청했기 때문이었다.

> 태조는 그의 도량을 중히 여겨 지방에 대장으로 나갈 때마다 반드시 그를 천거하여 함께했다. 여러 번 정몽주를 선발 천거하여 같이 정승으로 올라갔다. **《고려사》 권117, 열전30, 정몽주**

어느 시대나 지도자가 가장 좋아하는 인재는 적극적이고 도전적이며, 능력도 갖춘 부하다. 그러나 입이 닳도록 이 점을 강조해도 그런 인재를 찾기는 정말 어렵다. 능력을 갖추려면 힘들게 노력해야 하고, 적극적, 도전적이라는 것이 말은 좋지만, 최초로 하는 일은 실패하기 쉬우며 성공해도 깔끔하게 마무리하기 힘들다. 그 말에 속아 새로운 일에 도전했다가 상사에게 찍히거나 심하면 외면당하는 사례가 수도 없이 많다. 그러므로 대부분의 사람은 도전하며 살기보다는 가늘고 오래 살기를 바란다. 명문가의 자제들, 곱게 자란 자제들일수록 이런 도전의식을 가지기는 더욱 힘들다.

그래서 정몽주 같은 인재는 귀하다. 이성계는 정몽주를 진심으로 좋아하고 높이 평가했다. 공양왕 4년 이성계가 낙마로 부상을 입자 정몽주가 이성계를 배신하고, 이성계 축출 음모를 주도했을 때도 이성계는 정몽주를 제거하려 하지 않았다. 이방원李芳遠이 무단으로 정몽주를 살해하자 이성계는 "내가 사약을 마시고 죽고 싶은 심정이다"라고 화를 냈을 정도였다.

열정과 도전에 대한 정몽주의 진가를 가장 잘 보여주는 일화가 정몽주의 사신활동이다. 정몽주는 1372년 정사正使 홍사범洪師範의 서장관書狀官이 되어 명나라의 수도 남경南京에 파견되었다. 당시 중국은 명과 원으로 양분되어 있어서 명의 수도는 남경이었다. 정몽주가 귀국하는 길에 배가 태풍을 만나 난파하고 말았다. 배 조각을 붙들고 바다 위를 헤엄쳐야 했을 정도로 심각한 난파였다. 표류하던 그들은 어느 무인도에 간신히 닿았는데, 생존자를 확인해보니 겨우 20퍼센트 정도였다. 이때 정사 홍사범도 익사했다. 이들은 무인도에서 13일을 견디다가 지나가던 중국 배에 겨우 구조되었다. 이 소식을 들은 명태조 주원장朱元璋은 사신단을 다시 남경으로 불러 위로하고 고려로 돌려보냈다.

정몽주가 성균관의 대사성으로 있을 무렵인 1375년 대명관계에서 심각한 위기가 발생한다. 고려와 조선은 1,000년 역사 동안 중국의 한족 왕조와는 관계가 지속적으로 좋았다. 하지만 14세기 후반만큼은 그렇지 못했다. 1368년에 명나라를 건국한 주원장은 혹독하고 각박했다. 자신에게 조금만 불리하거나 위험한 듯한 징조가 보이면 가차 없이 상대를 제거했다. 최하층 빈민에서 도적을 거쳐 황제까지 된 인생 여정을 보면 그 성격이 이해도 가지만, 그의 가혹함은 상상을 초월했다. 숙청하고 죽인 인원을 따져보면 진시황도 양반처럼 느껴질 정도다. 그는 중국 역사상 최악의 폭군이자 살인마였다.

의심 많은 황제의 눈에 비친 고려는 아직 믿을 수 없는 변방의 국가였다. 지난 100년간 고려는 원나라의 부마국이었다. 고려 국왕인 공민왕이 강력한 반원정책을 추진했다고는 하지만 공민왕 역시 원나라의 사위였다. 또한 고려에는 아직도 친원정책을 주장하는 집단이 강력한 세력을 형성하고 있었다. 주원장은 고려가 우리 편일까 원나라 편일까를 고민하는 성격이 아니었다. 자기가 강자고 상대가 약자라면 이런 문제로 고민할 필요가 없다. 무조건 상황을 나쁜 쪽으로 전제하고 트집을 잡고 윽박질러서 상대를 제압한다. 《삼국지》에서 조조가 "내가 천하를 배신해도 천하가 나를 배신하게는 못 한다"는 유명한 말을 했지만 주원장의 통치관 역시 '내가 손해를 보는 것보다는 (억울하든 말든) 상대가 고생을 하는 것이 낫다'는 것이었다.

1374년, 공민왕이 살해되고 우왕이 즉위했다. 이 뒤숭숭한 기간에 친원파였던 재상 김의金義가 명나라 사신을 살해하고 북원北元으로 도주했다. 명과의 외교관계가 개통된 지 겨우 6년 만이었다. 주원장은 격노했다. 게다가 우왕을 옹립하는 데 큰 역할을 한 이인임李仁任 등도 친원파였다. 이들은 이참에 북원과 외교를 개통하고 명과의 외교를 단절하고자 했다. 이와 같은 원나라 추종 움직임에 정몽주, 정도전, 박상충, 임박林樸 등 성균관을 중심으로 한 신진세력들은 크게 반발했다. 그러나 재상군이 중심이 된 친원파를 이겨내기에는 세력이 미약했다. 정몽주, 정도전 등의 신진세력은 언양과 회진현 등으로 유배되었으며 박상충은 유배 도중 사망한다.

정몽주, 정도전 등을 제거했지만 이인임도 차마 명과 단교하지는 못했다. 아무래도 이 사건은 두 정씨가 주축이 된 신진세력을 제압하려는 의도가 더 강했던 듯하다. 아무튼 이 사건 이후로 고려와 명과의 관계는 더욱 악화되었다. 명은 원나라보다 더 심하게 과도한 조공물을 요구했고, 그것을 다 내지 못하면 다음 해 조공에 합산했다. 게다가 공민왕의 시호도 내려주지 않고, 우왕의 왕위 계승을 인정하지 않는 등 계속해서 고려를 괴롭혔다. 우왕 5년부터 10년까지 고려는 18회에 걸쳐 사신을 보냈으나 입국이 금지된 경우가 여덟 번이나 되었다. 입국한 열 번 중 네 번은 사신이 구금되거나 유배되었다.

약소국 고려는 명나라가 거부한다고 해서 사신을 보내지 않을 수도 없었다. 철마다 때마다 사신을 파견해야 했는데, 그중 중요한 사행이 신년 하례사절과 황제의 생일 축하 사절이었다. 1384년 명나라로 간 사신들이 중국 땅에 유배되었다는 소식이 전해지자 관리들이 사행을 회피하게 되었다. 명태조의 생일 축하 사신인 성절사聖節使의 책임자로 임명되었던 밀직부사密直副使 진평중陳平仲은 이인임 파였던 권신 임견미林堅味에게 뇌물을 바치고 사퇴했다. 그 바람에 출발 시기를 놓쳤다. 남경까지는 보통 90일이 걸리는데, 이미 명태조의 생일이 50여 일밖에 남지 않은 상황이었다. 사신의 지각 도착은 큰 실례로 명태조가 이 실수를 그냥 넘어갈 리 없었다. 진평중의 사퇴로 갑자기 성절사가 죽음의 사행이 되었다. 그러자 이 사태의 원인 제공자인 임견미가 진평중 대신 정몽주를 천거했다. 뇌물도 받고, 눈엣가시 같은 정몽주를 제거할 수 있으니 일거양득이었다.

우왕도 미안했는지 정몽주에게 사신행을 강요하지 못했다. 그러나 정몽주는 기꺼이 사행을 맡고, 즉시 출발했다. 그간의 참전 경험이 도움이 되었던 것일까? 정몽주는 대단한 통솔력과 추진력을 발휘해서 사신단을 독촉하고, 최단거리로 일정을 짜고, 육지에 상륙해서는 정신없이 말을 달려 아슬아슬하게 남경에 도착했다.

남경에 도착한 정몽주는 즉시 명태조를 접견하고 생일을 축하하는 문서를 바쳤다. 여기서 사건이 벌어지는데, 중국 황제의 생일에 도착하는 나라와 부족은 수십 개가 넘는다. 이들은 모두 선물과 생일을 축하하는 글을 바친다. 보통의 황제라면 이런 상투적인 문서는 읽지도 않을 것이다. 게다가 명태조는 그 어려운 글을 읽을 실력도 없었다. 하지만 이 잔혹한 황제는 매사에 그냥 넘어가는 법이 없었다. 냉혹했지만 천부적인 통솔력과 리더십은 분명했던 그는 문서의 내용이 아니라 작성한 날짜를 보았다. 그리고 문서를 작성한 시기가 겨우 50일 전이며, 보통 고려에서 남경까지 오는 시간으로 50일은 턱없이 부족하다는 사실을 떠올렸다. 땡중에 도적 출신의 인물이 중국을 통일하고, 중국사에서도 위대한 황제 반열에 드는 데는 나름의 이유가 있다. 밑바닥에서부터 살아온 그는 세상사에 해박하고, 의심이 많은 만큼 음모에 예민했다. 그는 정몽주의 파견에 고려 조정의 음모가 있다는 사실을 대뜸 알아차렸다.

고려 사람들이 자신의 손에 죽기를 바라는 이 자는 누굴까? 그런데 이 자는 그 음모를 멋지게 극복했다. 가만, 이 자는 10여 년 전에 무인도에 표류했던 그 사람이 아닌가? 놀랍게도 명태조는 정몽주를 기억해냈다. 그를 황제로 만든 또 하나의 능력이었다. 보통 사람은 바다를 떠다니다가 무인도에 표류하는 끔찍한 경험을 하면 다시 배를 타기는커녕 목욕탕에 들어가기도 힘들어한다. 일종의 외상 후 스트레스다. 주원장은 21세기에나 밝혀진 이 병의 명칭은 몰랐지만, 경험적으로 이런 사실을 알고 있었다. 그는 원래 양자강을 무대로 활약한 수적 출신이다. 정몽주의 배포와 능력에 매료된 황제는 정몽주를 후하게 대접하고 이전에 구금되었던 고려 사신들도 석방해서 돌려보냈다.

1387년 다시 사신이 된 정몽주는 이 욕심 많고 심술궂은 황제로부터 그동안 누적된 조공액의 탕감은 물론 1년치 조공액도 감액받는 호의를 얻어내고 귀국했다. 정몽주가 이룬 또 한 번의 쾌거였다. 이 공으로 정몽주는 수원군水原君으로 책봉되고, 재상직 가운데 하나인 문하평리門下評理로 승진했다. 명태조는 몰랐지만, 정몽주가 표류의 악몽과 정치적 음모를 극복해낸 것은 이번이 처음이 아니었다. 우왕 대는 왜구의 침공이 절정에 달했던 시기였다. 소탕작전에 한계를 느낀 고려는 왜구의 본산인 규슈九州에 사신을 보내 왜구의 단속을 요청했다. 하지만 당시 왜구는 단순한 해적이 아니라 지방 정권과 긴밀하게 연결되어 있었다. 규슈의 영주는 고려 사신을 죽이지는 않았지만 투옥해서 거의 죽을 지경으로 굶기다가 돌려보냈다.

1377년 정몽주를 제거하고 싶었던 친원파는 기회다 싶어 언양 유배에서 돌아온 정몽주를 사신으로 선발했다. 친원파와 비교적 친하게 지냈던 이색도 정몽주 제거 음모를 막지 못했다. 이색은 걱정이 되었는지 사신으로 떠나는 정몽주에게 장문의 시를 지어주며 환송했다. 속으로는 다시는 보지 못할지도 모른다고 생각했음이 틀림없다. 그러나 천하의 주원장도 감동시킨 정몽주였다. 규슈에서 정몽주가 어떻게 했는지 그리고 그곳에서 무슨 일이 있었는지는 기록이 남아 있지 않지만, 규슈의 영주 역시 정몽주에게 매료되었다. 그는 왜구를 단속하겠다는 약속과 함께 왜구에게 잡혀온 포로 수백 명을 돌려보내는 호의를 베풀었다.

숭의전

조선 문종 원년(1451년) 고려 태조, 현종, 문종, 원종 네 왕과 고려 충신 16인의 위패를 모신 사당이다. 배향된 인물은 신숭겸, 홍유 등 개국공신과 거란, 여진 몽고 전쟁 때 공을 세운 강감찬, 윤관, 김방경 등의 인물로 여기에 조선왕조 개창에 반대했던 정몽주를 포함시켜 충신으로 기린다는 점이 흥미롭다.

이 한 번의 사행으로 왜구가 근절되지는 않았지만, 상당한 효과는 보았던 것 같다. 고려가 망한 후 조선은 고려 국왕들의 위패를 봉안한 사당인 숭의전을 경기도 연천군 마전에 지었다. 이곳에 정몽주를 포함한 고려의 대표적인 신하 열여섯 명을 선정해 그들의 위패를 배향공신配享功臣으로 함께 안치했다. 이때 정몽주를 배향공신으로 선정한 이유는 선죽교의 충의 때문이 아니라 왜구 문제의 해결에 기여했다는 이유 때문이었다.

학자 정몽주는 관료로서도 탁월한 능력과 도전정신을 보였다. 그가 중국과 일본을 오가며 보여준 능력과 노력은 전례가 없는 것이었다. 이것은 감동적이기는 하지만 개인의 성공을 위한 질주와 헌신에 불과하다고 볼 수도 있다. 세 번째 관문이 없었다면 말이다.

양심과 실천

규슈에 사신으로 갔을 때 정몽주는 그곳에 잡혀온 많은 고려 양민이 왜구의 노획물이 되어 사는 것을 보았다. 일부를 데려오기는 했지만 아직 수많은 동포들이 외국에 잡혀 있었다. 그는 조정 대신들에게 호소해서 그들을 되찾아오기 위한 모금운동을 전개했다. 이들의 비극은 곧 우리의 책임이니 사재를 털어 그들을 구원해야 한다는 것이었다.

이 행동이 당연한 일처럼 여겨진다면 한국의 역사를 처음부터 끝까지 다시 읽어보기를 권한다. 우리 역사에서 가장 분통이 터지고, 지배층의 행동에 분노가 솟구치는 장면이 이 부분이다. 우리는 수많은 외침을 받았고 그때마다 많은 백성이 외국으로 잡혀갔지만, 지배층은 자신들의 일가친척이 끌려갔을 때를 제외하고는 납치된 백성이나 전쟁포로에 관심이 없었다. 납치된 사람들은 으레 돈을 받고 팔리기 때문에 그들을 되찾아오려면 돈이 필요했다. 그런데 정부는 돈이 없다는 이유로, 전쟁 포로가 죽지 않고 포로가 된 것 자체가 사형에 해당하는 중죄라는 구실을 들며 그들을 외면했다. 심지어 포로가 되었던 병사가 탈출해서 돌아오면 적에게 항복했다는 죄목으로 죽이는 것이 관례였다.

수백 년간 사대부들은 민심이 천심이며, 백성을 자식처럼 사랑해야 한다는 미사여구를 수도 없이 남겼지만, 정작 정몽주와 같은 행동을 한 사람은 한 명도 없다. 정몽주의 행동은 규슈의 지배층에게도 깊은 감명을 주었다. 나중에 정몽주가 살해되자 그들이 더 슬퍼했으며, 그들 중에는 개인적으로 사당을 차리고 승려를 불러 재齋를 올려주는 사람도 있었다고 한다.

정몽주의 삶을 보면 그는 고난과 역경을 두려워하지 않고 주어진 조건에서 최선을 다하는 관료였다. 정몽주는 그간의 삶에서 보여준 노력과 헌신, 도전정신을 국가의 법과 사회제도 개혁에도 쏟았다. 일본에 사신으로 가서 포로들의 형편을 보고 포로송환운동을 제기한 것처럼 그는 어떤 관직에서든지 그곳에서 발견한 낡은 법과 폐단을 개혁하고, 새로운 법과 제도를 도입하고자 시도했다. 그 노력은 만년에 새로운 법전 하나를 만들 만큼 광범위했다.

공양왕 4년인 1392년(이 해는 고려가 망하고 조선이 건국된 해다) 정몽주는 명나라에서 새로 만든 법전인 《대명률大明律》과 원나라 말기의 개혁 법령을 담은 《지정조격至正條格》 등 여러 법령을 참조해서 새로운 법전을 편찬한다. 이 법전은 정확한 명칭이 없어 보통 《신정률新定律》이라고 하는데, 조선 건국 후에 정도전이 편찬한 《조선경국전朝鮮徑國典》과 조준이 편찬한 조선 최초의 공식법전인 《경제육전經濟六典》보다도 앞서는 법전이었다. 정몽주가 편찬한 이 법전은 전하지 않지만 그의 열전에 중요한 내용들이 소개되고 있다.

그때 풍속은 상사나 제사에 오로지 불교의 예법을 숭상하였는데 정몽주가 비로소 일반 양반이나 서민들로 하여금 《주자가례朱子家禮》에 의거하여 가묘家廟를 세우고 조상에게 제사를 드리게 했다. 또 종래에는 수령들을 임명할 때에 하급 관원이나 서리들 중에서 채용하던 것을 정몽주가 비로소 6품관 (이상인 인물) 가운데서 청백하고 명망 있는 자를 선발 채용하고 그 성적고과를 엄정하게 하였다.
도평의사사都評議使司는 조선의 의정부에 해당하는 최고 권력기구였다. 여기서 금전과 곡물을 출납하는 임무는 서리인 도평의사녹사都評議司錄事가 맡았다. 그들은 서리이기 때문에 임명 과정이 엄정하지도 않았다. 그러다 보니 금세 대신의 하수인이 되어 부정도 많았다. 정몽주는 도평의사사의 실무관원으로 경력經歷과 도사都事를 신설하고, 출납을 장부에 기록하게 했다. 또 서울에 오부학당五部學堂을 세우고 지방에 향교鄕校를 설립함으로써 유교를 발전시켰다. 이 밖에도 의창義倉을 세워 궁핍한 백성을 구제하고 수참水站을 설치하여 수상 운수漕運를 편리하게 만든 것 등은 모두 그가 계획한 것이었다. **《고려사》 권117, 열전30, 정몽주**

열전에서 언급하고 있는 제도들은 고려와 조선의 차이를 규정하는 대단히 중요한 제도들이며 조선의 법전인 《경국대전》의 핵심적인 내용들이다. 오랫동안 이런 제도는 조선시대에 이르러서야 비로소 시행된 것으로 알려져왔지만, 사실은 정몽주가 편찬한 법전에서 최초로 시도된 것이었다.

안타깝게도 위 글에는 대표적인 제도만 나열되어 있을 뿐 법령의 구체적인 내용이 없다. 그러나 당시를 살았던 경륜 있는 정치가라면 이 몇 마디 서술만으로도 정몽주가 구상한 개혁의 거대함과, 국가와 사회적 변화의 의미를 짐작할 수 있을 것이다. 예를 들어 6품관 이상을 수령으로 파견하자는 정몽주의 의견은 수령의 자격 요건을 높이고 자질 있는 자를 수령으로 파견하자는 뻔한 의미로 들린다. 더불어 지방에서 세력을 행사하는 향리를 제압하기 위해 품계를 높였다는 설도 있다. 하지만 이 시기 수령을 6품관 이상으로 임명한다는 그의 주장에는 상당히 많은 의미가 암시되어 있다.

보통 과거에서 장원으로 급제한 사람이 임명되는 6품관은 순수한 행정 관료가 아닌 정치적 능력을 보유하기 시작하는 관료다. 6품과 7품은 한 품 차이지만 그 의미도 다르고, 이 한 품을 넘어서기도 쉽지 않다. 각 지방의 수령을 6품관 이상의 관료 중에서 선발해 파견하자는 정몽주의 주장은 곧 6품관의 확대를 의미했다. 곧 고려의 권문세족이 가장 싫어했을 관료층의 확대와, 과거를 통한 공정 경쟁의 시작을 주장한 것이다. 더불어 지방에 대한 국가의 기능과 역할, 즉 공권력의 확대를 의미했다. 그동안 고려의 중앙정부는 지방 사회에 간섭하는 것을 최소화했다. 그 결과 고려의 왕족이나 지방 호족, 대사원 등이 중앙정부의 간섭이 없는 틈을 타 지방의 권력자가 되었다. 대농장과 많은 노비를 소유하고 세금을 착복하는 이들로 인해 백성은 물론 나라까지 가난하게 되었다. 정몽주의 입장에서 이와 같은 고려의 고질적인 폐단은 우선적으로 개혁해야 할 대상이었다.

고려에서 조선으로의 이행기 무렵 가장 논란이 되었던 문제가 바로 국가의 공권력과 기능 확대에 대한 것이었다. 즉 중앙과 지방의 권력가를 견제해야 할 뿐 아니라 지방의 내부 문제까지 국가가 깊숙이 개입할 수 있어야 했다. 이를 위해서는 정몽주의 주장처럼 기존의 관리 임명체계 대신 수령의 임명 대상자와 그 품계 등 모두를 바꾸어야만 했다. 이는 정몽주만의 생각이 아니었고 당시 신진세력의 핵심인 정도전이나 조준 등도 공감한 내용이었다. 실제로 조선에서는 이것이 시행되었다. 16세기를 기준으로 조선은 세계적으로도 유례가 없는 강력하고 치밀한 지배체제를 보유한 나라가 된다.

이외에도 많은 암시적인 내용과 거대한 의도가 내포되어 있다. 하지만 이 모든 내용을 다 서술하려면 상당히 전문적인 설명이 필요하다. 그러므로 여기서는 정몽주의 개혁안이 급진 개혁파라고 불리는 정도전과 조준이 추진하고 있던 개혁안의 핵심적인 내용들, 고려와 조선에서 달라지는 주요한 제도 변화를 그대로 담고 있다는 점만 강조하고자 한다. 즉 정몽주는 고려가 안고 있는 국가체제의 한계와 시대의 변화를 읽고 변화와 개혁을 추구했다. 그의 개혁안은 정도전, 조준과 크게 다르지 않았고, 조선 건국 후 대부분 시행되었다.

고려 말의 개혁안 중 가장 상징적인 개혁이며, 극적인 대립을 야기했던 '사전私田 혁파 논쟁'에서도 이성계 파에 속하는 급진 개혁파는 이에 찬성을 하고, 이색을 비롯한 반이성계 파 인물들은 대부분 반대했다.

정몽주는 중간에서 우물쭈물했다고 기록되어 있는데, 이것은 정몽주가 사전 혁파의 필요성을 공감하기는 했다는 것을 의미한다. 다만 그가 망설였던 이유는 정도전 파가 사전 혁파를 들고 나온 이유가 고려왕조의 전복에 있었기 때문이었다. 그는 모든 개혁에 찬성했지만 왕조교체에는 반대했다. 개혁을 주장했던 그의 새로운 법전 역시 꺼져가는 고려의 불꽃을 살리고자 했던 그의 안간힘에서 비롯된 것이었다. 이성계가 베푼 잔치에서 이방원이 정몽주를 회유하기 위해 "이런들 어떠하리 저런들 어떠하리"로 시작하는 〈하여가何如歌〉를 읊고, 정몽주가 그에 대한 답으로 〈단심가丹心歌〉를 읊었다는 고사는 당시 정몽주와 이성계 파의 긴장감을 느끼게 한다.

정몽주는 1392년 이방원과 조영규趙英珪에게 죽임을 당하기 전까지도 이성계의 큰 신임을 받았다. 그간에 보인 그의 노력과 인품은 물론, 개혁에 대한 비전과 능력은 이성계 파의 그 누구에게도 뒤지지 않았다. 사실 그가 《신정률》에서 밝힌 개혁을 추진하려면 고려보다는 조선이라는 토양이 더욱 적합했다. 실제로 그가 추구하고자 했던 개혁 정책의 대부분이 조선의 건국과 함께 검토되고 시행된 것으로 보아, 새로운 왕조의 개창은 그에게 기회였다.

그러나 정몽주는 자신의 양심과 신념 그리고 그가 제창했던 학문의 원리에 따라 더 큰 기회를 스스로 포기했다. 수백 년간 고려왕조의 혜택을 입어온 명문대가의 사람들도 움츠러들 때 그는 누구보다 앞장서서 고려의 사수자로 나섰다. 학자로서, 시대의 사명에 최대한 헌신했던 양심적 관료로서, 시대의 변화를 읽고 변화를 추구했던 개혁가로서 정몽주는 나무랄 데 없는 인물이었다. 어쩌면 정몽주는 정도전이 가졌을 혁명적 분노나 적극적인 혁명의지는 없었을지 모른다. 하지만 개혁가로서 그를 만든 힘은 그의 삶의 모든 부분을 관통하는, 최선을 다하는 노력과 진지하고 실천적인 양심이었다.

그는 우왕을 폐할 때는 저항하지 않았고, 공양왕을 옹립한 공으로 익양군충의백益陽郡忠義伯으로 책봉되었으며, 조선의 영의정 격인 수문하시중守門下侍中이 되는 등 왕과 권력층이 자행하는 불법에 적극적으로 저항하지 않고 순응했다는 후대의 비판을 받기도 했다. 하지만 세상을 바꾸는 데는 여러 가지 방법이 있다. 완전한 인간이 있을 수 없듯이 완전한 방법도 없고, 모든 사람의 기대와 기준을 충족시킬 수도 없다. 역사 속에서 몇 개의 선을 그어놓고, 그 선에 개혁, 개량, 방관, 반개혁이라는 꼬리표를 붙이는 방식처럼 위험한 행동도 없다. 우리가 역사에서 교훈을 얻고자 한다면 각자의 노선을 걸었던 사람들이 과거와 자기만족과 야망에 매몰되었는지 그리고 그가 선택한 방법에서 어느 정도의 헌신과 완성도를 지녔는지를 함께 물어야 한다. 그러한 점에서 정몽주의 삶은 인간으로나 관료로나 개혁가로나 우리에게 많은 생각과 감동을 전달해준다.

거인의 최후

1392년 3월 공양왕의 아들이며 태자였던 왕석王奭이 사신으로 중국에 갔다가 돌아왔다. 이에 이성계는 태자를 맞이하기 위해 황해도 황주까지 나갔는데, 돌아오는 길에 해주에서 사냥을 벌였다. 말을 타고 새를 쫓아 달리던 이성계는 말이 진창에 빠져 넘어지는 바람에 낙마하여 부상을 입는다. 당시 문하시중門下侍中이던 정몽주는 이성계가 부상했다는 소식을 듣자 고려를 위한 마지막 기회가 왔다고 생각했다. 그는 먼저 조정에 있는 이성계 파의 대신들을 제거하고 이성계를 공격하기로 한다. 이에 이성계 일파인 조준, 정도전, 남은南誾, 윤소종尹紹宗, 남재南在, 조박趙璞 등이 탄핵을 받아 유배되었다. 이어서 정몽주는 김귀련金龜聯, 이반李蟠 등을 각자의 유배지로 보내 심문하는 척하면서 이들을 죽이려 했다.

정몽주의 명을 받은 자들이 막 출발하려고 할 때, 포천의 농장에 있던 이방원이 정몽주가 꾸미는 개경의 소식을 들었다. 이방원은 급히 말을 달려 부상당한 이성계가 요양 중인 개경 근처의 벽란도로 갔다. 이 소식을 이성계에게 전한 이방원은 정몽주를 제거할 것과 당장 개경으로 돌아갈 것을 요청했다. 이성계는 정몽주의 제거에는 반대했지만 사태의 수습을 위해 곧 개경으로 돌아간다. 개경으로 돌아온 이성계는 이복동생 이화李和, 둘째 아들 방과芳果, 사위 이제李濟를 궁으로 보내 유배당한 조준 등의 방면을 요청했으나 공양왕은 허락하지 않았다. 초조해진 이방원이 공양왕 뒤에서 일을 꾸미고 있는 정몽주 제거를 거듭 주장했지만 이성계는 여전히 정몽주 제거에 반대했다. 게다가 그는 이방원에게 포천으로 돌아가라고 명령했다.

이방원은 방과, 이화, 이제, 정탁鄭擢 등과 의논한 뒤 이성계의 명령을 무시하고 독단으로 정몽주를 제거하기로 결심한다. 처음 계획은 재상인 정몽주가 수장으로 있는 고려 최고의 정무기관인 도평의사사를 습격해 정몽주를 살해하는 것이었다. 행동 대원은 조영규, 조영무趙英茂, 고여高呂, 이부李敷 등이었다. 그러나 이성계의 이복형 이원계李元桂의 사위인 변중량卞仲良이 이 음모를 듣고 정몽주에게 알렸다.

이에 정몽주는 병문안을 구실로 개경에 돌아와 있는 이성계를 방문했다. 물론 구체적인 방문 목적과 이성계와의 면담 내용은 알려지지 않았다. 어쩌면 이성계로부터 안전보장을 약속받았거나 자신에 대한 살해 음모의 진위를 파악하려는 의도였을 것이다. 하지만 정몽주는 살해 음모가 이미 이성계의 손을 떠났다는 사실을 깨닫지 못했다. 정몽주가 이성계의 집을 나서자 이방원은 이때가 절호의 기회라고 판단했다. 조영규 등은 이방과의 집으로 가서 무기를 마련하고 정몽주의 집 앞에서 매복하게 했다.

이방원은 정몽주의 일정을 몰랐기 때문에 정몽주의 집만이 아니라 이방과의 집 등 여러 곳에 부하들을 매복시킨 것 같다. 정몽주는 이성계를 만나고 돌아오는 길에 판개성부사를 지낸 유원柳源의 빈소에 조문을 하고 나오는데, 이때 조영규 등과 조우한다. 정몽주가 나타나자 조영규가 달려가서 쳤으나 정몽주가 말을 탄 채 피했다. 참전 경험도 그렇고 명나라 사신으로 갔을 때의 일화로 미루어 보아 정몽주는 기마 실력도 상당했던 모양이다. 정몽주는 조영규에게 호통을 치고 말을 달려 도주하려고 했다. 말이 빠르다고 해도 방향을 바꿔 달리려면 시간이 걸린다. 정몽주는 불리한 상황을 기민하게 판단하고 호통을 쳐서 상대의 기를 죽이고 시간을 벌려고 했다. 하지만 조영규도 임무에 잔뜩 긴장한 신병이 아니라 전쟁터에서 단련된 용사였다. 조영규가 바로 쫓아가 말머리를 가격하니 말이 넘어졌다. 정몽주는 땅에 떨어졌지만 이번에도 부상을 입지 않고 벌떡 일어나 달아났는데, 고여 등이 쫓아가 결국 그를 살해했다. 정몽주의 죽음 장면에 대해서는 후대로 가면서 약간씩 변형된 이야기가 생겨났다.

> 하루는 공이 태조에게 문병을 핑계로 기색을 살펴보고 돌아가는 길에 전에 자주 가던 술친구의 집을 지나게 되었다. 주인은 밖에 나가고 집에 없었으며, 뜰에 꽃이 활짝 피어 있었다. 공은 드디어 뜰 안으로 바로 들어가 술을 청하여 꽃 사이에서 춤을 추면서 말하기를, "오늘 풍색風色이 매우 사납구나, 매우 사납구나" 하고, 큰 대접으로 연거푸 몇 잔의 술을 마시고는 나왔다. 그 집 사람이 괴이쩍게 여겼더니, 얼마 있다가 정시중鄭侍中이 해를 입었다는 말을 들었다.
> 공이 태조의 집으로부터 돌아올 때에 활을 메고 그 앞을 가로질러 가는 무부武夫가 있었다. 공은 수행하는 녹사錄事(의정부의 관속)에게 말하기를, "너는 뒤로 떨어져 가거라"라고 했다. 녹사가 대답하기를, "소인은 대감을 따르겠습니다. 어찌 다른 데로 가겠습니까" 하고, 재삼 따라오지 말라고 말렸으나 듣지 않았다. 가다가 선죽교善竹橋에 이르러 화를 입었는데, 두 사람이 서로 껴안고 함께 죽었다. 당시 창졸간에 당한 일이라 그 수행 녹사의 성명을 기억한 사람이 없어서 드디어 후세에 전하지 못하였다. **이복휴, 《해동악부》, 이긍익, 《연려실기술練藜室記述》**

이 기록은 가공의 이야기가 들어가서 어디까지가 진실인지 알 수 없다. 그러나 정몽주 혼자 말을 탄 것은 아니고 분명 말고삐를 잡은 종자나 수행원이 있기는 했을 것이다. 정몽주가 죽은 장소도 실록 기사를 보면 선죽교는 아니다. 후대에 그 장소가 선죽교라는 전설과 핏자국이 보인다는 전설이 생겼다. 이는 선죽교가 정몽주의 집 바로 앞에 있기 때문에 생긴 것 같다. 조선 중기 영조는 개경을 방문한 뒤 선죽교 앞에 정몽주의 사적을 기리는 비를 세웠는데, 이 비는 오늘날까지 남아 있다.

정몽주에 관하여

이 책 초판을 간행한 직후 어느 역사학자의 전화를 받았다. 그분은 정몽주 편을 특히 감명 깊게 읽었다고 말하고 어떤 사료에서 그런 내용을 보았는지 가르쳐달라고 했다. 나는 잠시 당혹했다. 그분이 정몽주의 열전을 읽지 않았을 리가 없는 분이었기 때문이다. 내가 숨겨놓은 사료는 없다. 그 이야기는 모두 정몽주 열전에 있다고 대답하자 그분도 나 못지않게 당혹했다. 생각해보니 자신도 다 본 적이 있는 이야기였기 때문이었다.

그분만이 아니라 많은 사람들이 정몽주의 열전을 읽었지만 그리고 가끔 슬쩍슬쩍 언급을 하기도 했지만, 이 사실을 정몽주의 진정한 장점과 재평가로 연결시키지 못했던 것 같다. 그것은 정몽주에 대한 기존의 인식, 즉 고려의 충신이자 주자학의 종주라는 평가에 너무 깊이 빠져 있었던 탓이다.

충신과 대학자라는 명예는 현대에도 소중하다. 하지만 아무리 그렇다고 해도 양심적이고 헌신적이며, 도전적인 정몽주의 행적과 그 가치를 오랫동안 우리 사회가 인지하지 못했다는 것은 그만큼 우리가 개혁의 방법, 사회의 변혁과 발전을 위해 진정으로 필요한 가치에 대해 무지하기 때문일 것이다. 또한 현실과 동떨어진 관념적 사고에 얽매여 있는 탓이다.

조준과 김지

치열한 문제의식이 이룬 승리

수수께끼의 책

어느 직업이나 그렇지만 경륜이 쌓이고 안목이 열리면 '감'이라는 것이 생긴다. 역사도 마찬가지다. 기록을 뒤지다 보면 아주 짧고 간단한 기록이라도 중요한 진리를 감추고 있다는 감이 올 때가 있다. 나 혼자만의 느낌이 아니라 같은 시대나 주제를 전공하는 사람들이 모두 그런 느낌을 가진다면 이는 틀림없는 진실이다. 하지만 이렇게 감을 공유하고 여러 사람이 뒤져도 그 감을 뒷받침할 별다른 기록이 더 이상 나오지 않는 경우도 허다하다. 이런 때는 속된 말로 '미친다.'

이렇게 오랫동안 역사학자들을 미치고 흥분하게 만든 책이 하나 있다. 고려 말 김지金祉라는 사람이 쓴 《주관육익周官六翼》이다. 이 책은 이색이 쓴 서문 정도를 제외하고는 전문이 전해지지 않는다. 다만 실록 등에 그 내용의 일부를 인용한 기록들이 남아 있어 그 내용을 추측할 뿐이다.

> 《주관육익》에 이르기를 "도선이 당에 들어가서 일행선사一行禪師에게 (풍수) 지리법을 배우고 돌아왔다. 산을 답사하는데 백두산에서 시작하여 곡령鵠嶺에 이르러 세조(왕건의 아버지)의 집을 지나가다 그 새로 집 짓는 것을 보고 말하기를 … 세조가 즉시 이 비결에 따라 집을 짓고 살았는데, 그 이듬해에 과연 태조(왕건)를 낳았다"고 한다. **《세종실록》 권151, 〈지리지地理志〉, 전라도, 나주목, 영암군**

> 《주관육익》에 신라 때 세 성(고포, 금성, 우곡)을 합쳐서 압량군을 만들었고 통합한 뒤에 고려 때 세 성으로 만들었다고 했다. **《신증동국여지승람新增東國輿地勝覽》 권27, 경상도, 경산현, 고적**

> 역사 기록과 《상정례詳定禮》(고금상정례)를 기본으로 하고 《주관육익》 《식목편록式目編錄》 《번국예의蕃國禮儀》 등을 참작해서 … 〈예지禮誌〉를 만들었다.

문제는 이런 단편적인 기록을 다 합쳐 봐야 스무 개도 안 된다는 것이다. 겨우 이 정도 기록을 가지고 《주관육익》에 목을 매는 것도 대단한 '감'이지만 감의 역할은 딱 여기까지다. 도대체 이 책의 정체가 뭘까? 도선 이야기를 보면 역사나 전설을 모아놓은 야사류의 책 같기도 하고, 지리지 같기도 하다. 하지만 마지막 기록을 보면 영락없이 의례를 정리한 책이다. 이 셋을 다 합친 책이라면? 그런 책은 존재하지도 않고, 분량도 너무나 엄청날 것이 분명하다. 그런 책이 존재했다고는 도저히 믿기지가 않는다.

책의 정체가 모호하면 저자를 추적하는 방법이 있다. 저자 김지는 누구일까? 그 역시 도무지 기록에 등장하지 않는 미지의 인물이었다. 필자가 석사과정에 있던 1980년대 후반 선배들과 세미나를 하다가 우연히 《대명률직해》 서문에서 조준의 부탁을 받고 《대명률》을 이두吏讀로 번역한 사람이 김지라는 사실을 발견했다. 그러나 안타깝게도 한자가 달랐다. 그는 '金祉'가 아닌 '金祗'였다. 실망하는 우리에게 지금은 고인이 된 남모 선배가 용기를 주었다. "옛날 사람들 의외로 오자가 많다. 어떤 사람은 자기 이름도 틀리게 쓴다. 좀 더 찾아봐라."

얼마 후 후배 박모 군이 고서실에 있던 고려시대의 방목榜目(과거 급제자 명부)에서 '金祗'를 발견했다. 방목에는 김지의 본이 영광이라고 적혀 있었다. 영광 김씨의 족보를 뒤져보기로 하고 선배 이모 형과 국립도서관 족보실로 갔다. 이형이 고서를 잔뜩 쌓아놓고 뒤지는 동안 언제나 요령을 먼저 주장하는 나는 서가에서 모든 파의 족보를 모아 근래에 한 권으로 인쇄한 대동보를 찾아냈다. 두어 페이지를 넘기기도 전에 '金祗'가 등장했다. 그리고 그 아래에 이런 내용이 있었다. "○○년에 김지金祉로 개명했다."

'金祉'와 '金祗'가 동일 인물이라는 사실을 확인하고 나자 작업에 몇 가지 중요한 사실들이 더 드러났다. 그는 조준의 동서였다. 그제야 조준이 김지에게 《대명률》의 번역을 부탁한 이유가 명확해졌다. 하지만 단지 동서 간이라는 이유만으로는 부족하다. 《대명률》은 번역하기가 극히 어려운 책이다. 한자도 어렵지만 법조문이란 중국의 법과 제도를 잘 알아야만 번역이 가능하기 때문이다. 이것이 김지를 넘어 《주관육익》으로 가는 단서였다. 그리고 《주관육익》의 정체가 오랫동안 드러나지 않던 이유도 알게 되었다.

명문 아닌 명문

김지와 《주관육익》을 이해하려면 조준에서부터 시작해야 한다. 조준은 조인규趙仁規의 증손이다. 고려가 원나라의 사위국이 된 이후로 환관, 역관 등 원나라와 고려를 매개하는 직종의 위상이 크게 올라갔다. 조인규도 바로 그런 경우로, 몽골어 역관 출신으로 재상까지 승진했고 딸은 충선왕의 비가 되었다. 고려와 조선을 통틀어 역관 출신으로 이런 지위에 오른 사람은 조인규가 유일무이할 것이다.

《고려사》를 보면 이처럼 원나라를 업고 출세한 인물들은 하나같이 악질이고 탐욕스러웠다. 이런 부류의 사람을 극히 싫어하는 사대부들의 편견이 《고려사》에 반영되었다고는 하나, 구조적으로도 그렇게 될 수밖에 없었다. 조인규도 재치 있고 순발력 있는 인물이었지만 출신이 그렇다 보니 여러 가지 불미스러운 일도 많았다. 그러나 맡은 직무에 성실했고, 원나라와 외교 문제가 터지면 목숨을 걸고 일을 해결했다. 권력 남용, 치부, 부정부패에서 온전하지는 않았지만 사대부 출신이라고 깨끗하지도 않았다. 그는 옛날 기준으로는 한도를 지킬 줄 안 인물이었다. 그의 성격은 자식들에게 남긴 아래의 교훈에서도 드러난다.

청계사

통일신라시대 때 창건된 청계사는 1284년(충렬왕 10년) 조인규가 사재를 들여 중창했다. 이후 조인규 가문의 원찰이 되었다.

임금을 섬기는 데 마땅히 충성을 다하며
사물에 대하여선 마땅히 지성스러울지라
바라노니 밤낮으로 부지런히 닦아
낳아준 아비를 욕되지 않게 하라.

《동문선東文選》 권19, 〈아들들에게 보임示諸子〉*

명문가 출신들은 그래도 그가 고까웠겠지만, 현실의 권력 앞에는 고개를 숙일 수밖에 없었다. 입신양명한 조인규는 명문가와 골고루 혼인을 맺었다. 조준이 태어날 때쯤(1346년) 그의 가문은 고려 최고의 명문가가 되어 있었다. 하지만 슬슬 조인규의 위명이 식어가면서 그에 따른 멸시도 커졌다. 후손들은 후손들대로 조상이 남겨준 부와 권력에 안주했다. 조준의 부친 조덕유趙德裕는 청렴하고 강직한 사람이었지만 자신은 물론 여섯 아들 중 과거에 급제한 사람이 한 명도 없었다. 어느 날 조준의 모친 오씨가 거리에 나갔는데 길이 막혀 있었다. 과거 급제자가 거리 행진을 하는 날이라 사람들의 통행을 금지시킨 것이다. 집으로 돌아온 오씨는 "내가 아들이 많아도 과거에 급제한 자가 없으니 무슨 소용이 있는가?"라고 한탄했다. 조준은 이 말을 듣고 공부에 전념해서 급제했다.

조준은 귀공자답게 자부심이 강하고 명예를 소중히 여겼지만, 정몽주처럼 전쟁터를 두려워하지 않았다. 또한 직무에 최선을 다하며 공정한 명예를 얻고자 한 인물이었다. 다음의 두 가지 일화는 그의 성품을 잘 보여준다.

* 김인호, 《고려후기 사대부의 경세론 연구》, 혜안, 1999, 125쪽.

그 당시 왜적이 많아 경상도는 그 소굴이 되어 주, 군들이 소란했고 주민들은 모두 다 산속으로 피난하였다. 그러나 나라의 규율은 극도로 해이하였으며 장수들은 왜적 문제에 대해 진지한 태도를 가지지 않고 적세를 관망하며 싸우지 않았으므로 왜적의 기세가 날로 치열해졌다. 이때 도통사 최영의 추천으로 조준을 체복사體覆使로 임명했다. 조준은 임지에 도착하자 도순문사 이거인李居仁을 불러서 그가 머무적거리고 진격하지 않은 죄를 추궁했고, 병마사 유익환兪益桓을 죽였다. 이때 이거인과 여러 장수들이 조준을 심히 두려워하여 "차라리 적에게 죽을지언정 조준의 위엄을 거스르지 말자" 하면서 모두 다 힘써 싸워 승리했다. 이 덕으로 경상도가 편안해졌다. 조준은 또 도당都堂에 글을 올려 적에게 죽은 효자와 열녀들을 표창하게 했다. **《고려사》 권118, 열전31, 조준**

"6월 갑신일에 명나라 사신 황공黃公 등이 경사京師(명나라의 서울)로 돌아갔다. 시중侍中 평양백平壤伯(조준)과 시중 상락백上洛伯(정도전)이 여러 공들과 더불어 금교역에 나가 전송하고 정오가 되어 돌아오는데, 때가 더운 철이라 불같은 구름이 크게 일어나니, 당리堂吏가 피서를 하고자 장막을 청석동 시냇가에 쳤다. … 높은 곡조의 풍악 소리가 크게 연주되면서 흐르는 술잔[流觴]이 두어 순배 돌아가니 제공이 서로 흐뭇하게 즐거워했다.

조금 있다가 평양백이 문득 말하기를, '즐겁기는 즐겁지만 너무 지나치지 않은가?' 하니, 정도전이 말하기를, '정승의 직책이란 수고로운 것이다. 많은 책임이 그 몸에 모이고 온갖 생각이 그 마음을 수고롭혀서 기운이 답답하고 뜻이 막히니 … 그렇다면 그 답답한 기운을 풀고 막힌 뜻을 열어주는데 이러한 자리가 도움이 된다' 하자, 여러 사람들이 모두 '그대의 말이 옳다' 하였다. 그러나 평양백이 객을 전송하다가 우연히 이곳에 이르러 한 번 즐기는 것을 보고서 대번에 그것이 지나침을 경계하였으니, 이 또한 알리지 않을 수 없으므로 여기에 적는다"고 했다. **《신증동국여지승람》 권4, 개성부(상)**

두 번째 일화에서는 조준과 정도전의 성격 차이를 볼 수 있다. 정도전은 융통성이 있고 호방한 성격인 반면에 조준은 자기 절제가 강하고 엄격한 모습을 보여준다. 두 사람은 출신과 성격이 정반대지만, 정도전도 조준에 대해서는 경의와 예우를 다하고 있었다.

조준에게도 정치적 위기가 닥친다. 둘째 형 조린趙璘은 무장으로 1359년(공민왕 8년)에 일어난 홍건적의 침공 때 공을 세워 일등공신이 되었다. 그러나 신돈辛旽이 집권하자 그를 제거하려다 발각되어(1367년) 가족은 관노가 되었으며 자신은 지방으로 유배되었다. 이듬해 그는 그곳에서 살해되었다. 이에 조준은 관가를 떠나게 된다. 우왕 때 잠시 등용되었지만 권세가에게 아부하지 않는 '뻣뻣함' 때문에 1384년(우왕 10년)부터 다시 관계를 떠나 은둔했다.

조준의 형제들이 신돈이나 권세가에게 아부하지 않았다고 하지만 그의 집안은 전형적인 고려의 권문세가다. 이런 이유로 출신이 미천하고 독단적인 권력을 휘두르며, 권문세가의 특권을 축소하고자 했던 신돈과 대립했다고 볼 수도 있다. 하지만 최소한 조준에게는 이런 설명이 맞지 않는다. 전통 귀족의 시각에서 보면 조준은 비록 권문세가 출신이지만, 자신들처럼 전통적인 귀족 가문이 아닌 미천한 역관이 운 좋게 일으킨 가문의 자제였다. 그리고 조준은 그러한 배경을 초월해서 고려 사회가 당면한 문제에 대해 진솔하게 접근했다. 그가 우왕 대의 여느 권세가들과는 다른 길을 걸은 이유는 고려 사회의 모순과 개혁 요구를 직시하고, 과거의 향수에 사로잡히지 않았기 때문이다.

그렇다면 개혁을 추구하는 그가 개혁 성향이 있는 신돈과는 왜 대립했을까? 그것은 조준이 어설프고 선동적인 개혁을 싫어했기 때문이다. 개혁이 실패하는 이유는 여러 가지가 있지만, 가장 흔하고 가장 바람직하지 못한 방법이 눈에 보이는 현상만을 해결하려고 '덤비는' 경우다. 그럼에도 이 방법이 남용되는 이유는 정치적이고 선동적인 효과가 탁월했기 때문이다. 대부분의 사람은 벽이 갈라지면 갈라진 벽을 본다. 전문가가 아닌 이상 지반이나 땅 밑의 물줄기와 같은 문제의 근원, 건물의 역학적이고 구조적 문제는 파악하지 못한다. 인간은 개개인의 뇌구조만 해도 웬만한 건물보다 복잡하고 정교한 체제로 되어 있다. 그런 인간이 수백, 수천만이 모이고, 서로 복잡한 이해관계로 얽힌 곳이 사회이자 국가다. 지식인이라고 해도 이 구조를 제대로 이해하거나, 자신이 아는 지식은 이 구조의 극히 일부라고 자인할 만큼 겸손한 사람은 극히 드물다. 그래서 논쟁을 하면 단순명쾌한 현상론자들을 이기기 힘들고, 한번 포퓰리즘이 득세하면 포퓰리즘 스스로 모순에 빠져 문제를 일으키고 파멸하기 전까지는 그 환각에서 헤어나오기가 쉽지 않다.

신돈이 추진한 개혁정책의 내용은 예전부터 해오던 것과 큰 차이가 없었다. 공민왕은 개혁의 내용보다 실천력이 중요하다고 생각했다. 하지만 토지와 노비, 관직 등 자신의 기득권을 포기하는 권문세가는 어디에도 없었다. 따라서 그들이 주체가 된 개혁은 제대로 이루어질 수 없었다. 이것이 공민왕이 절에서 일하던 여종의 아들인 신돈에게 개혁의 칼을 넘긴 이유였으리라. 그러나 그 당시 고려의 사회문제는 이미 구조적인 문제가 된 지 오래였다. 따라서 현상의 해결만을 시도했던 신돈의 '개혁'은 새로운 권력자를 만들어내고, 오래된 특권을 새로운 특권자에게 넘겨주는 역할 이상을 하지 못했다. 이와 같은 신돈과 그의 개혁정책을 조준이 순순히 따랐을 까닭이 없다.

조준과 김지의 세미나

우왕 10년부터 은둔을 시작한 조준은 낚시로 소일하는 대신 동료 학자들을 모아 국가제도 전반에 대한 연구를 시작한다. 동서였던 김지도 이 '세미나' 그룹에 참석했던 것이 분명하다. 여기서 김지는 독특한 역할을 담당한다.

김지가 조준에게 합류하여 《주관육익》을 저술하게 된 데는 이유가 있다. 조준과 김지는 동서지간으로 둘의 장인은 공민왕 대에 수문하시중을 지냈으며 홍건적의 난 때는 지휘관으로도 활약한 이암李嵒의 아들 이숭李崇이다. 하지만 김지는 조준과 같은 권력가 출신은 아니다. 고려 말에 등장한 전형적인 신흥무장 가문 출신이다. 고려는 14세기 내내 남북으로 외침에 시달린 까닭에 무공을 바탕으로 신흥 가문이 많이 일어났다. 김지의 가문은 증조부 이래로 쭉 무인들이 주를 이루었다. 부친 김사순金思順은 홍건적의 침공 때 개경수복전에 참여했던 것 같다. 홍건적의 준마를 노획해서 공민왕에게 바친 적도 있다. 이런 공으로 국왕의 시위侍衛로 활약했고, 사후에는 '충정'이라는 시호도 받았다. 우리나라는 전통적으로 문文을 숭상해서 이처럼 무장으로 출세한 집안도 어느 정도

관직에 오르면 그 자손들이 무관보다는 문관으로 진출하기를 원했다. 김지도 그런 경우 같다. 1661년(공민왕 11년) 그는 과거에서 3등으로 급제했는데 정도전과 이숭인이 그와 함께 급제했다.

하지만 김지는 관료로서 출세하지는 못했다. 그는 조선 개국 뒤 잠시 관직에 있으면서 국가 의례를 담당한 관청인 통례원通禮院의 종6품직인 봉예랑奉禮郎이 되었다. 조준이 정승이던 시절에 6품관이 되었으니 고려시대에는 더 낮은 관직에 종사했을 가능성이 높다. 이색은 그의 시에서 "그가 뜻을 행하지 못하고 늙어버려 안타깝다"고 묘사했다. 집안, 실력, 인맥관계를 보아도 그가 출세하지 못할 이유는 없는데, 무슨 사정이 있었던 것 같다. 건강상의 문제일 수도 있고, 위험 인물로 찍혀 불우한 시기를 보내던 정도전과 가깝게 지내다가 관계에서 물러났을 가능성도 있다. 관계에서 물러난 김지는 자신의 집에 수백 권의 장서를 모으고, 학문 연구에 몰두했다. 조준이 은퇴하자 두 사람은 자연스럽게 의기투합했으며 자신들과 함께 의견을 나눌 수 있는 소장 학자들을 더 모아들였을 것이다.*

조준과 김지의 세미나는 술판을 벌이고 머릿속에 떠오르는 대로 어설픈 정책을 쏟아놓거나 신세 한탄이나 하는 모임이 아니었다. 그들은 철저하고 근본적인 방식으로 연구를 시작했다. 그들은 먼저 중국과 고려의 옛 제도를 모두 수집하고 정리했다. 이 작업을 전담한 사람이 김지였고, 그 결과물이 바로 《주관육익》이었다. 《주관육익》은 국가의 행정체제인 이호예병형공의 육부六部에 맞추어 모든 제도를 정리하고, 그와 관

* 김인호, 〈김지의 《주관육익》 편찬과 그 성격〉, 《역사와 현실》 4, 2001.

련된 참고자료까지 모두 수록하는 방대한 저술이었다. 그렇기 때문에 지방제도를 정리하면서 관제만이 아니라 예제도 정리하고, 군현의 연혁을 기록한 지리지의 기록까지 모아놓았다. 그야말로 국가제도에 관한 백과사전인 동시에 모든 제도를 실무적이고 구체적으로 파악할 수 있는 자료집이었다. 이는 각 제도의 설립 목적과 제도 간의 상관관계를 파악하기 위해서였다.

> 근래에 (국가가) 고통을 많이 겪은 이래로 식량과 병기에 관한 것은 따로 국局을 설치하고 일 잘하는 자를 뽑아서 이를 주관하게 했다. … (그러나 이런 체제 정비에도 불구하고 그저 받아들일 뿐) 모든 관사를 나누고, 관리를 두게 된 까닭을 찾아 힘써 행하는 경우가 드물다. 김경숙(김지)은 그리된 것을 매우 개탄하고 이에 육방으로 기본 골격을 삼고, 각각 그 일을 분류하여 조목을 만들어서 벼슬 있는 자들이 마땅히 해야 할 일을 다 하도록 하려고 생각했다. **이색, 《주관육익》 서序**

이 글은 이색이 쓴 《주관육익》의 서문이다. 관서를 운영할 때도 그 임무를 기계적으로 수용하는 것이 아니라 관서를 나눈 이유와 업무 분담의 구조를 알아야 관리들이 업무를 제대로 이해하고 창의적인 활동을 할 수 있다는 것이다. 기왕이면 예전 제도와 지금 제도의 차이도 알아야 하고, 그렇게 되면 새로운 문제가 발생했을 때 역시 발전적으로 극복할 수 있기 때문이다. 예를 들어 '약사가 무슨 병에는 무슨 약을 쓰면 된다'라는 사실만 알지 그 약이 체질과 환경에 따라 다양한 반응이 나타난다는 사실을 모른다면 그 사람은 약사라 할 수 없다. 우리는 이런 사람을 돌팔이 내지는 선무당이라고 한다. 만약 병의 종류와 약의 설명서만 보고 약을 처방해도 된다면 굳이 약사나 의사가 필요하지 않을 것이다.

이런 생각을 전체 사회제도로 옮겨보자. 사회는 유기체다. 모든 제도는 다른 제도와 상관관계가 있다. 군사제도를 바꾸려면 재정, 조세, 신분제, 지방제, 과학기술, 산업 분야를 함께 고려해야 한다. 재정이나 조세도 마찬가지다. 과거라고 하면 '공정한 인재선발'이 떠오른다. 하지만 그것이 과거제도를 설명하는 전부가 아니다. 과거제도는 관료제, 교육제, 신분제, 재정 문제, 사회구조 등 군사, 재정, 조세와 마찬가지로 국가의 제도 전반에 걸쳐 영향을 주고받는다. 예를 들어 과거시험에서 어떤 과목을 시험보느냐는 조선 사상계의 구조에도 큰 영향을 미친다. 그러므로 과거제도를 개혁하려면 이 모든 제도와의 상관관계와 내용을 다 검토해야만 좀 더 효과적인 개혁안을 수립할 수 있다. '공정한 선발'이나 '신진사대부의 등용'이라는 한 가지 시각에만 치우쳐 과거제도를 개혁하고자 한다면 그 결과는 불을 보듯 뻔하다.

《주관육익》과 조준 상소

우왕 말엽 김지는 《주관육익》을 완성했다. 이색은 서문을 써서 김지의 노고를 치하했다. 이색이 추구한 개혁안의 구체적인 방향은 조준, 정도전과 달랐지만 그도 개혁을 해야 한다는 생각은 하고 있었다. 아직 조준은 은거 중이어서 개혁 구상을 발표하지 않았고, 《주관육익》

은 일종의 자료집이므로 정치색이 약해서 서문의 부탁까지 거부할 이유는 없었다. 김지는 과거의 시문을 모은 《선수집選粹集》이라는 책도 편찬했는데, 이 책도 이색이 서문을 써주었다. 이 책 역시 전하지는 않는다.

1388년(우왕 14년) 5월 요동정벌을 떠났던 이성계가 압록강의 하중도인 위화도에서 요동이 아닌 개경으로 군대를 돌리면서 고려는 정변의 소용돌이에 빠져들었다. 위화도 회군은 분명 쿠데타이지만, 이성계와 그의 일파를 칭찬할 수 있는 것은 그들이 진심으로 고려의 변화를 시도했다는 점이다. 정권을 획득한 이성계의 옆에는 누구보다도 고려의 폐단을 없애는 데 앞장선 정도전이 있었다. 하지만 한 사람의 능력으로 국가의 모든 법제를 개정한다는 것은 무리다. 이 무렵 누군가가 이성계에게 조준을 추천했다. 이 소개로 조준과 정도전의 만남이 이루어졌다. 고려의 개혁, 나아가 새 왕조의 개국까지 서로의 의견이 일치했던 터라 조준은 당장 정도전과 함께 이성계의 한쪽 팔이 되었다.

> 우리 태조는 조준의 기국器局이 비범함을 보고 그와 함께 일을 의논한 다음 크게 만족하여 그를 대하기를 마치 옛 친구처럼 했다. 회군한 후에는 그를 천거하여 지밀직사사知密直司事 겸 대사헌으로 임명하였고 일의 대소 구분 없이 모두 다 그와 의논하였다. 조준도 나라를 다스리고 백성을 구제하는 것을 자기의 사명으로 자임하면서 아는 것은 다 말하게 되었다. **《고려사》 권118, 열전31, 조준**

이 글에서 이성계를 만난 조준이 아는 것을 다 말했다고 했다. 준비된 개혁가였던 조준은 말로만 한 것이 아니라 개혁법안을 만들어 제

위화도 전경

요동정벌에 나섰던 이성계군이 위화도에서 말머리를 돌렸을 때, 조준과 김지는 재야 이론가에서 진정한 개혁가로 거듭날 수 있었다. 그들은 특유의 치밀함으로 500년 국가의 체계와 법령 등 모든 분야에 걸쳐 골격을 세웠다.

시했다. 이것이 유명한 '조준 상소'다. 조준은 창왕 즉위년인 1388년 1차 상소를 그리고 공양왕 대에 서너 번의 상소를 더 올렸다. 사실 이 상소들은 '조준 상소'가 아니라 '조준 등의 상소'로 하는 것이 정확한 표현이다. 조준 개인이 아닌 여러 사람의 작품이고, 상소할 때도 연명으로 했기 때문이다. 연명인의 이름은 밝혀지지 않았지만, 주축은 그의 세미나 그룹이었다. 김지도 이 상소의 초안에 관여했을 것이다. 이 상소는 정부조직에서 과거, 관료제, 토지, 군사, 재정, 조세, 지방제, 교육, 사상, 풍속 등 국가, 사회, 문화 전반에 걸친 혁신적인 내용으로 빈틈없이 채워져 있다.

이 상소의 내용이 특히 뛰어난 이유는 그가 제시한 개혁안 속의 전체 제도가 물 흐르듯이 서로 연결되며 일관된 구조로 정리되어 있다는 것이다. 앞에서도 말했지만 개혁을 할 때 문제를 제기하고, 무슨 법과 제도를 고치자고 말하기는 쉽다. 아픈 곳을 느끼는 대로 지적하면 되기 때문이다. 하지만 그것을 고치는 법을 만드는 것은 쉬운 일이 아니다. 사회는 복잡한 연쇄반응을 일으키기 때문이다. 국가와 사회의 제도 전체를 일관된 구성으로 개혁하는 것은 더더욱 쉽지 않다. '조준 상소'는 그와 김지의 오랜 연구와 탁월한 사명감이 만들어낸 걸작이었다.

이 상소는 교지로 반포되어 개혁법령이 되었다. 물론 상서의 모든 내용이 단번에 법령이 되어 실행되지는 않았다. 그래서 조준도 몇몇 법령은 상서를 올릴 때 조금씩 수정해야 했다. 반발이 가장 심했던 문제는 역시 토지개혁인 '사전 혁파'였다(1390년). 권문세족들은 모두 조준의 개혁안을 반대하고 비난했다. 도당都堂에서 재상들이 모여 토론을 했는데, 논의에 참가한 53명 중 조준, 정도전, 윤소종 등을 제외한 대부분의 인물들이 보다 온건한 이색의 중재안을 지지했다. 그러나 조준과 정도전은 이성계의 힘으로 이 반대를 모조리 밀어붙였다. 조선을 건국한 후, 조준은 이 법을 모아 1397년(태조 6년)에 조선 최초의 법전인 《경제육전》을 편찬했다.

개혁의 진정한 교훈

지금까지 조선 건국과 개혁의 영웅이라고 하면 정도전이 대표적인 인물로 알려져 있다. 반면 조준의 업적은 21세기가 되도록 제대로 평가받지 못했다. 게다가 그의 업적을 평가하기 위해서 반드시 거쳐야 할 김지와 《주관육익》은 연구자 중에도 아는 사람이 드물다.

왜 이렇게 되었을까? 일단 조준의 삶은 정도전처럼 극적이고 파란만장하지 않았다. 이방원이 왕자의 난을 일으키던 날 정도전은 피살되었지만(1398년), 조준은 살아남았으며 이후 영의정으로 특채되었다. 덕분에 정도전을 유명하게 만든 '혁명가의 비극적 삶'에서 그는 제외되었다. 정도전과 달리 조준이 살아남은 것은 그가 정도전에 비해서 덜 개혁적이었거나 중간에 변절을 해서가 아니다. 왕자의 난이 발생할 당시 이미 사태는 돌이킬 수 없었다. 조준은 정도전을 구원하기 위해 집안의 노비와 사병을 이끌고 달려갔는데, 이방원은 조준이 온다는 소식을 듣고 직접 병력을 이끌고 조준의 행렬을 차단하고 귀순을 설득했다.

이방원은 조준의 개혁 방안에 완전히 동조하지 않았지만, 상당수의 개혁안은 인정하고 수용했다. 스스로 자신이 조준을 사랑했다고 말할 정도였다. 그 외에도 여러 가지 정치적 배려가 있었겠지만 이방원은 정도전이 제거된 후 조준까지 제거하려는 신하들의 공격으로부터 그를 보호했다. 태종太宗으로 즉위하자 조준을 영의정으로 임명하고, 그의 아들 조대림趙大臨을 둘째 딸 경정공주와 결혼시켰다. 하지만 거기까지였다. 태종은 조준을 보호하고 배려했지만 정치적 영향력은 오히려 감소시켰다. 오히려 그가 조준보다 더 총애하던 하륜河崙에게 법제 개정의 전권을 주고, 정도전과 조준이 만든 개혁법안을 개정하게 했다. 조준의 법안을 다 폐기하지는 않았지만, 관료세계의 공정경쟁과 사족의 등용책을 억제하고, 공신과 권력층에 대한 특혜를 늘렸다.

태종은 권력가의 특권과 권력집중, 이로 인한 부패구조를 어느 정도는 감수하는 것이 더 효율적이라고 판단했다. 정의로운 눈으로 보면 태종의 결정은 아주 불합리하지만 이 결정이 완전히 틀린 것도 아닌 것이, 이 시대에 이상적인 권력구조가 제 기능을 다할 수 있을지는 확실히 의문이 있다. 필자도 그랬지만, 젊은 역사가들은 제도 자체의 내용과 완결성에 집중한다. 하지만 제도의 완전성을 좌우하는 것은 시대의 한계다. 조선시대에 민주적인 선거제도를 도입했다면 성공했을까? 전혀 그렇지 않다. 20세기 민주사회는 산업화와 시민계층의 성립을 전제로만 가능하다. 그러나 정도전, 조준의 입장에서 보면 자신들이 구상했던 보다 크고 공정한 사회에 대한 구상이 좌절된 것은 뼈아팠다. 결과가 어찌 되었든 시도할 가치는 충분히 있었다. 이후 조선이 망하는 날까지 이 신선한 시도는 다시는 시행되지 않았다. 실의에 빠진 조준은 1405년(태종 5년)에 사망했다.

조금 전문적인 사연이기는 하지만, 조준의 개혁법안이 사료에서는 '상소'로 기록된 것도 문제였다. 이상하게 《고려사》나 《조선왕조실록》은 어떤 법이 만들어지면 이러이러한 법이 제정되었다고 기록하지 않고, 그 법안을 발의한 상소만을 기재하고 있다. 당시 사람들은 이 기록만 봐도 법전에 있는 무슨 법이 언제, 누구의 건의로 만들어진 것이라는 사실을 알았을 것이고, 그것이 더 중요했을 것이다. 하지만 후대인은 그런 사정을 알 수가 없다. 그리고 《주관육익》과 마찬가지로 이 상소안을 법령으로 수록한 《경제육전》도 전하지 않는다. 이런 까닭에 많은 연구자들이 조준의 방안을 그저 수많은 상소들 중 하나로 이해해서 그와 동료들이 만든 수백 조가 넘는 개혁법안들을 오랫동안 잊고 살았다.

김지의 운명은 더 고약했다. 조준의 부탁을 받아 이두로 번역한 《대명률》을 1395년(태조 4년)에 정도전이 다시 우리 형편에 맞게 교열하고 수정해서 《대명률직해大明律直解》로 간행했다. 《대명률직해》는 각종 법령의 위반자에 대한 처벌규정을 수록한 형법집으로, 제목을 보면 중국법을 번역한 참고서 같지만 조선에서는 이후에도 형법으로 사용되었다. 하지만 김지의 이 공로 역시 역사가들에게서 별로 주목받지 못했다.

조선이 건국되면서 김지는 그동안 막혔던 관로가 뚫려 봉예랑으로 임명되었지만 문자도 모르는 사람을 지방 수령으로 천거한 죄로 곧 파직되었다. 태조 원년인 1392년의 일이니 조선에서의 관직 생활은 1년을 채 못 한 셈이다. 김지를 파직시킨 법은 거주연좌제擧主緣坐制라 하여 수령이 죄를 지으면 그 수령을 천거한 사람도 같이 처벌을 받는 법이다. 이 법은 고려시대부터 있던 법이지만 거의 시행되지 않던 것을 위화도 회군 이후 개혁파가 강력하게 시행한 것이었다. 자신이 만든 개혁법안에 자신이 걸려버린 셈이다. 그래도 보통 이 정도면 대부분 벌금을 내고 그

죄를 사면받거나 설령 파직된다 해도 곧 구제가 되는 것이 일반적이었는데, 무슨 이유인지 김지는 복권하지 못했다. 게다가 1398년 정도전이 숙청당하고 조준이 그 영향력을 잃게 된 이후로는 기록에서조차 영영 사라져버렸다.

하지만 역사 속에서 조준과 김지의 역할이 정도전에 비해 과소평가된 근본적인 이유는 따로 있다. 그것은 투쟁, 혁명처럼 겉으로 드러나는 정치적 활동에 과도하게 의미를 부여하고, 재도개혁의 준비와 어려움은 쉽게 간과하는 오늘날의 지적 풍토 때문이다. 심지어 지식인 사회에서도 개혁법안이라고 하면 그것의 준비와 검토 과정, 일관성 등을 주시하기보다는 개혁의 주체가 추구하는 사상적 배경과 당시의 사회체제 등을 먼저 속단한 뒤, 그러한 것들에 맞춰서 개혁의 주체와 그들의 개혁안을 상정하고 판단하는 경향이 있다. 그러다 보니 토지제도와 같은 자극적인 몇 가지 법령에 주목하고, 그것을 기준으로 개혁가의 성향을 분류하고 평가해버린다. 심지어 소위 지식인이라는 사람도 개혁안의 내용에 대한 분석은 아예 포기하고 누가 발의했으면 찬성, 누가 발의한 것이면 반대라는 단순논리에 의존하는 경우가 너무나 많다. 아무리 비판하고 개탄해도 사라지지 않는다. 지식인이라는 이름이 부끄러울 정도로 단순한 사고구조 탓이다.

그 결과 조준 상소의 경우도 오랫동안 사전 개혁안을 포함한 몇몇 법안에만 주목했을 뿐, 조준 상소가 내포하고 있는 가장 높은 가치, 각각의 제도와 제도, 법령과 법령을 연결하는 그 놀라운 체계성과 상호관련성에 전혀 주목하지 못했다. 그러나 역사 속에서 이들의 가치를 이해한 사람이 있었다. 바로 세종世宗이었다. 세종은 조준과 정도전의 개혁안을 전적으로 지지하지는 않았지만 그 방법론의 가치는 충분히 이해하고 있었으며, 하륜이 만든 개정 법안에는 그런 통찰력과 체계성이 결여되었다는 사실을 간파했다. 그래서 세종은 집현전을 설립하고, 조준의 사저에서 행해지던 세미나와 김지의 서재에서 행해지던 편찬 작업을 이곳으로 옮겼다.

세종은 이미 모든 칭송과 찬양을 받고 있다. 물론 그의 정책과 업적을 검토해보면 부족한 점이 발견되거나 실패로 끝난 것도 있다. 하지만 모든 점을 고려할 때 세종은 정말로 위대한 군주였으며, 500년 조선을 지탱할 수 있는 체제를 만들어놓은 업적을 부정할 수가 없다. 그러나 세종의 경우에도 우리는 그가 만든 제도와 업적에만 주목하지, 그가 이러한 결과물을 만들어낼 수 있었던 방법론에 대해서는 소홀했다. 그 방법론, 집현전을 통한 체계적이고 종합적인 연구가 바로 조준과 김지의 유산이었던 것이다.

2부

닫힌 사회에 대한 도전 그리고 한계

1장

세계를 향한 창, 다양한 시선으로 변혁을 꿈꾸다

이제현
더 넓은 세상에 대한 화두

연경의 고려인

고려의 '충忠' 자 돌림의 왕들은 역사에서 별로 좋은 평가를 받지 못한다. 점수를 매긴다면 최하위권 왕들의 집합체다. 일단 원나라에 대한 충성을 의미하는 '충' 자가 눈에 거슬린다. 그들은 원나라 공주와 결혼하고 원나라의 부마인 데다가 성장기를 대부분 원나라에서 보낸 덕분에 대부분 난폭하고 사치스러웠으며 국정은 돌보지 않았다.

그 사이에 고려의 정치와 제도는 혼란해지고 문란해졌으며 쇠락의 길로 접어들었다. 그중에서 유일하게 후대의 사람들에게 괜찮은 평가를 받는 왕이 충선왕忠宣王이다. 태자 시절 부친 충렬왕忠烈王 대신 왕위를 대행하기도 한 그는 아버지의 선위禪位를 받아 1298년에 즉위했다. 다른 왕들과 달리 고려의 위기를 자각한 그는 즉위 후 과감한 개혁을 실시했는데, 가장 주목할 만한 부분이 인재의 발굴과 등용이다. 이때 만들어진 사림원詞林院은 세종 대의 집현전과 비슷한 연구기관으로, 충선왕은 지방 향리가문 출신으로 과거에 급제한 젊은 학사를 배치하여 매일 그들과 토론하며 개혁을 구상했다. 고려 후기 정치사를 변동시킨 이른바 재지사림의 등용은 충선왕 개혁정치의 서막이었다. 그러나 구세력의 반발과 원나라 공주이기도 한 왕비 계국대장공주와의 불화 등으로 정치적 갈등이 야기되면서 즉위 7개월 만에 충렬왕이 다시 복위하고 충선왕은 연경燕京(지금의 베이징)으로 소환되었다(1298년).

충선왕이 연경에 거주하는 동안 원나라 황제 성종成宗이 후계자 없이 사망하자(1307년) 황위를 둘러싼 쟁탈전이 벌어졌다. 충렬왕의 부인인 제국대장공주는 원나라의 세조 쿠빌라이의 막내딸이었기에 아들인 충선왕 역시 혈통상으로는 '황금씨족'이라고 불린 칭기즈 칸의 직계 후손이었다. 이것은 아주 특별하고 유일한 사례로 충선왕 이후의 고려왕들이 결혼한 공주는 이런 직계의 공주는 아니었다.

따라서 충선왕은 몽고 황실에서 상당한 권위를 지니게 되었다. 영민한 충선왕은 원나라의 황위 쟁탈전에도 개입했는데, 그가 지지한 무종武宗이 즉위하면서 완벽한 정치적 승리를 거둔다. 1308년 무종은 충선왕을 요동 지역을 통치하는 심양왕瀋陽王에 책봉했다. 이 해에 충렬왕도 사망해서 그는 귀국하여 고려의 왕위를 계승했다. 덕분에 충선왕은 우리 역사상 최초로 요동지방과 한반도를 동시에 다스리는 왕이 되었다. 하지만 귀국한 지 두 달 만에 왕족인 제안대군齊安大君에게 왕위를 대행하게 하고 자신은 연경으로 다시 돌아갔다. 국왕이 연경에 거주하니 고려도 불편한 것이 한둘이 아니었다. 고려에서 귀국을 요청하고, 원나라도 귀국을 종용했지만 충선왕은 듣지 않았다. 1313년에는 아예 고려 왕위를 둘째 아들인 강릉대군江陵大君(충숙왕)에게 전위한 뒤 연경의 저택에 만권당萬卷堂을 열어 서적을 수집하고, 요수姚燧, 염복閻復, 원명선元明善, 조맹부趙孟頫 등 원나라 학자들과 이제현李齊賢 같은 고려의 학자들을 모아 고전 연구와 토론에 몰두했다. 이때부터 충선왕과 이제현의 독실한 관계가 형성된다.

이제현은 고려의 문신 이진李瑱의 아들로 태어났다. 이진은 충렬왕 때 과거에 급제해서 나중에 정승까지 오른 정통 문신이었다. 이제현은 열다섯 살이라는 어린 나이로 과거에 급제했는데(1301년), 이때 그를 선발한 시험관이 나중에 장인이 된 권부權傅였다. 이후 관가에 진출해서 대간과 학문이 깊은 문신들로 구성된 예문춘추관의 관원을 지내던 중, 연경에 있는 충선왕의 호출을 받았다.

1314년(충숙왕 원년) 원나라의 만권당으로 간 이제현은 충선왕의 신임을 얻으면서 더욱 승승장구했다. 1320년 지밀직사知密直事가 되고 충선왕의 배려로 단성익찬공신端誠翊贊功臣이 되었다. 같은 해 고려 출신 환관 임파이엔토그스任伯顔禿古思의 모략으로 충선왕이 토번吐蕃(티베트)으로 유배되자, 원나라의 재상과 대신들에게 부당함을 간언해 충선왕의 유배지를 좀 더 안전한 곳으로 옮겼으며, 자신이 직접 충선왕을 만나러 토번까지 가기도 했다. 충선왕은 1323년 태정제泰定帝의 즉위로 유배에서 풀려났지만, 2년 후에 사망했다. 1325년에는 추성양절공신推誠亮節功臣이 되고 김해군金海君에 봉해졌다.

이제현의 활약은 특히 대원관계에서 두드러졌다. 1339년 심양왕 고暠가 원나라에 충숙왕을 모함하자 연경에 가서 해명하고 돌아왔으며,

1343년(충혜왕 복위 4년) 원나라 황제의 명으로 고려에 온 사신이 당시 고려의 왕이었던 충혜왕을 체포해 연경으로 소환했을 때도 왕을 구원하기 위해 앞장섰다. 이후 충정왕忠定王과 공민왕恭愍王 때에는 국정의 최고 책임자로서 많은 활약을 했다. 개혁가로서의 면모가 두드러지는 것도 이때부터다. 고려 후기에 등장한 각종 개혁정치는 충선왕이 시동을 걸었지만 정작 그의 이상한 국외 통치로 인해 제대로 시행되지 못했다. 이후 왕들의 치세는 일종의 '개혁 암흑기'라고 할 수 있는데, 그 암흑기를 종식시키고 다시 개혁의 불을 댕긴 사람이 이제현이다.

이제현이 관심을 보인 부분은 역시 인재양성과 새로운 사상이다. 과거 만권당에 있을 때 충선왕이 그에게 "우리나라는 유학이 융성한 나라인데, 왜 학자들은 하나같이 절에 가서 승려에게 글을 배우고 있느냐" 고 물은 적이 있다. 이에 이제현은 국가에서 교육기관을 설치하고 관리하는 데 투자하지 않기 때문이라고 대답했다. 이제현이 이야기한 국가에 의한 교육진흥정책과 학교설립정책은 고려 말과 조선 전기에 적극적으로 시행되는데, 이것이 오늘날 우리 민족이 교육에 심하게 남다른 열정을 보이고, 조선의 선비 문화, 사대부 사회를 만드는 기반이 되었다.

그가 교육을 장려한 이유는 인재양성 때문이었다. 진부하게 느껴지지만 그가 말한 인재는 고려를 변화시킬 새로운 사상과 방법론, 비전을 가진 인재였다. 이제현은 과거시험에서 시를 짓는 글짓기 능력으로 사람을 뽑던 관행을 폐지하고 책문策問(과제를 주어 논술하게 하는 방식)의 비중을 크게 높였다. 이때 이곡李穀, 백문보白文寶, 안보安輔 등의 성리학자들이 그의 휘하에서 급제했다. 나중에는 이곡의 아들이자 고려 후기 최대의 정치가이며 학자인 이색, 이색 밑에서 성균관 교관을 맡아 성리학

보급과 신진사대부 양성에 기여한 박상충, 정구鄭矩 등도 선발했다.

조선시대의 경연經筵처럼 문신을 두어 항상 왕을 교육하고 보좌하는 제도를 만들었고, 인사비리의 온상이던 사설기구 정방政房을 폐지하고 정식 국가기구에서 인사를 처리하게 했다. 이렇게 그가 다시 시작한 개혁정치는 공민왕의 개혁을 거쳐 고려 말 신진사류들에 의한 혁신운동과 조선의 건국으로 이어진다. 그러나 개혁가로서 이제현의 업적은 시동적인 의미만 강조될 뿐 좀 희미한 것도 사실이다. 그가 추진한 인재양성, 교육제도와 인사제도 개혁 등은 개혁이라기보다는 당연히 시행되어야 할 그리고 비뚤어진 제도의 제자리를 찾는 조치인 듯하다. 흔히들 개혁이라면 무언가 체제나 제도의 근간을 흔드는 것으로 생각하는데 이제현의 개혁은 그렇지 않다. 이처럼 무언가 있는 것 같으면서도 특별히 혁신적인 정책이 보이지 않는 애매모호함은 이제현식 개혁의 전반적인 특징이다. 이와 같은 애매모호함은 역사학이나 성리학에 대한 그의 태도에서도 발견된다.

> 이제현은 일찍부터 국사國史가 불비한 것을 유감으로 여겼다. 그리하여 백문보, 이달충李達忠과 함께 《기년전지紀年傳志》를 만들기로 하였다. 이리하여 이제현은 태조로부터 숙종에 이르기까지, 백문보와 이달충은 예종 이하를 편찬하기로 하였는데 백문보는 겨우 예종, 인종 두 왕에 대한 원고를 필하고 이달충은 원고를 착수하지도 못하였다. 그나마 왕이 남방으로 피난할 때에 모두 흩어져 없어지고 오직 이제현이 편찬한 《태조기년太祖紀年》만이 현존한다. **《고려사》 권110, 열전23, 이제현**

이제현은 역사에 소양과 재능이 있었다. 원나라에 보낸 편지와 상소를 보면 고려 역사에 대한 해박한 지식이 깔려 있음을 알 수 있다. 역사에 대한 관심과 지식은 이제현으로 하여금 새로운 역사의식을 낳게 했으며 그간의 고려 역사를 새롭게 정리하는 대작업에 착수하게 했다. 하지만 안타깝게도 이제현의 《태조기년》은 오늘날에는 존재하지 않는다. 단지 《고려사》에 드문드문 남은 이제현의 사찬을 통해 그의 역사관을 잠깐 엿볼 수 있다.

그는 만권당에서 원나라의 유학자들과 교유했으며, 충선왕에게는 성리학을 가르치는 학교 양성책을 제시할 정도로 성리학에 많은 관심을 가졌다. 고려 말 대성리학자인 이색 부자도 원나라 유학 시절, 이제현을 존경했을 정도였다. 또한 그의 장인 권부는 우리나라에 주희朱喜의 《사서집주四書集注》를 최초로 소개한 사람이기도 했다. 이런 정황증거로 보아 이제현은 분명 성리학 수용기에 큰 역할을 했음이 분명하다. 하지만 그의 열전을 보면 후대의 사람들은 그를 정통 성리학자로 인정하지 않은 듯하다.

> 이제현은 소시부터 동배들이 감히 그 이름을 내놓고 부르지 않고 반드시 '익재益齋'라 불렀으며 재상이 된 후에는 귀천을 물론하고 누구나 다 '익재'라 불렀다. 그를 세상에서 이렇게 존중히 여겼다. 그러나 그는 성리학을 좋아하지 않으며 그에 대한 조예도 없이 공자 맹자를 공담으로 말하고 심술이 단정하지 못하여 사업을 심히 합리하게 하지 못하였기 때문에 식자들이 유감으로 여겼다. **《고려사》 권110, 열전23, 이제현**

그는 성리학 도입에 큰 역할을 했지만 후대의 정통 성리학자들이 보면 불만족스러운 인물이었다. 역사가에게는 이런 갈등이 더 흥미로운 법인데, 위의 서술도 "공자 맹자를 공담으로 말하고 심술이 단정하지 못하다"는 애매모호한 설명만 있을 뿐 도대체 구체적인 내용이 없다. 이런 애매모호함은 그가 추진한 개혁, 집필한 역사, 설파한 사상 등 모든 분야에서 이제현을 일관하는 특징이다. 그렇다면 이제현의 역할에서 무언가 중요한 내용이 있을 듯하면서 실체가 명확하지 않은 이유는 무엇일까? 지금까지 내용으로 보면 사료 부족이 일차적인 원인인 듯하다. 그러나 진짜 이유는 조선시대인들은 물론 현대를 사는 우리들까지 강력하게 지배하고 있는 폐쇄적인 세계관 때문이다. 오랫동안 많은 사람들이 더 넓은 세상을 본다는 것의 의미와 가치를 깨닫지도, 알려고도 하지 않았다.

더 넓은 세상을 소개하다

역사학자들에게 이제현의 애매함과 함께 충선왕의 연경 생활은 하나의 미스터리다. 우리 역사에 외국에서 살며 나라를 통치한 왕은 충선왕이 유일하다. 보통의 국왕 같으면 쿠데타나 음모가 두려워서라도 이렇게 떠나 있지 못한다. 왕이 외국에 있으니 고려도 불편이 많았다. 연락도 쉽지 않고 재정 부담도 컸다. 매년 충선왕에게 드는 기본 비용만 포 10만 필, 쌀 4,000말이었고, 그 외에도 온갖 물자를 수송해야 했다. 충선왕이 보여준 개혁적인 면모만 아니었다면 역사가의 입이 닳도록 비난을 받았을 행동이다.

그렇다면 충선왕은 왜 연경 생활을 고수했을까? 충선왕의 이런 행동에 대해 후대의 역사가들은 그가 정치에 염증을 느꼈기 때문이라고 설명한다. 하지만 지금도 정치에 염증을 느끼는 정치가는 많지만 권력을 포기하는 정치가는 없다. 또 만권당의 고사에서 보듯이 충선왕은 제도 연구와 고려 사회의 개혁에 대한 문제의식과 열정을 포기하지 않았고, 토번 유배라는 혹형을 당할 정도로 원나라 정치에도 깊이 간여했다. 결코 향락을 추구하거나 정치에 염증이 난 사람의 행동이 아니었다.

이 답을 이제현의 행적을 통해 살펴보자. 이제현은 연경에서 생활하면서 원나라 학자들과 함께 공부했을 뿐 아니라 중국의 많은 곳을 여행할 수 있었다. 충선왕과 함께 촉蜀 지방과 장안, 강남 지역을 두루 다녔고, 충선왕이 유배되었을 때는 유배지인 토번까지 다녀왔을 정도다.

이제현은 여행을 할 때마다 많은 시를 짓고 여행기를 남겼다. 안타깝게도 이 귀중한 여행기는 전해지지 않지만 그의 문집인 《익재집益齋集》에 방문지에서 지은 시들은 남아 있다. 이 시를 통해 그가 돌아다닌 지역을 추적해보면 촉의 제갈량 사당, 아미산峨眉山, 장안의 화산華山과 함곡관函谷關, 한무제가 무고에 속아 태자를 죽이고 세웠다는 망사대忙思臺, 측천무후의 무덤, 《사기》 〈자객열전〉의 주인공 예양이 숨었다는 다리, 직간의 원조라고 할 수 있는 은나라의 대신 비간比干의 무덤, 한신韓信을 꾸짖었다는 회안현의 표모가 빨래하던 장소, 유비의 고향이자 도원결의의 장소인 탁현涿縣 등 춘추전국시대부터 각종 고사에 등장하는 역사적 장소들이 망라되어 있다. 심지어 그는 충선왕을 따라 티베트까지 갔다.

이 여정으로 이제현은 20세기 이전의 한국인 중에서 가장 넓은 세상을 경험한 인물이 되었다. 그런데 넓은 세상을 본다는 것은 어떤 의미일까? 이제현은 황하를 건너면서 아래와 같은 시를 남겼다.

> 아 내 소년 시절 해상에서 놀 제蹇予少年遊海上
>
> 호탕한 기운 장생의 곤어 타려고 했었지豪氣欲跨莊生鯤
>
> 서강 물도 한입에 들어 마실 만하고西江眞堪一口吸
>
> 운몽은 가슴속에 삼킬 것도 없었네雲夢不足胸中呑
>
> 오늘날 백사장 가에서 닻줄을 풀려고 하니今日沙頭欲解纜
>
> 고독한 나의 마음 갑자기 아찔해진다兀坐不覺驚心魂
>
> **이제현, 《익제난고益齋亂藁》 권1, 〈황하黃河〉**

이 시를 해석해보면 이렇다. 젊은 시절에 그는 서강(개성의 서강인 듯하다)의 물도 한입에 마실 듯했으며, 바다니 구름바다니 하는 이야기도 우습게 생각하고 호탕하고 포부가 크면 다 이룰 수 있다고 생각했다. 또한 글로 읽은 세상과 교훈은 마음만 따르면 이룰 수 있다고 생각했다.

실체와 크기를 보지 못하고 자기가 알고 있는 견문과 관념으로 이해하므로 어떤 이야기든 이해하지 못할 것이 없다. 태산을 보지 못한 사람이 '태산이 높다 하되 하늘 아래 뫼이로다 / 오르고 또 오르면' 하는 문구를 쉽고 간단하게 받아들이는 것과 같은 경우다. 하지만 그는 중국에 와 황하를 건너면서 건너편 백사장까지 가는 길조차도 아득함을 느꼈다. 즉 태산에 와야 '태산에 오른다'는 말이 그리고 '오르고 또 오르면'이라는 말이 가볍게 할 수 있는 말이 아님을 알게 되었다. 태산을 넘어 히말라야 같은 곳으로 가면 정상까지 겨우 100미터, 150미터를 남겨

중국 화산(위)

중국 서안에 위치한 화산은 해발 2,100미터로 매우 험준하고 산세가 가파른 산으로 이름나 있다. 이렇듯 드넓은 중국 곳곳을 주유한 이제현의 사고는 동시대 그 어떤 이보다 넓고 웅대했다. © 임용한

충선왕의 유배지 사캬 사원(아래)

원나라 황위 다툼의 소용돌이에 휘말린 충선왕은 토번(티베트)으로 유배되었다. 이제현은 험한 여정을 마다하지 않고 토번까지 충선왕을 만나러 갔다. 사진은 티베트의 시가체Shigatse에 있는 사캬 사원Sakya Monastery.

놓고도 후퇴하는 경우가 수두룩하다. 히말라야를 가보지 못한 사람은 겨우 100미터를 가지 못하냐고 쉽게 비난하지만, 진짜 등반가는 정상 아래 100미터의 의미를 안다.

넓은 세상을 본다는 것은 자신의 기억세포에 그저 지리적인 풍경을 더한다는 의미가 아니다. 우리 사회에서 소통하는 논리와 다른 논리가 있고, 내가 지금까지 생각하던 것과는 전혀 다른 요소들이 있음을 발견하는 것이다. 그제야 비로소 우리의 생각, 관습, 현실에 대해서도 깊은 성찰과 반성이 가능해진다. 갇혀 사는 사람들은 늘 이렇게 말한다. '이것은 우리의 오랜 역사이고, 관습이고 전통이다. 지금까지 줄곧 이 제도를 사용했지만 커다란 오류가 없었다.' 하지만 그 방식은 전통의 유지가 아니라 미개의 고수다. 과거의 제도가 편안하게 느껴지고, 불편과 부족을 느끼지 못하는 이유는 새로운 사회를 보고 느끼지 못해서 변화와 발전에 대한 욕망과 기대가 없기 때문이다. 고려 사회를 개혁하고자 했던 충선왕이 국내에서의 논쟁과 연구를 포기하고, 연경에서 생활한 이유도 이것이었다.

충선왕과 함께 연경에서 연구를 하고, 전 중국을 돌아다녔던 이제현이 고려 후기 사회에 남긴 역사적 역할은 당장의 어떤 개혁안과 제도가 아니라 바로 더 넓은 세상에 대한 화두였다. 이를 위해 이제현은 자기가 급제시킨 신진학자들을 원나라로 보내 다시 그곳의 과거에 응시시켰다. 좀 더 넓은 세상을 보라는 의미였다. 이제현의 뒤를 이어 과거시험관이 된 이곡은 1347년(충목왕 3년) 다음과 같은 책문을 냈다.

본국의 법을 세운 지가 이미 오래되어 거듭 변경하였고, 근래에 법령이 여러 군데에서 나와 사람들이 법을 받들지 않는다. 혹 형벌을 사용할 경우에 원나라의 법을 사용하면 담당관서는 손을 모으고 감히 말을 하지 못한다. 혹자는 세조(쿠빌라이)가 "국속國俗은 변하게 하지 말라"고 훈계했다고 하며, 혹자는 "같은 하늘 아래에 왕토가 아닌 곳이 없다"고 말한다. 지금 위로는 원나라의 법에 어긋나지 않고, 아래로는 (우리의) 옛 법을 잃지 않게 하여, 형벌을 사용하는 것이 일관되어 사람들이 구차히 면하지 않게 하려면 그 요령은 어디에 있는가? **이곡, 《가정집》 권1, 책문策問**

지금도 많은 사람들이 이 문제의 의도가 원나라 법을 사용할 것이냐 고려법을 사용할 것이냐는 의도였다고 해석한다. 즉 국가적인 자존심 내지는 외래문화와 전통의 갈등을 해결하려는 것이라고 이해하는 것이다. 고루한 국수주의와 편협함에 갇혀 있는 한, 이런 수준을 넘어가지 못한다. 하지만 이제현이나 이곡의 문제의식은 그런 수준이 아니었다.

진정한 개혁가, 진정으로 역사와 사회를 이해하는 사람에게는 어느 나라에서 온 법이냐는 문제가 되지 않는다. 어떤 법이 이 나라의 미래를 위한 법이며, 어떤 법이 더욱 합리적인가를 추구할 뿐이다. 원나라는 중국의 어떤 왕조보다도 세계적이며 국제교류가 활발한 지역이었다. 그 안에 온갖 문화와 다양한 민족이 살았다. 자연히 보편주의적인 사고가 발달했고, 어느 나라 것이냐가 아니라 가장 좋은 것이 무엇이냐, 우리에게 더욱 적합한 것이 무엇인가를 찾았다.

또한 선진적인 제도를 본다. 미안한 이야기지만 고려의 제도는 이때까지도 당나라 제도와 송나라 제도가 뒤섞여 있었다. 중국으로 치면 수백 년에서 백년 전의 제도들이다. 그것을 고려에 수입하는 데, 고려의 현실에 맞추려면 고민하고 수정도 해야 하고, 옛 법, 우리 것을 고집하는 골수와도 싸워야 한다. 이곡의 책문은 이런 현실에 대한 종합적인 질문이었다.

세상을 이해하는 눈

고려 원종元宗이 강화도에서 나와 원나라에 항복한 1270년부터, 공민왕이 반원정책의 기치를 든 1350년대까지를 우리 역사에서는 '원 간섭기'라고 부른다. 개인적으로 정말 싫고 한심하게까지 여겨지는 용어가 이 원 간섭기라는 용어다. 이스터 섬처럼 절해고도에 고립되어 있지 않은 이상, 국제관계에서 서로 간에 간섭을 받지 않고 사는 국가는 없다. 강대국이라고 무엇이든지 제 맘대로 하지도 못한다. 그들도 간섭을 받고 있다. 단지 약소국에게는 강대국의 간섭이 더 크게 느껴질 뿐이다. 간섭의 양으로 역사를 간섭기 아닌 때와 덜 간섭기, 간섭기 그리고 강점기(식민지)로 구분하는 사고구조는 난센스와 콤플렉스의 혼합이다.

소위 원 간섭기에 우리 눈살을 찌푸리게 하는 사건들이 많았던 것은 사실이다. 하지만 원에게 받은 간섭은 다른 시대 중국 왕조의 간섭과 크게 다르지 않았다. 단지 중국 왕조가 '원'으로 바뀌었을 뿐이다. 즉 한족과 다른 몽골족이었기 때문에 산업정책, 사회정책, 국제관계의 내용이 이전의 왕조와 달랐던 것뿐이다. 그 여러 가지 변화 중에서 이전보다 가혹했던 부분, 이전보다 자존심이 상해 보이는 부분만을 뽑아내서 그것으로 그 시대의 성격까지 규정한다면 그건 정상적인 평가가 아니며,

익재집

1431년(세종 13) 왕명으로 《익재난고》 10권, 《역옹패설》 4권을 합본하여 《익재집》으로 간행했다. 《익재집》에는 삼국 시대부터 고려 후기까지의 유명한 시화를 모아 엮은 〈시詩〉, 이제현의 상소와 문장 등을 실은 〈서書〉, 고려 태조부터 충선왕까지 각 왕의 행적을 기록하고 평가한 〈세가世家〉, 태조부터 숙종까지 왕의 공과를 평가한 〈사찬史讚〉 등이 실려 있어 기록으로서의 가치가 높다.

우리 역사를 우리 스스로 비하하는 행위다. 최근에는 소위 원 간섭기를 부정적인 시각으로만 볼 것이 아니라는 주장이 학계에서도 공식적으로 제기되고 있다. 우리 역사에서 가장 국제 감각이 있으며 폭넓고 합리적인 사고를 하던 시기가 이때였다는 견해는 물론, 고려 후기 사회를 뜨겁게 달구고, 조선이라는 독특한 국가체제를 만들어낸 원동력이 13~14세기 원나라를 통한 세계 경험에서 비롯되었다는 주장이 설득력을 얻고 있다.

고려 말, 조선 초기에 시행한 개혁 중에서 이전의 역사에서는 볼 수 없는 놀라운 통찰력과 거시적인 결단을 보여주는 사례가 하나 있다. 14세기 무렵, 즉 고려의 공민왕부터 우왕 대까지 왜구의 침공이 다른 시대에 비해 많아졌다. 오늘날까지도 우리 역사에서는 당시 일본의 내전에 의한 치안 부재 상황이 왜구의 폭증을 낳았다고 설명한다. 하지만 정작 당시 사람들은 그렇게 생각하지 않았다.

14세기 이전의 일본은 한반도에 해적 떼는 보낼 수 있지만 국가적인 규모의 침공을 감행할 수 있는 나라는 아니었다. 그러나 14세기 왜구의 폭발적 증가는 일본이(그들의 오랜 내전을 극복하고 통일정권만 성립한다면) 한반도 침략을 시도할 수 있을 만큼 성장했다는 증거였다. 14세기의 정치가들은 이와 같은 사실을 인식했다. 이후 우리의 주적主敵을 일본으로 바꾸고, 수군을 대폭 증설하는 등 모든 국방정책과 군대와 전술을 북방의 기마민족이나 한족 군대가 아닌 일본군에 맞추어 재편한다. 이 거대한 개혁이 조선 전기까지 이어진 군제개혁의 핵심과제였고, 이것이 이후 임진왜란을 승리로 이끈 원동력이었다.

하지만 간섭기와 간섭의 양에만 골몰하던 역사가들은 이러한 사실을 전혀 인식하지 못했다. 오히려 조선 전기의 수군개혁에 대해서는 비판적인 평가가 주를 이루었다. 수군을 괜히 과도하게 확장해서 백성들의 고생이 커졌고, 수군을 유지하기 위해 수군의 세습제와 같은 무리하고 가혹한 정책을 사용했다는 것이었다. 이렇게 비판하는 사람들은 그 누구도 14, 15세기의 개혁가들이 이처럼 무리한 정책을 사용할 수밖에 없었던 이유를 제대로 이해하지 못했다. 조선의 수군제도가 단지 14세기에 성행한 왜구에 대응하기 위해 만들어진 것이 아니라, 일본의 조선 침공을 예상하고 만든 제도라는 사실을 깨닫지 못했기 때문이다.

이것이 개혁가 이제현이라는 표현이 낯설고, 이제현의 생각과 행동이 역사 속에서 애매한 이유다. 현실과 관습에 대한 깊은 성찰과 합리적인 사고, 더 넓은 세상을 본다는 것의 중요성은 오랫동안 닫힌 사회 속에서 살았던 조선시대 사람들은 물론, 21세기의 지식인들에게도 설득하고 체득하기가 쉽지 않은 진리였기 때문이다. 그래서 세상의 모든 선각자와 개혁가들처럼 만년의 이제현도 고독했다. 사실 정치적으로 그는 대단한 행운아였다. 일찍 고위직에 올랐으며 유배나 숙청 등의 어떤 고난도 겪지 않았고 만년까지 부와 명예를 유지했다. 하지만 그가 세상을 향해 던진 화두는 여전히 언제 피어날지 모르는 열매였다. 본인은 그것이 고통스러웠을 것이다. 그것은 모든 선각자들이 감당해야 하는 숙명인지도 모른다.

노년에 그는 충선왕을 다시 만난다. 충선왕의 영정을 해인사로 옮기게 되었는데, 그가 책임자가 되었던 것이다(왜구나 전란에 대비하려는 조치였을 것이다). 영정 속의 충선왕에게는 젊은 날의 열정과 의지가 남아 있었다. 그 열정 앞에서 이제현은 이렇게 감회를 읊었다.

머리가 허옇게 되어 다시 임금 수레 모셨는데白頭重望屬車塵

미우엔 여전히 봄기운이 감도네眉宇依然照上春

오늘날 감회가 나 같은 이 누구일까此日感懷誰似我

그 당시 모시던 사람 한 사람도 없구나當時法從更無人

이제현, 《익재난고》 권4, 〈충선왕의 영정을 해인사로 이안하면서〉

이제현식 사대주의의 가치

이제현을 연구하는 학자들을 당혹하게 하는 그의 행적이 하나 있다. 이제현이 썼다는 고려의 역사는 남아 있지 않지만, 그가 처음 도입했던 역사서술의 방식은 알려져 있다. 옛날의 예법에는 용어에도 엄격한 원칙이 있다. 가령 황제의 후계자는 '태자太子'가 되지만, 왕의 후계자는 '세자世子'다. 황제가 자신을 지칭할 때는 '짐朕'이라고 하고, 백성이 부를 때는 '폐하陛下'라고 하지만 왕은 '고孤'이고 '전하殿下'다. 우리가 흔히 이야기하는 '만세萬歲'도 사실은 황제 앞에서 하는 축호였다. 조선시대에 국왕 앞에서는 만세 대신 '천세千歲'라고 했다. 이런 예법은 삼국시대나 고려시대에는 잘 지켜지지 않았다. 고려의 왕들은 스스로를 황제라 하고, 세자를 태자라 부르기도 했다.

이제현은 고려의 역사를 서술하면서 용어들을 모두 예법에 맞게 고쳤다. 심지어 혜종, 광종 등 이미 만들어져 있던 묘호도 충렬왕, 충선왕처럼 '왕'으로 고쳤다. 팔관회, 연등회와 같은 전통신앙 내지는 토속적 행사도 부인했다. 조선 세종 때에 《고려사》를 편찬하면서 이와 같은 이제현의 서술이 논란이 되었다. 역사에 누구보다도 관심이 많던 세종은 친히 검토를 하고 고민을 한 뒤 고유한 용어를 회복하라고 명령한다. 이 결정으로 세종은 역사가들로부터 더할 수 없는 극찬을 받고 있다.

그렇다면 그와 같은 이제현의 행동으로 그를 이른바 '반민족주의자' 혹은 '수구보수주의자'로 단정할 수 있을까? 또는 외국에 가서 오래 살고, 외국 문화를 좋아하면 이렇게 되기 마련이라는 좋은 본보기로 생각할 수 있을까? 하지만 이제현의 행적을 보면 그는 결코 자주성을 망각한 인물은 아니었다. 원과의 분쟁이 생길 때마다 그리고 원나라가 자신들의 제도를 강요할 때마다 고려의 역사와 문화를 이야기하며 그것을 막아낸 사람이 바로 그였다. 따라서 그가 역사서술에서 이런 방법론을 도입한 데는 친원, 반원, 자주와 사대라는 문제를 초월해서 다른 이유가 있었다고 보아야 한다. 결과적으로 올바른 선택이 아니었다고 해도 이제현이 이러한 역사서술 방식을 도입한 것이 결국은 선진사회와 선진문화를 수용하고자 하는 열정의 결과였다고 할 수 있다. 성리학의 입장에서는 이런 역사서술 방식이 정통이었기 때문이다.

물론 현대인의 입장에서는 이런 생각이 이해하기 힘들고, 그의 행동이 영락없이 자주성을 망각한 짓으로 보일 것이다. 그러나 그렇다고 하면 성리학의 수용, 그 이전의 유학과 불교의 수용도 같은 비판을 받아야 한다. 당시의 입장으로 돌아가보면 성리학과 성리학의 역사서술 방법을 수용하는 것은 오늘날 '글로벌 이코노미' 시대라는 전제하에서 외국의 경제이론을 받아들이는 것과 비슷한 셈이다. 오늘날의 경우도 마찬가지지만 특정 이론의 수용과 거부라는 기준만으로 자주와 사대, 선진과 후진을 판정하는 것은 어리석은 행동이다. 오늘날 우리가 '태양력'에 '서기'에 '그리니치 표준시'를 사용하는 것은 비자주적이어서가 아니라 그것이 우리에게 유익하고 편리하기 때문이다. 그러므로 외국 문물의 수용을 논할 때 일차적인 기준은 '자주냐 비자주냐'가 아니라 미래와 발전을 위해서 그 이론을 수용하느냐, 아니면 현실 안주와 기득권의 보호, 습관적 사고에 의해 받아들이는 것이냐가 되어야 한다.

실제로 성리학의 지배가 깊어지는 16~17세기가 되면《고려사》와 같은 서술방식을 비판하고 이제현과 같이 용어까지 바꾸는 역사서술이 다시 유행한다. 하지만 이 시대의 저작들에게 이제현과 같은 역사적 평가를 부여할 수는 없다. 이때는 이 이론이 선진 세계의 우주관과 사고구조를 도입하기 위해서가 아니라 외부 세계의 발전을 부정하고, 우리 세계에 더욱 강력한 보호막을 형성하는 방법으로 사용되었기 때문이다.

결국 이제현에게 가치 있는 학문은 성리학 자체가 아니라 미래와 보다 넓은 세상에서 경험한 합리성이었다. 그러나 너무나 안타깝게도 이제현의 생각은 다음 세대에 온전히 전달되지 못했다. 중국의 국가제도를 수용하자는 그의 문제제기가 실행되는 것은 14세기 말 소위 신진사대부들에 의해 고려왕조가 멸망하고 조선이 건국되면서였다. 정도전과 이색의 후예들은 엄청난 개혁안을 쏟아냈고, 국가의 성격 자체를 완전히 개조했다. 그러나 묘하게도 이 세대가 성장하던 시기는 원과 명의 교체기였다. 그들 대부분이 중국에 가보지 못하고, 혹 간다고 해도 사신으로 파견되는 것이라 그 사회의 내면과 국제감각을 익힐 만큼 체류할 시간이 없었다.

결국 이제현의 문제의식 중에서 글로 보고 제도로 참고할 수 있는 부분은 살아남아 전수되었지만, 삶과 문화로 체득해야 하는 개방성,

현장감은 빠져버렸다. 원나라에서 전수한 성리학이 조선의 국시가 되었지만, 그들의 상업관과 국제주의는 망국의 원인으로 간주되었다. 그 결과 조선을 건국한 사대부들은 이제현의 문제의식을 실현하면서도 그 문제의식의 근간이 된 개방과 교류는 빼버리고 농본과 고립주의라는 새로운 틀 속에서 중국의 제도를 재조립했다. 어떤 분은 이것을 조선의 자주성의 발로라고 칭찬하지만 자동차를 도입하면서 엔진을 떼고 말이 끌도록 하는 것이 과연 자주성일까?

이것은 우리 역사의 불행이자 이제현 개인에게도 불행이 되었다. 후대의 학자들은 이제현의 진정한 공로를 잊었고, 오히려 이제현을 비난하기 시작했다. 그들은 세종이 비판한 이제현의 역사서술 방식은 도입하면서도 그가 성리학자가 아니라고(그 말은 맞는 말이다. 이제현은 성리학 자체에 매몰되지 않았다) 비판했다. 그들에게 이제현은 "성리학을 제대로 알지 못하고, 공자 맹자를 공담으로 말하고 심술이 단정하지 못한" 인물이었다. 이 비판은 역으로 이제현이 조선식 성리학의 특징인 교조주의에 함몰되지 않았고, 생각이 자유롭고 세상만사를 성리학적 합리(교리)로 판단하기보다는 이성적으로 판단하는 사람이었음을 말해준다. 그러나 이것을 깨닫고, 그 가치를 인정하는 데는 오랜 시간이 걸렸다.

김육

국가의 백년대계를 추진한 존귀한 행정가

가난한 수재의 운명과 우연

김육(金堉, 1580~1658)은 대단히 범상치 않은 집안에서 태어났다. 그의 고조부(5대조)는 조광조의 교우로 지리산에서 자살한 김식이다. 조광조와 김식의 우정은 대대로 이어졌다. 김육의 모친은 조광조의 아우 조숭조의 손녀였다. 그러나 다행히 조광조와 김식의 과도한 운동권적 사고는 김육에게 이어지지 않았다. 젊은 시절 현실사회에서 겪은 불운과 좌절은 김육이 훨씬 진했는데도 말이다.

김육이 열세 살 때 임진왜란이 터졌다. 고달픈 피난생활 중에 부친이 서른한 살로 요절했다. 그 후 그는 이모부와 고모 집을 전전하며 생활했다. 그가 스물한 살 되던 해에 모친도 사망했다. 김육은 남양주에 부친과 모친의 묘를 합장했는데, 노비도 없고 인부를 부를 돈도 없어 본인이 직접 묘를 만들었다.

수재였던 김육은 광해군 대에 장원으로 과거에 급제했지만, 광해의 조정은 서인과 동인 모두에게 이를 갈던 북인이 장악하고 있었다. 김식과 조광조의 비극을 간직하고 있던 김육은 정치적 갈등에 대단히 조심스러웠다. 그는 30대였던 1613년 관직을 포기하고 가평의 화개산 아래 잠곡마을로 낙향했다. 그의 호인 잠곡은 이 지명을 딴 것이다. 귀농 초기에는 집이 없어 움집을 만들어 살았고, 직접 나무를 하고 살아야 했을 정도로 가난했다. 그의 귀농일기는 10년이나 계속되었다. 그는 자신의 가난을 이렇게 읊조렸다.

> 우습고도 또 우습구나
> 생활 방편 졸렬한 내가 우습네
> 오두막집은 바람조차 못 가리고
> 쌀 단지는 자주 떨어진다
> 어린 자식 추울까 걱정하지만
> 옷과 버선 마련해줄 길이 없구나
> 수염은 길고 다리는 맨다리고
> 세모에도 짧은 갈옷 한 벌뿐이네
> 소와 말은 각기 한 마리만 있을 뿐인데
> 비쩍 말라 등판 뼈가 솟아나 있다.
> 한집에 살고 있는 십여 식구가
> 내 한 몸만 바라보며 살아간다네

양식이 부족해서 쌀밥 대신 채마밭에서 캔 토란과 밤을 먹고, 반찬은 고사리와 나물뿐이었다고 한다. 어쩌면 김육은 이렇게 밑바닥 생활을 체험했기 때문에 이념서적을 탐독하는 부유한 대학생이던 조광조, 김식과 달라졌을 것이다. 또한 그로 인해 사회문제를 먼저 원칙과 이념으로 재단하지 않고, 현실적으로 직시하는 태도를 지닐 수 있었는지도 모른다.

다만 김육이 가난했다고 해도 진짜 서민 수준은 아니었다. 위 시를 보면 그는 비쩍 말랐다고 해도 소와 말이 있고, 술도 빚어 마시고 있다. 조선시대 농민 중에서 소나 말이 있는 가구는 10분의 1도 되지 않았다. 고기 안주가 없다고 해도 술을 빚어 마시려면 남는 쌀이 꽤 있어야 한다. 조선시대에 일반 농민은 하루에 두 끼라도 먹을 수 있는 사람이 절반도 되지 않았다고 한다. 즉 김육이 아무리 가난하다고 해도 최소한 상위 20~30퍼센트 안에 드는 삶을 살았던 것은 분명하다.

그럼 이 가난타령은 뭔가. 역사가들이 농담으로 자주 하는 말이 있는데, 사대부들의 문학작품에 나오는 2대 거짓말이 출세욕을 버리고 시골에서 안빈낙도하겠다는 말과, 가난하다는 말이라는 것이다. 안빈낙도는 진짜 거짓말이지만, 가난하다는 말은 거짓말은 아니다. 소득수준이 상위 10~20퍼센트 안에 든다고 하면 그들은 분명 땅이 있고 소작인과 노비도 거느리는 유산계층, 지주계층이며, 상대적으로 부자다. 그러나 순위가 문제가 아니라 김육의 묘사처럼 바람 드는 볼품없는 집에 살고, 가구도 없고, 옷도 부족하고, 고기반찬을 먹기 힘든 것이 가난이라고 하면 상위 10~20퍼센트도 가난한 것이 맞다. 우리가 사극에서 보는 비단옷을 입고 기와집에 사는 사람은 전 국민의 1퍼센트도 되지 않았다.

현직 관료들은 다 특권층에 착취자들 같지만 그들도 형편이 꽤 어려웠다. 《경국대전》을 보면 관료직이 총 5,605개다. 이 중 고위층, 부유층이 확실한 당상관 이상은 259개뿐이다. 정5품 이상까지 더해도 1,122개다. 나머지 거의 4,000개 관료들의 녹봉은 형편없었다. 나머지 맨 상위에 있는 6품관의 녹봉은 5인 가족이 나물반찬에 밥만 먹으며 간신히 살아갈 수 있을 정도의 양이다. 그 밑으로 내려가면 점점 형편없어진다. 훈련도감의 군인 5인 가족은 끼니를 거르지 않기가 힘들었다.

그럼에도 불구하고 6품관의 녹봉 수입은 토지소출로 따지면 상위 10퍼센트 안에 드는 양이다. 물론 관리는 궁에서 온갖 하사품이 나오고 식사도 주고, 부수입도 많다. 덕분에 관료생활 동안 꽤 많은 부수입과 평생 먹고살 땅도 챙길 수 있다. 뇌물과 상납을 너무 심하게 받으면 탄핵을 받지만 적당히 하는 것은 아무도 뭐라고 하지 않는다. 그래서 누구나 관료가 되고 싶어 했던 것이지만, 아무튼 녹봉으로만 따지면 6품관도 간신히 먹고사는 수준이고 전 국민의 90퍼센트가 이 수준이 안된다. 이것이 김육의 가난과 조선의 가난의 실체였다.

1623년 인조반정으로 서인이 정권을 장악하면서 그의 삶에 획기적인 기회가 찾아왔다. 그는 조정의 부름을 받아 6품관이 되었다. 마흔네 살에 비로소 관직에 들어선 것이다. 그러나 또다시 정묘호란과 병자호란이 터졌다. 10대에서 50대 사이 인생의 거의 전부라고 할 수 있는 시기에 그는 조선시대에 가장 충격적인 전란을 모두 겪었다. 그러나 세상은 나름대로 공정해서 불행이 겹치면 한 번 정도는 전화위복이 된다. 병자호란이 터지던 1636년에 그는 명나라 사신으로 파견되었다. 바로 연경(북경)에 도착했으면 돌아오자마자 혹은 돌아오다가 병자호란을 겪었겠지만, 청나라 군대가 발호하던 시기라 육로가 막혀 연경까지 가는 데 반년이 넘게 걸렸다. 6월에 출발해서 12월에 도착했는데, 덕분에 북경에 도착하자 병자호란이 터졌다. 그는 명나라에 머무르면서 명나라에 구원병을 요청하기 위해 노력하다가 인조가 항복하고 병자호란이 다 종결된 후인 다음 해 5월에야 조선으로 돌아왔다. 그 덕에 병자호란의 참화는 피했고, 명나라에서 거의 1년을 살아보는 귀중한 경험을 했다. 그 후 그는 소현세자의 측근이 되어 심양에 가서 장기체류도 했고, 전부 합해서 네 번 중국에 갔다. 덕분에 조정의 그 누구보다도 해외생활을 오래 한 관료가 되었다. 이 경험은 김육에게 커다란 영향을 미친다.

1638년 7월 김육은 충청도관찰사가 되었다. 이때 대동법과 균역법 시행을 건의하는 상소를 올렸다. 이것이 그의 대동법 투쟁의 시작이었다. 효종이 즉위하면서 김육은 우의정이 되었고, 이후 영의정 자리에까지 올랐다. 이 기간동안 김육은 김집을 대표로 하는 사림세력과 대립하면서 대동법의 시행을 강력히 주장해서 마침내 관철시켰다. 효종 2년 충청도에 대동법이 시행되었고(호서대동법), 1658년에는 호남지역에도 대동법이 시행되었다. 그러나 이 해에 김육은 향년 79세의 나이로 세상을 떠난다.

지지부진하고 지난한 개혁

본 현에 있는 군인이 열한 명입니다. 일곱 명이 도망하거나 죽어 실 인원은 네 명입니다. 그런데도 매번 열한 명분의 군포를 책정하고 친척과 이웃에게서 징수합니다. 친척도 이웃도 없으면 현 전체의 토지에 부과합니다. … 경작하지 않아 묵은 땅이 40결입니다. 그러나 여기에도 역사, 전세, 공물가로 결당 8필을 부과해서 총 320결을 징수합니다. 이것도 실제 경작하는 사람에게 전가합니다. **김육, 《잠곡유고》 권4 소차, 음성현의 폐단을 진달하는 상소**

이 글은 김육이 1624년 음성현감으로 재직할 때 올린 상소다. 군인이 도망치면 다른 사람에게 세를 전가하고, 빈 집과 경작하지 않은 땅에도 세금을 부과한다. 경작하지 않은 땅에 세금을 부과하는 것이 우리가 생각하는 것처럼 악랄한 의도에서 이루어지는 행위는 아니었다. 묵은 땅이 생기면 강제로라도 땅 없는 사람에게 빌려줘서 경작하게 하려는 것으로, 이는 농업사회의 오랜 전통이었다. 그런데 조선 후기가 되면 인정사정없이 진짜로 경작하지 않거나 그러지 못하는 땅에도 세금을 매긴다. 게다가 부과하는 세목이 토지세만이 아니었다. 역가와 공물가까지 부과했다. 김육이 상소에서 언급하지 않은 세금도 많았다.

왜 이렇게 되었을까? 많은 역사가들이 가진 자는 세금을 내지 않고, 없는 자에게 세금을 전가했기 때문이라고 한다. 임진왜란 이후 정부는 매관매직과 양반 신분 판매로 재정을 충당했다. 의외로 값도 쌌다. 양반들이 마구 증가했다. 양반은 군역을 면제받으므로 군포를 내지 않는다. 그들에게 책정된 군포가 양반 신분을 살 수도 없는 가난한 사람에게 전가된다. 할 수 없이 정부는 신분변동이 불가능한 토지에 온갖 세목을 몰아서 부과했다. 그랬더니 토지 소유주인 양반과 부자들은 그 세금을 경작자에게 전가했다. 주택 보유세를 부과하면 세입자에게 그 부담이 전가되는 것과 같은 이치다. 도망간 사람의 몫에 지주 몫까지 부담해야 하니 가난한 사람은 몇 중으로 죽을 맛이었다.

이런 서술을 읽으면 화가 난다. 세상은 언제나 가진 자의 편이고, 있는 사람들은 양보할 줄을 모른다. 권력까지 쥔 인간들은 더 이기적이다. 세상이 이렇게 부조리해도 제대로 된 개혁안 하나 내놓을 줄 모른다. 아니 개혁안은 있는데, 그 작은 양보를 하나 하는 데도 쩔쩔매며 시간을 끈다.

조선의 후반기의 대표적인 경제 개혁입법이 대동법, 균역법, 호포법이다. 조선시대는 전세는 쌀로 내고, 역은 몸으로 때우거나 포로 대신했다. 공물은 쌀과 포를 제외한 나머지 각종 특산물인데, 해산물, 젓갈, 사슴과 노루, 과일, 야채 같은 반찬거리에서 각종 약재, 대나무, 가죽, 아교와 같은 수공업 재료까지 실생활에 필요한 모든 제품군을 망라했다. 공물이 너무 다양하다 보니 지방마다 공정하게 분정할 수가 없었다. 꿀벌 한통을 치는 것과 호랑이 한 마리를 잡는 것 중 어느 것이 더 힘든 일인지 정확하게 계산할 수가 없었다. 게다가 불산공물이라고 그 지역에서 나지 않는 물건도 공물로 부과되었다. 이것을 빌미로 지방민에게서 돈을 받고 공물을 대납하는 브로커가 생겼다. 여기서 또 비리가 발생하는데, 브로커는 당연히 높은 값을 부르고, 브로커를 통하지 않고 직접 산물을 바치면 브로커와 작당한 관에서 퇴짜를 놓았다. 그러니 자신들이 충분히 조달할 수 있는 물건도 몇 배의 값을 치르고 브로커의 물품을 구매해서 바쳐야 했다.

하나의 공물이 여러 군현에 배당되는 경우도 있었다. 그중에는 거의 우리나라에서 생산되지도 않는 아주 구하기 힘든 산물도 있었다. 이런 것은 군현에서 브로커에게 구입해서 납품을 하면 관에서 바로 브로커에게 다시 팔았다. 그러면 브로커는 다시 다른 군현에 팔고 그들은 이것을 다시 납품한다. 열 개 군현이 납품을 하지만 실제 관에 들어오는 것은 단 한 개다. 이와 유사한 비리는 요즘 세상에도 있다. 이런 일을 겪으면 비용도 비용이지만 힘이 없는 자신이 무한히 원망스럽고 가진 자들의 횡포에 치가 떨린다. 그래서 정부에서 내놓은 대책이 대동법이다. 공물을 현물로 바치는 대신 국가에서 공정하게 적정 가격을 산정해서 그 액수를 군현에 부과하면 군현에서는 쌀이나 포로 국가에 바치고, 정부는 그것으로 공물을 구입한다는 것이다.

호포법은 양반의 군역 면제라는 불합리를 시정하기 위해 신분불문하고 모든 호에 공평하게 군역세를 부과하자는 것이었다. 그런데 양반의 반대가 심해서 대안으로 등장한 것이 그냥 군역세를 일괄로 반감하는 균역법이다.

이 3대 입법을 시행하는 데 정말로 지난한 논의과정과 기나긴 시간이 소요되었다. 대동법은 16세기 이이에게서 시작해서 유성룡, 정철, 이원익, 한백겸, 윤선도, 조익 등의 지지를 받았다. 이런 쟁쟁한 인물들이 주장했음에도 100년 이상 논쟁만 벌이고 시행이 되지 않다가 17~18세기에야 겨우 시행되었다. 호포법과 균역법은 더 오랜 시간이 필요했다. 균역법이라도 시행된 것이 18세기 영조 대였다. 호포법은 20세기가 다 되어서 홍선대원군에 의해 간신히 결행되었다.

무슨 엄청난 혁명입법도 아니고 그저 17세기에 딱 적당했을 수준의 세제 개혁안이 300년을 끌었다. 역사가로서 어떨 때는 자괴감이 든다. 그리고 이 탐욕스럽고 조금도 양보할 줄 모르는 이기적이고 무책임한 지배층에게 참 화가 난다. 이것이 역사공부를 처음 시작할 때의 충격이자 분노였다. 그런데 역사를 좀 더 공부해보니 대동법이 이렇게 오랜 시간을 끈 데는 다른 근본적인 이유가 있었다. 사회에서 벌어지는 모든 부조리를 없는 자에 대한 가진 자의 횡포로 해석하는 방식은, 언제나 일정 부분 사실이기는 하지만, 사실은 사회문제를 아주 단순하고 편하게 이해하는 방법이다. 물론 대중을 선동하기도 쉽다. 이해하기 쉬우니까. 그러나 이런 시각으로는 진실을 이해할 수 없고, 현실사회의 해법도 찾을 수가 없다.

가난한 사람들이 이웃, 친척, 부자들의 몫까지 세금을 낸다는 설을 검토해보자. 세상에 어떤 나라가 극빈층을 포함한 하위 30~50퍼센트의 국민이 부자들의 몫까지 세 배의 세금을 낼 수 있는가? 그것이 가능하려면 조선은, 빈곤층마저 현재의 중산층보다 잘사는 지상 최고의 부국이거나 아니면 조선의 세금이, 가난한 사람이 2, 3명 몫을 낼 수 있을 만큼 엄청나게 낮은 수준이어야 한다.

실상은 차라리 두 번째에 더 가깝다. 조선의 국가재정과 세금은 알고 보면 굉장히 낮았다. 그러나 빈민이 세금을 다 감당할 수 있을 정도로 낮지는 않았고, 그렇게 낮을 수도 없었다. 조선 후기의 재정과 조세문제는 생각처럼 단순하지 않다. 권력가와 부자들이 가능하면 세금을 적게 내려고 한 것은 사실이지만 아예 세금을 내지 않은 것도 아니었다. 이 사태의 본질은 조선이 추구한 농본사회와 고립주의가 더는 통하지 않게 되었는데, 조선이 그 법과 제도를 버리지 못한 데에 있다. 현실에 맞지 않는 제도와 조세기준 때문에 편법과 갈등이 발생하고, 부정과 중간횡령이 성행한 것이다.

그러나 조선은 이 점을 인정하려 들지 않았고 농본과 고립주의를 끝까지 고수하고 싶어 했다. 그것이 어쩌면 아주 당연하고 합리적으로 보이는 대동법 하나를 시행하는 데, 수백 년이 걸려야 했던 진정한 이유였다.

벙어리 냉가슴 앓는 정부

앞서 말한 것처럼 조선시대의 거물 정치인들 상당수가 대동법을 지지했다. 대동법은 단번에 시행된 것도 아니고 경기, 강원에서 시범적으로 시행되며 검증기간을 거친 뒤 효종 대에 비로소 전국적으로 시행되었다. 이때 대동법을 주동한 사람이 김육이다. 김육의 공이 크긴 하지만 워낙 많은 사람이 개입되어 있고, 그 뒤로도 여러 번 변화를 겪었기 때문에 대동법이 김육의 작품이라고 단정하기는 곤란하다.

그러나 대동법의 공헌자로 김육에 주목하는 이유는 그가 대동법 시행의 결정적 순간을 담당했기 때문이기도 있지만, 대동법의 진정한 의미와 그 배경에 있는 공물문제의 근본적인 원인을 파악하고 그것을 해소하려고 노력한 인물이었기 때문이다. 그러면 김육은 어떤 인물이며 공물 문제와 대동법의 본질은 무엇일까? 먼저 조선시대에 군현에서 바치는 공물이 어떤 것이었는지부터 살펴보자. 《세종실록지리지》에는 도별로 배당하는 공물이 적혀 있다. 충청도의 경우 바쳐야 하는 공물이 수백 가지에 이른다.

꿀, 벌집, 각종 기름, 포, 솜, 호랑이가죽, 표범가죽, 곰가죽, 여우가죽, 살쾡이가죽, 노루가죽, 사슴가죽, 소가죽, 말가죽, 산수달피가죽,

표범꼬리, 범꼬리, 곰털, 족제비털, 돼지털, 깃털, 수놈 산돼지, 말린 사슴고기, 말린 노루고기, 말린 돼지고기, 거위 육포, 쇠뿔, 사슴젓갈, 토끼젓갈, 가뢰, 홍어, 큰 새우, 말린 숭어, 상어, 물고기 아교.

옻, 먹, 주토, 황밤, 마름, 가시연밥, 개암, 말린 포도, 오미자, 조피나무열매, 호두, 배, 홍시, 참가사리, 황각, 청각, 석이버섯, 느타리버섯, 소나무 그을음, 소나무 꽃가루, 송진, 세겹노끈, 두겹노끈, 목화, 모시, 삼, 각종 종이(종류가 열 개는 됨) 유둔, 왕골돗자리, 보통 돗자리, 소쿠리, 사기그릇, 질그릇, 목기, 고리, 자단향 백단향, 나무활, 자작나무 장작, 건축용 목재, 잣나무, 회양목, 대추나무, 피나무.

흥미로운 건 약재다.

담비 쓸개, 고슴도치 가죽, 여우간, 사슴뿔, 영양뿔, 사슴뿔로 만든 아교, 토끼머리, 소 쓸개, 호랑이 경골, 우황, 이리 뼈, 녹용, 웅담, 돼지 쓸개, 오징어뼈, 자라와 거북이 껍데기, 매미 허물, 찰머구리, 두꺼비, 뽕나무 벌레, 거머리, 잉어 쓸개, 말린 잉어, 지네, 뽕나무 겨우살이, 오가피, 잣, 닥나무 열매, 회화나무 꽃, 탱자 껍데기, 오배자, 구지가, 복식, 복령.

이외에도 아직 수십 가지가 더 있다. 철, 동 등 광물은 이 기록에는 없지만 광맥을 발견하면 무시로 배정이 되었다. 그 외에도 특산물은 계속 증가해서 시간이 갈수록 공물은 더 늘어났다. 여기에 진상이라고 해서 주로 궁에 바치는 반찬거리는 매일매일 현물로 올려야 했다. 여기에는 우리가 알고 있는 모든 먹을거리, 오곡과 모든 해산물, 야채, 과일이 종류대로 다 들어간다.

도에 배정된 공물은 각 군현에 배정된다. 그런데 균등한 분배가 불가능하다. 조선은 시장이 없어서 공물의 값을 매길 방법이 없다. 이럴 때 가능한 기준은 소위 노동가치뿐이다. 생산하는 데 드는 노동량으로 판정하는 거다. 예를 들어 한 사람이 꿀벌을 쳐서 1년에 꿀 10말을 생산하고 농부 한 명이 농사를 지어서 쌀 10가마를 생산한다고 하면 '꿀 1말=쌀 1가마'라는 등식이 성립한다. 정부가 이 마을에 공물로 꿀 20말을 책정했다고 하면, 마을주민은 꿀 생산자를 두 명 배정하고 꿀을 생산하게 한다. 그리고 마을사람들이 조금씩 추렴해서 꿀 생산자 한 명에게 쌀 10가마씩을 주면 된다.

간단한 구조 같다. 그러나 이런 방식은 진짜 원시시대를 갓 벗어난 사회에서나 가능하다. 조선 후기에는 시장이 열렸다. 교역이 발달하면서 꿀을 다른 마을에 가져다 팔았을 때 두 배 가격을 받을 수 있다면 꿀 생산자는 값을 올릴 수밖에 없었다. 결국 갑자기 주민들은 공물가로 두 배를 부담해야 한다. 더 큰 문제는 실제 꿀 생산량이 매년 변한다는 것이다. 호랑이와 표범은 아예 멸종될 수도 있고, 다른 곳으로 이주할 수도 있다. 이건 노동가치를 적용해도 판정이 불가능하다. 불평등과 불합리만큼 사람들의 감정을 자극하는 요인은 없다. 군현마다 공물 배정이 불공정하다고 아우성이 난다. 아무리 공정하게 배정을 해도 사람들은 늘 불만이다. 이 모든 산물이 해마다 계절마다 생산량이 다르다. 풍년이 들면 모른 척하고, 흉년이 들면 불평한다. 그런데 여러 산물이 동시에 풍년이 들거나 흉년이 드는 법은 없기 때문에 결과적으로 늘 불만이다.

그러나 이건 아무것도 아니다. 진짜 불평은 소위 불산공물의 배정이었다. 그 고을에서 생산되지 않는 물품을 배정하는 것이다. 이걸 해결하는 법은 앞에서 말한 브로커, 조선 용어로 대납, 방납상인에게 의존하는 방법뿐이다. 여기서 폭리와 온갖 불합리한 비리가 발생한다. 그 지방에서 나지도 않는 물건을 바치라고 하는 것은 명백히 국가의 폭력이었다. 조선시대 사람들은 이런 표현을 쓰지는 않았지만, 똑같은 불만을 느꼈을 것이다. 지배층도 불산공물에는 양심의 가책을 크게 받았다. 율곡 이이, 사계 김장생을 비롯해서 수많은 관료들이 이것을 고쳐야 한다고 무수히 상소를 올렸다.

그런데도 왜 고쳐지지 않을까? 불가능했기 때문이다. A라는 고을에는 산물이 전혀 없고, B라는 고을은 바닷가에 있어서 50가지 해산물이 난다. 그럼 B고을 사람은 다 A고을로 도망쳐버릴 것이고, 도망을 못 치게 하면 폭동을 일으킬 것이다. 그러니 불산공물을 배정해야 그나마 불평등이 덜해진다. 이 부조리를 해결하는 방법은 시장을 허용하고, 요즘처럼 국가가 세를 받아 필요한 물건을 구입하는 방법뿐이다. 그러나 조선은 시장을 용납하지 않는다. 국가에서 공물제도를 고수하면서 굳이 현물을 거두는 이유도 특산물을 국가가 흡수해서 자유시장이 열리지 않도록 하기 위해서였다.

국가가 그 지역의 특산물을 모조리 가져가지 않는다면 밤과 대추, 오징어, 대구, 새우젓은 바로 지역시장으로 나오고, 동네마다 금방 괜찮은 부자상인들이 생겨날 것이었다. 돈은 곧 권력이다. 아무리 양반이라도 벼슬 떨어지고 돈 떨어지면 바로 거지가 된다. 돈을 모은 상인은 양반 벼슬을 사고 권력에 도전할 것이다. 그럴 경우 자연히 신분제가 무너지고 사회는 역동적으로 변화한다. 사람들은 시민이니, 민주니 하면서 말도 잘 듣지 않게 된다.

지배층은 바로 이런 사태를 두려워했다. 중앙의 명문대가뿐 아니라 시골양반들도 마찬가지였다. 아니 보통의 농민, 빈민들 중에도 거부감을 느끼는 사람들이 더 많았을 것이다. 그들은 사태를 미리 예측하지 못하겠지만, 막상 사회가 역동적으로 변하면 두려움을 갖게 된다. 상업을 개방해도 돈을 버는 사람보다 몰락하는 사람이 많고 빈부격차는 커지기 때문이다. 이 의도는 성공적이었다. 조선시대에 시장이 전혀 없지는 않았지만, 워낙 국가가 가져가고 관리하는 부분이 커서 상인을 육성하고, 사회를 동요시킬 만한 물량이 지방시장에 공급되지 않았다.

결론적으로 농본사회를 유지하려면 공물제도는 필수이고 불균등 분배, 불산공물 배정은 당하는 사람이 아무리 억울하다고 해도 균등한 공물제도를 유지하기 위한 최선의 방법이었다. 누구는 불산공물 따위도 개정하지 못하느냐고 큰소리쳤지만, 정부로서는 이런 사연을 얘기할 수도 없고, 그저 벙어리 냉가슴이었다.

가난한 나라의 처절한 고민

그러면 조선 후기에는 왜 뒤늦게 대동법이 등장했을까?

일단 조선이 우리 생각과 다르게 엄청나게 가난한 국가였다는 사실을 인지해야 한다. 역사학자 중에도 이런 말을 하면 금세 발끈하는 분들이 의외로 많다. "왜 당신은 자꾸 우리를 비하하려고 하시오. 전 세계적으로 보면 조선은 결코 가난한 나라가 아니었소." 그 말에 별로 동의하진 않지만, 굳이 따져보면 17세기에서 20세기 사이에 조선보다 가난한 나라가 부유한 나라보다 더 많았을지도 모른다. 그러나 이런 통계는 무의미하다. 우리의 주변국과 비교할 때 조선은 너무 가난했다. 그리고 이미 세계를 집어삼키고 중국과 극동으로 다가오고 있는 선진 자본주의 국가들과의 역량은 더욱더 크게 벌어지고 있었다.

중국의 경우 청나라가 명나라를 정복해서 중국과 만주가 통합되면서 전보다 더 부유해졌고, 조선에는 더 위험해졌다. 아무리 우리보다 부강해도 예전의 중국은 조선과 거리가 멀고 중간에 만주가 있어서 조선과 전쟁을 하려면 큰 비용과 위험을 감수해야 했다. 그래서 고구려가 만주를 장악하고 있던 수·당시대 이후에는 중국이 조선과 전쟁을 할 엄두를 내지 못했다. 하지만 청나라는 달랐다. 만주는 조선과 접경이고 청나라는 조선을 정벌할 정도의 군비와 여력이 넘쳤다.

바다 건너 일본은 임진왜란의 실패로 신중해졌고, 다행히 쇄국정책을 쓰고 있었지만, 국력과 국부는 계속 증진되고 있었다. 우리는 어떻게든 일본을 우습게 보려고 노력하지만, 17세기만 되도 일본은 인구나 생산력에서 이미 세계적인 강국이었다. 한국과 일본의 GDP 차이는 오히려 지금보다도 훨씬 컸다.

효종이 북벌을 추진했지만, 현실은 괴로울 정도였다. 효종은 10만 군대의 양성을 구상했고, 성공을 자신했다. 그러나 조선의 국가재정은 2만 명을 만들어내기에도 벅찼다. 최소비용만 투자하는데도 그 모양이었다. 최정예라는 훈련도감 병사에게조차 간신히 먹고살 정도로 녹봉을 주고, 나머지는 월급도 거의 없는 군대였다. 녹봉은 고사하고 훈련비용도 부족해서 간신히 기본 훈련만 시켰다. 이런 군대를 세계 최정예 수준으로 양성하려면 일단 대우조건을 파격적으로 개선해야 했다. 훈련비용도 군수도 몇 배로 올려야 한다. 여기에 10만으로 늘리려면 다시 다섯 배의 추가 비용이 필요하고, 진짜로 북벌을 하려면 전쟁과 해외 파병을 감당할 더 많은 비용과 군비가 필요하다. 이건 조선의 국가재정 전부를 군사비로 돌려도 모자랐다.

그러나 이것도 원대한 꿈이다. 북벌은커녕 정상적으로 국가를 운영할 재정도 없는 것이 현실이었다. 이전에는 가장 중요한 수입이 토지세였다. 그러나 양란을 겪으며 황폐화된 경작지가 늘어나고, 자영농이 급감하는 바람에 토지세 수입이 뚝 떨어졌다. 광해군 때는 세종 때의 10분의 2밖에 되지 않았다고 한다. 이런 얘기를 하면 누군가는 또 이렇게 말한다. 세금을 늘릴 필요도 없다. 관리들의 뇌물과 수탈, 향리층의 중간 횡령과 부정부패만 근절해도 국가재정은 풍족해진다.

중간에 없어지는 돈이 얼마나 되는지 우리는 모른다. 하지만 꽤 되는 것은 틀림없고 정말 국가재정이 풍족해졌을 만큼인지도 모른다. 하긴 요즘도 판공비나 세금포탈, 가짜 출장비 등만 싹 해결해도 국민이 평생 놀고먹는 꿈의 복지가 가능하다고 믿는 사람이 엄청나게 많다.

그러나 그 역시 '수도관에서 누수되는 물이 한 방울도 없다면', '전깃줄에서 방전되거나 낭비되는 전기가 하나도 없다면'이란 가정만큼이나 낭만적인 발상이다. 아무리 열심히 관리해도 현대 기술로 그것이 불가능하듯이 100퍼센트 누수 없는 국가재정 관리는 불가능하다. 하물며 17세기로 가면 전 세계의 관리들은 대개가 지금보다 훨씬 부패했다. 영국, 미국, 중국의 관리와 비교해서 조선의 관리들은 결코 덜하면 덜했지 더하지 않았다. 다만 나라가 원래 가난하고, 안면 몰수할 수 있는 식민지 백성도 아니었으며, 크게 수입을 올릴 수 있는 상공업도 미약해서, 더 크게 해먹을 수 없었을 뿐더러 더 악질이 될 수도 없었다. 하루에 두

끼 먹기도 힘들고, 잠곡의 김육처럼 20퍼센트 안에 드는 농부도 옷이 상의 한 벌뿐이며 하의는 맨다리로 살아야 하는 형편에서 무엇을 더 어떻게 뜯어낼 수 있을까?

본론으로 돌아오면 토지세 수입은 국가의 기본 기능을 감당하기도 힘든 위험수위로 떨어져 있었다. 국가기능을 걱정하는 것도 사치였다. 참 처절한 문제가 발생하고, 토지세로 거둔 쌀은 녹봉, 기타 비용으로 지출되어 한양 주민의 식량이 되는데, 공급이 뚝 떨어지니 쌀값이 폭등한다. 정부는 당장 수도로 유입하는 쌀의 양을 늘려야 했다. 그래서 현물 대신 쌀로 받자는 대동법이 힘을 얻었다. 백성에게 쌀이 필요한데 호랑이 가죽이나 잉어 간을 먹으라고 내줄 수는 없지 않은가?

근본적인 문제를 보다

대동법은 조선의 최고 지식인, 관료 사이에서 무려 200년간 논쟁을 거듭한 주제다. 덕분에 참 다양한 논쟁이 벌어졌다. 정의파는 불산공물 징수, 브로커의 농간 같은 눈뜨고 볼 수 없는 부조리에 분노해서 대동법을 주장했다. 세상사에 때가 묻었거나 세상의 부조리에 달관할 수 있는 인격을 보유한 사람은 공물을 최대한 공평하게 운영하면 된다고 반대했다. 여전히 의지와 정의감만 있으면 불산공물을 수정할 수 있고, 그것이면 문제가 다 해결되는데 왜 농본사회의 붕괴라는 위험을 무릅쓰고 대동법을 시행하느냐는 사람도 있었다.

사고력은 떨어져도 눈치는 빠른 사람들은 대동법이 결국은 정부재정 확보를 위한 비책이라는 사실을 간파했다. 그들은 불쌍한 농민을 더 착취해서는 안 된다, 정부가 사치를 줄이고, 무조건 씀씀이를 줄이자고 요구했다. 인간에겐 하루를 생활할 영양분과 바람을 막아줄 한 벌의 옷과 밤이슬을 피할 작은 공간만 있으면 충분하다는 입장에서 보면 줄일 부분이 꽤 남아 있었던 것이 사실이지만, 이 시기 조선의 역사적 과제는 더 작고 가난한 정부가 아니라 더 강하고 부유한 국가였다.

공허한 원칙론을 싫어하고 아주 실무적인 사람들은 구체적인 지표, 실용적인 문제를 찾아냈다. 이 집단에도 찬성론자와 반대론자가 있다. 찬성론자는 대동미를 전세로 부과해도 양이 얼마 되지 않고, 공물 구입비로 들어가는 추가 비용까지 감안하면 백성에게 큰 도움이 된다고 했다.

반대론자는 실제로는 그보다 많은 비용이 필요하며, 중간 농간이 더 많아질 것이라고 주장했다. 마침내 이 실무적 반대론자들은 브로커에게 들어가는 부대비용보다 더 손실이 큰 위험요소를 찾아낸다. 쌀은 그 어떤 공물보다 부피가 크고 무겁다는 것이다. 고로 토지세를 운반하는 수송선보다 더 대규모의 선단이 필요한데, 이 배들이 한 번 침몰하면 손실이 엄청나다는 것이었다. 신이 난 그들은 한 가지를 더 지적한다. 농민이 쌀을 대동미로 바치려면 항구까지 운반해와야 한다. 호랑이 가죽 다섯 장을 쌀로 환산하면 무게와 수송인력이 몇 배로 늘어난다. 말 빌리는 값이 하루에 쌀 9말, 인부는 3말이었다.

얼핏 보면 말도 안 되는 핑계 같지만, 사실 꽤 중요한 문제였다. 조선시대는 수레도 잘 사용하지 않아 거의 모든 수송물을 등짐 내지는 말과 나귀를 이용해서 운반했다. 말은 인간의 세 배를 먹는다. 따라서 그

비용이 결코 만만치 않았다. 조선시대에 남부나 충청도 산골에서 쌀을 서울로 운송하는 비용은, 중간에 썩거나 손상되는 것까지 합치면 20퍼센트가 넘었고, 사고가 나면 50퍼센트에 육박할 때도 있었다. 그러나 공물을 구입해서 납품하는 것보다 더 많은 비용이 든다는 주장에도 일리가 있었다.

이 주장은 또 하나 중요한 사실을 지적한다. 큰 짐을 운반하는 비용은 지역에 따라 큰 차이가 났다. 쌀을 납부해야 하는 창고와 가까운 강가의 고을은 비용이 아주 적게 들 것이고, 산골 속에 틀어박힌 고장은 몇 배, 몇십 배의 고생과 비용이 들어간다. 결국 불공평하다는 불만이 다시 터질 것이고, 그 불만은 현물납 때보다 더 심할 수도 있다. 실제로 대동법에 대한 여론조사를 해보니 군현마다 찬반이 갈리고, 공물에 대한 가격산정을 두고도 이론이 그치지 않았다. 그 역시 당연한데, 같은 물산이라도 지역마다 가격이 다를 수밖에 없기 때문이다.

대동법을 둘러싼 논쟁은 조선 역사에서 가장 치밀하고 수준 높은 정책논쟁일 것이다. 그러나 바로 이 사실이 대동법의 시행을 어렵게 했다. 정답이 모호하고 문제가 발생할 소지가 있는 사안은 무조건 회피하는 것이 관료의 속성이기 때문이다. 이 정도의 논쟁이면 그들의 간과 의지를 날려버리기에 충분했다.

이제 김육이 대동법을 시행하려면 이 모든 논쟁과 전체 관료의 대다수를 오그라뜨린 공포와 싸워야 한다. 먼저 논쟁을 보자. 아주 복잡한 듯하지만 알고 보면 간단하다. 대동법은 자유상업만 허용한다면 아무것도 아닌 당연한 법이다. 사실 김육이 살던 17세기는 상업이 어느 정도 움트고, 동전 유통이 시작된 시기였다. 특히 서울에서는 상거래가 꽤 발달하고 남대문, 동대문, 용산 등지에는 제법 시장이 활성화되어 있었다.

이것이 대동법 시행을 가능하게 한 요인이었지만, 정부 관료나 지식인 사회에서 상업은 여전히 부정적 인식이 강한 일이었고, 때문에 어쩔 수 없이 이를 허용한다는 식이었다. 여전히 물물교환이 대세고 화폐는 아주 제한적으로 사용되었다. 특히 지방에 살고 있는 양반 지식인들은 화폐 사용에 아주 부정적이었다. 돈을 벌면 백성이 교만해지고, 애들이 어른을 만나면 인사도 하기 전에 돈, 돈 하기 시작하면서 버릇이 없어진다는 것이었다. 그 정도 일로 화폐사용을 거부하는가 싶지만, 그들에게 이것은 거의 망국의 징조였다.

상업과 화폐에 대한 이런 부정적 인식 때문에 중앙정부에서 대동법 실시를 주장했던 주요 논자들도 바로 이 대동법의 본질, 시장경제의 허용 없이 공물제의 모순을 해결하고, 국가재정을 증진하기란 불가능하다는 사실을 놓치고 있었다. 그래서 대동법을 주장하면서도 상업의 발전에는 부정적이거나 불안감을 지니고 있던 것이 사실이다. 결국 이 진리를 놓치고 농본을 전제로 문제를 풀어가려니 그렇게 고민스럽고 복잡했던 것이다.

김육이 남다른 점은 대동법과 시장경제의 관련성을 완벽하게 간파했다는 사실이다. 그도 대동법 시행을 촉구하는 상소에서는 대동법이 실제 백성의 부담을 줄여주고, 이웃과 친척에게 대납시키는 관행도 없애 도망친 백성이 돌아오게 할 것이다, 국가재정에도 유익하다 등의 기존 논지를 답습했지만, 그건 표면상의 논리였다. 그는 공물문제의 본질이 시장경제의 부재 때문임을 간파하고, 유통경제의 활성화와 화폐 사용을 건의했다. 그것은 조선의 고위관료로서는 아주 획기적인 주장이었다. 이는 분명 중국에서의 장기체류와 견문 덕이었다.

1627년에 김육은 장문의 상소를 올렸다. 이 상소에 그는 자신의 경제론을 과감하게 풀어놓았다. 그는 점포의 개설과 상업 진흥, 화폐 유통, 수레사용을 건의했다.

> 연도의 각 관아로 하여금 점포를 설치하게 하고 돈을 쓰게 해야 합니다. 그리하여 왕명을 받든 사신 이외에 의원, 역관, 금군 등 초료장草料狀(공무로 파견된 관원에게 음식과 말먹이 등을 공급하게 한 문서)을 가지고 왕래하는 자들은 (지금처럼 공짜로 먹고 물자를 징발해서 사용하지 않고) 모두 그 점포에서 식사를 하게 하고, 관에서 돈을 주어 점포 주인에게 지급하도록 합니다. 그리고 또 백성들이 관에 바치는 쌀, 포, 장작 등의 물품도 돈으로 납부하게 합니다. 그럴 경우 백성들이 반드시 그 물품들을 모든 점포에 팔게 될 것입니다. 관에서 이와 같이 돈을 통행시킨다면 개인끼리도 반드시 그것을 본받을 것입니다.

상업이 진흥하려면 화폐가 유통되어야 한다. 조선은 세종 때부터 여러 번 화폐 유통을 시도했지만 번번이 실패했다. 그것은 화폐와 유통 경제와의 관련성을 인식하지 못하고, 화폐를 오직 쌀과 현물운송의 불편을 줄여주는 수단으로 생각했던 탓이다. 쉽게 말하면 화폐를 어음이나 물품보관증 정도로 간주했던 것이다. 그러다 보니 어이없는 일도 발생했다.

의주는 조선 사신이 중국으로 들어가는 길목이다. 사신 행차는 상당히 큰 행차여서 말이 많이 필요하다. 이 말은 민간의 말을 임대해서 사용했기 때문에 의주에는 말 임대업자들이 꽤 많이 몰려 있었다. 그런데 관에서 임대비용을 제때 주지 않아 임대료가 은화 2만 냥이나 체불되어 있었다. 그런데 관아에 돈이 없었느냐, 그렇지 않다. 의주 관아의 금고에 은화 3만 2,000냥이 있었음에도 관에서는 이 돈을 사용하지 않고 악착같이 임대료 지급을 거부했다.

이런 횡포가 어디 있을까? 그러나 관청도 사정이 있다. 중국은 은본위제로 은화만 사용했다. 중국과 무역을 하거나 사신이 중국에 들어가서 식비와 운임비를 지급하려면 수단이 은밖에 없다. 오늘날도 국가에서 외환 관리를 하지만, 그것과도 사정이 달랐다. 워낙 조선의 유통망이 작고 화폐사용이 없다 보니 의주 관아는 쌀과 포를 팔아 은을 모으고 은을 악착같이 보관해야 했다. 은은 화폐가 아니라 중국과의 물물교환용 상품과 같았다.

그래서 의주의 은은 바로 관청금고로 가서 보관될 뿐이었다. 은을 마련하는 데 의주 관아의 조세 수입이 다 들어갔다. 이 조세는 모두 농가에서 징수한 쌀과 포인데, 여기에 쓰고 나면 재정이 없었다. 임대료가 밀려도 지급을 못 했다. 중앙정부에서 임대료를 내라고 명령을 내려도 의주목사는 이렇게 항변할 것이었다. "은은 사용할 수 없고, 쌀과 포를 지급하려면 별도로 또 징세를 해서 지급해야 한다. 그건 이 백성에게 수탈해서 저 백성에게 주는 것에 불과하다."

김육이 보기에 이런 한심한 짓이 없다. 상업을 허용하면 의주가 국경도시인 만큼 무역도 원활하고, 재정수입도 크게 증가한다. 은이 의주를 통해 중국에서 유입될 것이므로 이것을 국내시장에 내놓으면 요즘

식으로 외화교환 수수료나 환차익으로도 쏠쏠한 수입을 올릴 수 있을 것이었다. 김육은 대동법을 시행한 뒤에 공물가를 쌀과 포로 바치는 것도 화폐로 내게 하자고 건의를 했다. 그러면 수송량의 20~50퍼센트가 운반비용으로 나가는 이 엄청난 불합리도 쉽게 해결할 수 있었다.

조선에 이미 유통경제가 시작되고, 화폐도 사용되고 있지만 발전이 더딘 중요한 이유는 극악한 사회간접자본 때문이었다. 도로, 운반수단, 전문 운송업자가 크게 부족했다. 쌀뿐 아니라 운송비용이 너무 비쌌다. 그래서 김육은 수레 유통을 주장한다. 이 역시 문명의 이기를 사용해서 좀 편히 살아보자는 식이 아니라 상업 발달을 전제한 것이었다. 수레 사용론은 세종 때부터 시도되었지만 늘 실패했다. 그 이유도 뻔했다. "우리나라는 산이 많아 수레 사용이 힘들다." 그러고는 거의 시도조차 하지 않았다. 김육은 이렇게 반박한다. "중국이라고 도로와 땅이 다 평평하지 않다. 의주에서 요동 사이에 있는 회령령과 청석령이라는 두 고개는 우리나라에서도 보기 힘든 험준한 고개다. 그러나 중국인들은 물품을 수레에 싣고 넘어 다닌다."

대동법이 오랫동안 논의되면서 시행되지 않았던 데는 정책 집행자들의 추진력 부족에도 책임이 있다. 많은 사람들이 대동법을 주장하고 노력도 했지만, 어떤 이는 상소나 자기 표명으로 그 노력을 끝냈다. 어떤 이는 시행을 위해 꽤 노력을 했지만, 자신의 정치생명을 걸 정도로 절박하고 집요하게 추진하지 않았다.

김육은 달랐다. 그는 국왕을 설득하고, 반대파와 싸우고, 정 안되면 선비들의 비난을 각오하고서라도 교묘하게 관직에서 퇴출시키면서 대동법을 밀어붙였다. 사료에 명확하게 나오지는 않지만 얼핏 보이는 내용을 보면 그는 감사와 수령, 젊은 관료들을 만나 끊임없이 그들을 설득해서 동의를 얻어내고, 책임지기 싫어하는 관료들이 대동법이라는 새로운 과제에 도전하도록 용기를 북돋웠던 것 같다. 사실 수령들의 복지부동을 탓할 수만도 없다. 그들에겐 그럴 만한 충분한 이유가 있다. 조선시대 수령들은 파리 목숨이었다. 그 어떤 법이라도 모든 주민이 찬성하고 좋아할 수는 없다. 대동법으로 피해를 보는 사람도 있고, 그것을 불편하게 느끼는 사람도 발생한다. 그리고 언제나 이득을 보는 사람은 말없는 다수가 되고, 불평분자는 적극적인 소수가 된다. 그들이 악심을 먹으면 수령 하나 파직시키기는 쉽다. 상소 하나라도 날리거나 사소한 것 하나만 고발을 해도 수령직은 날아간다. 말 한마디를 무심코 잘못하거나 제사 때 접시 하나를 깨트린 죄로 파직된 수령도 있었다.

그래서 김육은 수령을 설득해야 했다. 그의 노력이 빛을 보았는지, 전에는 주민들이 대동법을 지지해도 반대부터 하고 보던 수령들이 김육의 표현을 따르면 "무언가 시도해보고 싶어 하는 적극적인 젊은 수령들"로 바뀌었다.

김육은 진정으로 집요하고 끈질긴 행정가였다. 임종의 순간까지 대동법을 위해 노력했고, 마침내 그해에 대동법이 충청도와 호남에서 시행되었다.

우리는 역사 속의 인물을 볼 때 그가 주장한 정책, 주의에만 과도하게 집중하는 경향이 있다. 그러나 진짜 존귀한 인물은 국가의 백년대계를 자신의 일처럼 절박하게 추진하는 인물이다. 그런 점에서 김육은 더 높은 평가와 존경을 받아야 할 충분한 이유가 있다. 조선시대를 통틀어 이런 추진력을 보인 인물은 흔치 않았다.

대동법이 남긴 것

대동법이 시행되자 동시대인, 또 후대인들로부터 꽤 좋은 평가를 받았다. 부분적인 문제는 있었지만, 적어도 100년 또는 그 이상 백성에게도 실질적인 수혜가 갔던 것 같다. 국가재정에도 큰 도움이 되었다. 대동미 수입을 관할하는 선혜청이 최고의 국가 재정기구가 되었다. 그러나 농민이 부조리한 수탈에서 벗어나고, 조세정의와 형평성이 확보되는 아름다운 세상이 온 것은 아니다. 오히려 이전 시대에는 볼 수 없었던 수많은 새로운 문제가 양산되었다. 김육은 대동법은 관철시켰지만 지배층의 상업관과 화폐관까지 바꾸지는 못했다. 그 결과 이 대동법이 지닌 혁신적 요소들이 더 큰 모리와 부정행위, 탐욕을 야기한다.

대동법이 시행되면서 쌀시장과 쌀 유통이 두 배 이상 커졌다. 그것은 쌀을 이용한 투자와 모리행위가 큰 수익이 된다는 것을 의미한다. 향리들은 창고에 비축된 쌀을 더 무식하게 빼돌렸고, 농민에게서 쌀을 더 뽑아낼 방법을 강구하기 시작했다. 인간의 지혜는 경이로운 수준이라 곧 기상천외한 방법들이 마구 쏟아져 나왔다. 대동법을 시행하면 정부가 현물을 받는 대신 필요한 물품을 구입해서 사용해야 하므로 필연적으로 시장발달이 촉진되었다. 그런데 이것이 김육이 기대한 바대로 국가 전체의 유통시장을 활성화한 것이 아니라 공인이라는 특권상인을 발달시켰다. 권세가와 모리배들은 특권상업이 대단한 수익원이 된다는 눈이 번쩍 뜨이는 사실을 발견했다.

여기서 두 가지 의문이 든다. 그렇다면 대동법은 과연 실패였을까? 김육이 주장한 대로 대동법만이 아니라 시장경제와 화폐유통, 국제

무역까지 활성화되었다면 비리와 모리는 줄어들고, 백성은 행복하게 되었을까?

우리가 역사에서 정책과 변화를 관찰하면서 '비리와 갈등, 부정이 없는 평온하고 행복한 세상'만을 추구하거나 기대한다면 역사에는 답이 있을 수 없다. 간혹 그런 세상이 있었다거나 있을 수 있다고 하는 사람들이 있는데, 그건 '원시사회는 경쟁도 없고, 권력도 없는 평등하고 행복한 사회였다'는 말만큼이나 거짓이거나 착각이다. 칼 마르크스와 엥겔스도 이런 어처구니없는 인식에는 동의하지 않았다. 그 시대는 야만과 폭력과 굶주림의 시대였다.

새로운 제도는 새로운 문제와 도전과제를 만들어낸다. 그것이 역사의 진실이다. 어떤 부분은 개선되고 어떤 부분은 더 악화되기도 한다. 그러면 무엇으로 진보와 발전을 위한 제도를 판정해야 할까? 세계적·역사적 흐름 속에서 우리에게 닥칠, 또는 우리가 추구해야 할 변화를 판정하고, 그것에 대비하는 체제인지를 따져 그것을 지향해야 하는 것이다.

간단히 말하면 조선이 추구한 농본사회는 원시세계를 미화한 이상한 이상주의 사회였고, 15세기를 끝으로 더 이상 유효하지도 발전과 성공을 보장하지도 않는 낡고 위험한 체제였다. 그 정체의 결과가 임진왜란과 병자호란의 굴욕이었다. 조선의 과제는 빨리 상업과 산업사회로 진행해서 국부와 국력을 증진시키는 것이었다. 그것은 현대의 우리가 익히 경험한 바와 같이 또 여러 가지 문제를 양산할 것이었다. 그러나 그것이 성장과 부강이라는 열매를 따 먹기 위해 필연적으로 도전해야 하는 과제였다. 그리고 그 과정에서 어쨌든 지난 시대보다는 민주적 권리와 자유, 부조리도 개선될 것이 분명했다.

그러나 조선은 양란을 겪고도 농본사회의 환상에서 깨어나오지 못하고 오히려 더 보수적으로 변하거나 현실과 더 동떨어진 이상주의 사회가 되었다. 그 영향은 희한하게 오늘날까지도 적지 않게 남아 있다. 많은 대동론자 중에서도 김육의 대동법이 중요한 이유는 그가 뒤늦게라도 조선이 선택해야 할 길을 알았고, 조선인에게 새로운 사회와 문제로 향하는 문을 제시했기 때문이다.

2장

전통의 벽, 그 너머로 고독한 희망을 외치다

소현세자

변화와 고집 그 경계에서의 삶

북경의 이방인

1644년 북경에 있던 독일인 신부 아담 샬(중국 명은 탕약망湯若望)은 조선에서 온 젊은 '국왕'의 방문을 받았다. 그는 당시 서른두 살이던 소현세자昭顯世子였다. 국왕이 아닌 세자였지만, 중국에서는 세자도 황제 아래 제후 격이었고, 황제의 아들을 왕으로 책봉하는 관행 때문에 소현세자를 왕으로 이해했던 것 같다. 두 사람은 서양의 과학과 천주교에 대해 이야기를 나누었다. 아담 샬은 이전부터 조선을 알았고 조선인을 만난 적도 있던 것 같다. 그가 기억하는 조선인은 중국에서 먼 변방의 국가이지만 다른 변방민족과 달리 책과 학문에 관심이 많은 문화민족이었다. 소현세자 역시 그랬다. 하지만 이번에는 기대의 정도가 달랐다. 그가 '왕'이었기 때문이다. 소현세자는 1644년 9월 19일부터 11월 26일까지 약

70여 일간 북경에 머물렀다. 숙소는 문화전文華殿 앞에 있는 문연각文淵이었다. 세자는 그사이에 아담 샬을 여러 번 만났다.

세자는 여러 가지 기대를 안고 북경에 왔다. 가장 큰 기대는 9년간의 인질 생활을 접고 귀국할 날이 임박했다는 것이었다. 귀국 준비를 하는 그에게 북경 생활은 최후의 선물이었다. 비록 청나라가 차지하긴 했지만, 조선인들에게 북경은 학문과 문명의 근원이자 중화의 중심, 명나라의 수도였다. 궁전의 규모나 문화, 도시 수준에서 북경은 청나라의 수도였던 심양瀋陽에 비할 바가 아니었다. 세자는 북경을 자유롭게 돌아다녔다. 지금도 자금성紫禁成의 전체 경관을 보려면 자금성 북쪽에 있는 경산景山에 올라야 한다. 자금성 해자垓子를 파면서 나온 흙으로 쌓았다는 이 동산에는 두 길이 있는데 그중에서 동쪽길 입구, 즉 작은 바위와 나무가 있는 곳이 명나라 최후의 황제 숭정제崇禎帝가 자살했다고 전해지는 곳이다. 세자가 경산에 올랐다면 지금보다 더욱 생생한 소감을 가지고 현장을 보았을 것이다.

조선의 정신과 학문의 고향, 모든 논리와 행동의 정당성이 시작되고 귀결되었던 이 폐허 위에서 소현세자는 무슨 생각을 했을까? 소현세자의 일기가 없으니 그의 소감과 감회는 알 수 없지만 분명 1637년의 참혹했던 남한산성에서의 전투와, 설원 속의 청죽青竹처럼 꼿꼿했던 척화파의 목소리를 한 번쯤은 떠올렸을 것이다.

1637년(인조 15년) 1월 30일, 인조는 남한산성을 나와 삼전도에서 청태종에게 항복 의식을 했다. 요즘 그 항복 의식을 무척이나 과장한 연극이 돌아다니던데, 도대체 무엇을 위해 그러는지 모르겠다. 항복 자체가 굴욕이자 모욕이지만, 가시적으로 치졸한 모욕을 주지는 않았다. 그리고 역사적으로 보면 병자호란은 지배층의 무능과 상상을 초월하는 국제정세에 대한 무지와 아집이 초래한 불필요한 전쟁이었다. 그 결과에 대한 책임이라고 생각하면 그 정도는 아무것도 아니었다. 인조는 항복의식이 자신들을 성 밖으로 끌어내 몰살시키려는 구실일지 모른다고 걱정했지만, 의식은 별 탈 없이 끝났다. 하지만 인조에겐 견디기 어려운 순서가 남아 있었다. 인조의 두 아들 소현세자와 봉림대군鳳林大君(효종)을 청나라에 인질로 보내라는 것이었다. 어가는 산성으로 돌아왔지만, 왕자는 청군 진영에 남았다. 산도 울고, 땅도 울고, 모든 신하와 백성이 울었다. 그러나 이 순간이 더 큰 비극의 출발점이 될 줄은 아무도 몰랐다.

큰 애통을 남기고 청군이 철수했지만 척화파는 자신들의 꼿꼿한 주장을 굽히지 않았다. 자신들의 판단착오와 과오를 사과하는 법도 없었다. 척화파 가운데 하나인 예조참판 정온鄭蘊은 할복자살을 시도했다. 하지만 죽지는 않았다. 그가 남긴 유서에는 일국의 외교를 담당하는 수장이 맞나 싶을 정도로 한심한 내용이 담겨 있었다.

병자호란이 발발했을 때 그들은 청군이 왜 조선을 침공하는지도 몰랐다. 만주에서 일어난 세력이 중국을 침공할 때 먼저 한반도를 공략해 자신들의 배후를 안정시킨다는 것은 수천 년 동안 지켜온 전략이었다. 거란의 침공과 여진 전쟁이 그래서 일어났고, 바로 몇 년 전에는 정묘호란이 있었다. 《삼국사기》에도 이런 전략적 구조에 대한 해설과 깨달음이 쓰여 있건만 그들은 몰랐다. 조선 침공은 했지만, 청나라의 궁극적인 목표는 중원이어서 조선을 직접 지배할 마음은커녕 여력도 없었다. 하지만 그들의 전략과 목적을 모르니 조선은 청군의 행동을 이해하지 못했다. 청태종이 남한산성 아래까지 와서 막사를 쳤지만 척화파는

남한산성 행궁

1636년(인조 14년) 청군이 침입하자 인조는 조정대신을 이끌고 남한산성으로 들어가 47일간 격전을 벌였다. 성을 여러 번 개축하고 병자호란이 일어나기 전에는 1만 2,700명을 동원한 기동 훈련을 하기도 했으나 막상 전쟁이 터지자 제 구실을 하지 못했다. 결국 강화도로 피난한 원손과 봉림대군 일행이 청군에 사로잡히자 인조는 항복하고 말았다. © 임용한 황제가 왔을 리 없다고 우겼다. 게다가 청군이 항복을 요구하자 '이건 성 밖으로 끌어내 몰살시키려는 음모'라고 확신했다.

끝까지 항복을 반대하는 척화파들에게 식량이 떨어지고, 성벽이 파괴된 상태에서 어떻게 싸울 것이냐고 묻자 그들은 전술은 자신들의 소관이 아니라고 대답했다. 실제로 그들은 싸우러 나가지도 않았다. 대신 장수와 병사들에게 나가 싸우라고 밀어붙였다. 되도 않는 전술까지 제시하면서 말이다. 오늘쯤 적군이 방심했을 테니, 어제 승리로 오늘 자만했을 테니, 이젠 충분히 지쳤을 테니 등의 이유를 대며 야습을 하자, 식량 창고를 기습하자, 청태종의 막사를 급습하거나 자객을 보내 암살하자는 별별 제안을 쉴 새 없이 쏟아냈다. 말도 안 되는 작전을 장수들이 거부하면 비겁하다고 욕하고, 그들의 성화에 마지못해 싸우러 나갔다가 패배하면 지휘를 잘못했다고 그들에게 책임을 전가했다.

나중에 솔직한 역사가는 이렇게 고백했다. 삼전도의 항복 후 전 국민에게 퍼진 분함과 반청감정의 여세를 타고 척화파의 기세는 더 올라갔다. 하지만 그때 남한산성에서 농성을 조금만 더 계속했더라면 더는 참을 수 없었던 무장과 병사들이 봉기했을 것이라고.

명나라의 멸망

1637년 2월 8일, 조선에서 출발한 소현세자 일행은 4월 10일 심양에 도착했다. 5월 6일까지는 숙소가 없어 조선 사신의 객관客官이던 동관에 머물렀다. 청태종은 황궁 근처에 소현세자가 머물 저택을 새로 건축해주었다. 이 저택을 심관瀋館이라 불렀는데, 그 건물 일부가 지금도 남아 있다. 서울의 세종로와 종로처럼 심양의 황궁 앞길도 십자 대로가 교차한다. 그 교차로에서 종로에 해당하는 가로 길을 따라 동쪽으로 몇백 미터쯤 가면 심양아동도서관이 있다. 이곳이 바로 소현세자의 옛 거처다.

2층의 중국식 저택이 원래의 모습과 규모를 어느 정도 보존하고 있는지는 확실하지 않다. 전통적인 중국 양식대로 안쪽 공간이 깊어서 정면에서 보는 느낌보다는 훨씬 큰 집이지만 350명이나 되는 노비까지 500명이 넘던 세자 일행이 살기에는 비좁은 집이었다. 조선에서는 문신을 파견해 세자의 교육을 담당하는 세자시강원世子侍講院까지 열었다.

소현세자의 심양 생활에 대해서 그 당시부터 황제의 연회에 끌려나가 꼽추 춤을 추었다거나 이런저런 모욕을 받았다는 등 여러 가지 치욕적인 소문이 돌았다. 그러나 그런 소문들은 감정적인 분풀이에 불과했다. 세자 일행의 생활은 우리가 생각하는 포로 생활은 아니었다. 처음에 두었던 감시병도 금세 거두었고, 자유로운 생활을 보장받았다. 청 황제는 심양 교외로 나가는 야외 활동에도 자유를 주었다. 공식 활동으로는 매월 5일, 15일, 25일에 문무백관이 궁전에서 황제에게 문안하는 조참朝參에 봉림대군과 함께 참석했다. 세자의 위상은 청의 여러 분봉왕과 청나라에 항복해서 왕호를 받은 명나라 장수 다음이었다. 세자는 황실에서 행하는 국가 제사나 잔치, 황실의 혼인 잔치에도 참여했다. 여러 왕들도 세자와 교류를 즐겨 잔치에 자주 청하곤 했다.

명나라든 청나라든 그들의 입장에서 볼 때 조선은 속국이었지만, 그래도 속국이 식민지는 아니었다. 국제관계에서 그들보다 힘이 약한 동맹국일 뿐이었다. 청나라가 왕자들을 잡아간 것은 조선을 복속시키려는

소현세자가 머무른 심관 터

소현세자 일행이 머물렀던 심관은 현재 심양아동도서관으로 바뀌었다. 심관은 단순한 유배처라기보다 조선과 청나라 사이의 교섭을 중계하는 대사관 역할을 했다. 소현세자는 심관에 기거하면서 1637~1644년까지 8년간 《심양장계瀋陽狀啓》라는 보고서를 조선 조정에 올려서 청나라의 동태를 자세히 전달했다. © 임용한 인질로 그들을 삼으려는 것이 아니라 청나라의 힘과 우월성을 과시하고 인맥을 쌓기 위해서였다. 그래야 조선이 청의 힘을 인정하고 진정한 동맹국이 될 수 있다고 믿었던 것이다. 그러니 치졸하게 조선의 왕자를 괄시하고 모욕할 필요도 없고 그렇게 해서도 안 되었다. 이런저런 일로 왕자들이 약소국의 굴욕과 모욕을 느꼈을 수는 있을 것이다. 그러나 그들은 공식적으로 일국의 왕자로서 엄정하게 예우를 받았다.

하지만 문화의 차이에 의한 고통, 약소국의 고통은 분명 존재했다. 가장 곤혹스러운 행사는 황제의 사냥 행사였다. 짧게는 며칠 동안, 길게는 20일 넘게 진행되는 이 행사는 만주족의 전통과 강건함, 기마술과 활쏘기 기술을 유지하기 위해 청태종이 특별히 중시하던 행사였다. 한족의 농경문화와 무사안일 풍속에 젖어 야성을 상실하면 안 된다는 위기의식은 청나라가 과거 중국을 점령했던 금나라와 원나라의 실패를 통해 얻은 교훈이었다. 우리나라는 기마민족의 후예라고 하지만 고구려의 기상은 옛날이고 지배층들은 거의가 말을 잘 타지 못했다. 말을 타고 종이 고삐를 잡고 걸어가는 수준이어서 말 달리는 사냥행사와는 거리가 멀었다. 세자도 말을 잘 타지 못했지만 이 행사를 거부할 수 없었다. 야성적인 사냥은 기동 훈련 기능도 가지고 있어서 하루에 7~80리를 달릴 때도 있었다. 소현세자는 이 속도를 따라가기 힘들었고, 낙마해서 다치기도 했다. 그러나 봉림대군은 학자풍이던 형과 달리 체격도 건장하고 기마와 무술에 능숙해서 자신이 세자를 대신해 참가하기도 했다.*

1638년 10월, 청은 명나라 정복전에 세자도 따라와 참관하라는

* 김남윤, 〈《심양일기》와 소현세자의 볼모살이〉, 《규장각》 29, 2006.

명령을 내렸다. 청의 군사력을 과시하고 조선이 그토록 사모하는 명나라의 실체를 직접 보라는 의도였다. 이 참관은 세자가 건강이 좋지 않다는 구실로 봉림대군이 대신했다. 1639년 2월에는 두 왕자가 구왕九王 도르곤多爾袞을 따라 전쟁에 참가해 산해관山海關을 지나 북경까지 갔다가 돌아왔다. 이 원정에서 소현세자는 명나라의 허약함을 목격한다.

명나라가 멸망하는 과정은 극적이고 비참했다. 명나라의 군사력은 청나라를 막기 위해 온통 산해관과 동쪽에 쏠려 있었는데, 그 틈을 타서 중국 서쪽에 자리 잡고 있던 이자성李自成이 반군을 이끌고 북경을 급습했다. 이때 수도를 지키던 명나라 군사들은 몇 달 동안 식량 공급이 끊어진 상태였다. 식량을 구하러 수비대가 밖으로 나간 사이에 이자성 부대가 밀어닥쳤다. 자금성의 규모에 비해 수비대는 턱없이 부족해 한 사람이 수십 미터의 공간을 방어해야 했다. 당연히 수비대는 저항을 포기하고 도망쳤고, 궁지에 몰린 황제(장종)는 자살했다.

산해관을 지키던 명나라 최고의 명장 오삼계吳三桂는 이 소식을 듣자 산해관을 열어 청군을 맞아들였다. 청나라와 동맹을 맺고 북경을 탈환한다는 구상이었는데, 결과적으로 이는 청나라의 정복을 앞당겨주는 계기가 되었다. 오삼계는 선봉이 되어 북경으로 치고 들어왔다. 북경을 점령한 이자성은 약탈을 금지하고 군기를 엄정히 세워 민심을 안정시켰지만, 오삼계 군에게 패하자 보물을 긁어모으고 궁을 불태웠다. 결국 이자성의 반군은 몰락하고, 청은 그토록 원하던 북경에 입성했다. 악명 높던 환관과 관원들은 청군이 입성하자 줄을 서서 명함을 바쳤다.

이렇게 명은 멸망했고, 청태종은 거대한 행차를 편성해 북경에 입성했다. 소현세자 일행도 이 행차에 있었다. 여기서 웃지 못할 해프닝

이 발생했다. 세자 일행의 식사와 물품은 모두 조선에서 파견한 병사들이 수송했다. 조선군은 도저히 청군의 행군속도를 따라가지 못했다. 병자호란에서 조선군이 형편없이 패했던 데는 다 이유가 있었던 것이다. 수송대가 뒤로 처지는 바람에 식량 조달이 끊어졌다. 세자는 그럭저럭 청나라 왕자들 사이에서 식사는 했지만 다른 사람들은 이틀이나 굶어야 했다. 신하 한 명은 굶주림에 졸도하는 사건까지 벌어졌다. 소현세자가 왕이 되었더라면 아마도 이때의 일을 두고두고 이야기했을 것이다. 청나라의 군사력을 목도한 봉림대군도 감회가 남달랐던 것 같다. 소현세자가 왕이 되면 왕은 문文에 주력하고, 자신은 무武에 주력하겠다고 말하기도 했다. 또 이때의 경험은 훗날 효종이 북벌론을 추진하면서 조선 군제를 개혁하는 데도 큰 영향을 미쳤다.

조선과 청 사이에서

인질이라는 본연적 한계를 제외하면, 세자의 외형적인 삶은 괜찮은 편이었다. 그러나 심양 생활은 소현세자의 삶에 커다란 균열을 일으키기 시작한다. 중국과 조선의 커다란 차이 가운데 하나가 왕족에 대한 대우다. 조선은 설령 세자라 할지라도 국정에 개입할 수 없다. 단지 국왕이 될 날을 대비해서 예비 수업만 받을 뿐이다. 하지만 중국은 황제의 형제나 아들도 능력 있는 사람은 제후諸侯, 즉 왕으로 책봉한다. 이들은 큰 권력을 지니고 있었으며 공무를 담당하거나 지방 총독으로 임명되기도 했다. 청나라는 왕족의 권한을 더욱 중시해서 친왕親王이나 왕이 팔기군

八旗軍의 지도자를 맡았다. 청나라는 자신들의 관습대로 세자가 무슨 실권이 있는 줄 알고 조선과의 모든 사무를 세자를 통해서 했다. 그들은 조선이 화폐도 거의 통용되지 않는 농본사회라는 사실도 잘 몰랐다. 당연히 뭔가 교역할 것이 많다고 생각하고, 무역을 요구하거나 황제나 왕, 귀족 등이 약품과 조선의 특산물을 구입하려고 할 때도 심관에 와서 요청했다. 그리하여 차츰 심관은 대사관이자 무역사무소 역할을 하게 된다.

이 당시 청과 조선의 관계는 험악했다. 조선은 청의 각종 요구가 불만이었고, 청은 조선의 비협조적인데다 느리고 불성실한 태도가 불만이었다. 이 갈등이 심각한 양상으로 번지지 않은 것은 청나라가 명나라를 정복하기 일보 직전이어서 조선과 다툴 여유가 없던 덕분이었다. 그러나 외교 테이블에서는 고성이 오가고, 조선의 재상이 억류되기도 하는 등 만만치 않은 긴장관계가 속출했다.

세자는 이 사이에서 곤욕을 치렀다. 청나라는 세자가 권력이 없는 것을 이해하지 못했다. 그러나 더 큰 문제는 조선에서 발생했다. 조선은 국가 업무에 개입하는 세자의 행동에 불안해했다. 가장 불안해했던 사람은 부친인 인조였다. 삼전도에서 항복하는 날 뭐도 울고 뭐도 울었다지만 그 와중에도 인조는 주도면밀하게 세자의 수행원 가운데 첩자를 심었다. 첩자의 임무는 청나라의 동향이 아니라 세자와 세자빈의 동향 보고였다. 현재 확인되는 사람 가운데 한 명은 내관이었는데, 그 외에도 여러 명이 있었을 것이다.

권력의 세계에서는 부자 관계도 형제 관계도 믿을 수 없다. 인조는 처음부터 청나라가 세자를 키워 자신을 몰아내고 대신 왕위에 앉힐까 봐 전전긍긍했다. 의심에 찬 눈으로 보니 세자의 국정참여가 더욱 불안해졌다. 조선은 세자를 조기 귀환시키기 위해 인조가 거동이 불편할 정도로 아프다고 거짓 보고를 했다. 그 외에도 여러 사안마다 인조가 아프다는 핑계를 댔다. 그러자 청나라 조정에서 인조의 병이 심하면 세자에게 양위시키자는 이야기가 흘러나왔다. 제 꾀에 제가 빠진 격이었다.

어느 날 용골대가 잔뜩 화가 나서 세자를 찾아왔다. 청나라가 산해관 공격에 동원할 5,000명의 병력 지원을 조선에 요청했는데, 조선이 거부한 것이다. 소현세자를 무척 좋아했던 용골대는 무심코 이렇게 중얼거렸다. "이럴 줄 알았으면 그때 삼전도에서 바로 왕(인조)을 폐위시키고 세자를 즉위시키는 건데." 인조가 이 대화를 보고받았는지는 확인되지 않는다. 하지만 오늘날 우리 귀에 들어왔다면 인조의 귀에도 들어갔을 것이다.

1644년(인조 22년) 소현세자가 잠시 귀국했을 때 이미 인조는 소현세자를 경계할 대로 경계하고 있었다. 전년 6월, 세자빈인 강빈姜嬪의 부친 강석기姜碩期가 사망했는데 인조는 귀국한 강빈이 부친의 묘에 찾아가 예를 올리는 것을 허락하지 않았고 와병 중인 모친도 만나지 못하게 했다. 삼정승이 다 어이가 없어 했다. 모두 "인정상, 도리상 허락하지 않을 이유가 없다"고 설득했지만 인조는 완강했다.* 인조가 왜 그렇게까지 했는지는 알 수 없지만, 혹시라도 무슨 지령이나 음모가 오고 갈까 의심했던 것 같다. 이 정도면 거의 병적인 공포 수준이다.

그래도 인조와 소현세자와의 갈등이 정치적 오해나 음모에 의한 것이었다면 귀국 후에 해소될 소지도 있었다. 하지만 보다 근본적인 균

* 김용덕, 〈소현세자 연구〉, 《사학연구》 18, 1964.

열은 세계관과 삶의 태도에서 발생했다. 세자의 빈객賓客(스승)이던 박노朴魯가 1638년에 잠시 귀국하자 인조는 그를 불러 청나라의 정세와 지도자들에 대해 물어보았다. 청나라에 살아보니 박노도 많은 것을 느꼈는지 청태종과 그의 신하들에 대해 호의적인 발언을 하고, 명나라에 대해서는 비관적인 전망을 했다. 지금 입장에서 판단해보면 아주 정확한 분석이었지만 그의 발언에 조선 관료들은 분노했다.

> 사신은 논한다. 박노가 과장된 말로 한汗의 위엄이 막북漠北에 미쳤으며 온화하고 인仁에 가깝다고 하였으니, 옛적 송나라 사신이 금나라에서 돌아와 금나라 사람을 칭찬하기를, 산에 오르는 호랑이와 같고 물을 건너는 수달과 같다고 한 것과 다름이 없다. 옛날이나 지금이나 모두가 똑같은 길을 밟고 있으니, 참으로 통탄할 만하다. **《인조실록》 권37, 16년 8월 4일**

사관의 말마따나 옛날이나 지금이나 똑같은 길을 밟고 있는 것은 박노가 아니라 조선이다. 송나라의 문신들은 금나라를 무조건 오랑캐라고 멸시했다. 금나라의 군사력에 대한 정확한 정보 역시 자신들의 자존심을 건드린다는 이유로 무시했다. 그 결과가 북송의 멸망이었다. 조선도 그런 경험을 지난 100년간 두 번이나 했다. 일본의 발전과 변화에 대한 경고를 무시하다 임진왜란이라는 참혹한 전란을 겪었다. 다시 만주의 오랑캐를 무시하다가 병자호란과 삼전도의 치욕을 경험했다. 하지만 그들은 정작 금나라의 실상을 정확히 보고한 송나라 사신을 비판하고, 박노를 비판한다. 위기는 자신들이 초래하고 있건만, 그런 한심하고 비굴한 행동 때문에 송나라가 망했고, 이 나라의 장래가 위험하다고 소리치고 있는 것이다.

도무지 이해할 수 없고, 실록을 읽을 때마다 이런 기사를 보면 한심해서 미칠 지경이 되지만, 이것은 엄연히 조선의 정상적인 사유구조였다. 거의 대부분의 관료와 사대부, 학자들은 모든 현상을 자기 입맛대로 제 편한 대로 해석한다. 그리고 성리학, 역사, 온갖 것을 들먹이며 자신의 판단을 정당화한다. 백성이 도륙되고, 나라가 망할 뻔한 경험을 하고도 그 잘못을 고치지 않는다.

나중 이야기지만 한 세대만 지나면 자기가 그때 태어났다면 병자호란 때 청나라 군대쯤은 쉽게 물리칠 수 있었다는 흰소리까지 횡행했다. 그 이유를 들어보면 정말 가당치도 않다. 이런 인물들에 의해 국가가 경영되고 있다는 사실이 믿기지 않을 정도다. 심지어 정약용도 이 대열에 합류했는데, 청나라가 40일이 넘도록 남한산성을 공격하지 않고 포위만 하고 있었던 것은 그들의 군사력이 실제로는 약했기 때문이니, 과감하게 성문을 열고 나가 공격했더라면 청군을 격파하고 승리를 거둘 수 있었다고 말했다. 이런 걸 보면 오늘날 어설픈 이론서 하나 읽고 온 세계 문제를 다 해결할 수 있는 것처럼 떠드는 인간들이 횡행하는 것도 역사적 필연 내지는 정상이라는 자괴감이 든다.

척화파의 허상을 보게 된 것이 소현세자의 비극이었다. 심양 생활을 하면서 소현세자는 청의 군사력과 저력, 껍데기만 남은 명왕조의 허상이 점차 눈에 익숙해졌다. 그러나 조선의 신하들은 여전히 아집에 사로잡혀 있었다. 명나라의 실상에 대한 객관적인 정보가 넘쳐도, 무조건 명나라의 능력을 신뢰하고 믿었다. 명에 대한 조선의 맹목적인 태도는 우리가 흔히 생각하듯 사대주의적 발상 때문만은 아니었다. 명나라가 임진왜란 때 조선을 도와준 전력도 있고, 병자호란의 피해가 불러온 반감, 성리학과 명분론, 위계질서에 대한 집착, 청나라의 요구에 호락호락하게 응했다가는 요구가 끝없이 늘어날 것이라는 현실적 염려 등 그 구조는 상당히 복합적이었다.

그러나 이런 모든 요소의 바닥에 놓인 근본적인 원인은 폐쇄적인 사회에서 생성된, 세계에 대한 몰이해였다. 그들은 현실을 도외시하고 그저 상식선에서 그럴 듯한 내용만 있으면 뽑아내서 설명하고 믿었다. 청나라의 요구에 대해서도 국제정세와 조선의 현실과 미래를 고민하는 것이 아니라 한두 가지씩 들어주기 시작하면 요구가 끝도 없이 늘어날 것이라는, 아무 데서나 끌고온 그들의 상식으로 판단하고 결정했다.

국가 관계란 정치든 무역이든 기본적으로 거래다. 힘의 논리에 따라 불공정한 거래가 발생할 때도 있지만 약소국의 입장에서는 그 불공정 비율을 줄이고, 결정적일 때 필요한 것을 얻어내는 것이 능력이다. 따라서 장기적 전망으로 보아 줄 건 주고, 손해도 감수할 줄 알아야 한다. 그러나 당시 조선의 관료와 지식인에게 이런 사고를 기대하기는 무리였다. 현실은커녕 작은 일 하나하나에 우주의 생존 원리와 천륜을 따지고 들었다. 삼전도에서 인조가 항복하던 날 할복을 시도한 예조참판 정온의 말을 들으면, 이들의 인식과 수준이 어느 정도였는지 알 수 있다.

> 저들이 만약 명나라를 공격할 군사를 요구한다면, 전하께서는 마땅히 간쟁하기를 '우리가 명나라와 부자父子 같은 은혜 관계가 있다는 것은 청나라도 알 텐데, 자식을 시켜서 부모를 공격하게 하는 것은 윤리 기강에 관계되는 일이다. 이는 공격하는 자에게만 죄가 있는 것이 아니라 그렇게 하도

록 한 자 또한 옳지 않다'고 하셔야 합니다. 그러면 저들이 아무리 흉악하고 교활하다 하더라도 반드시 납득할 것입니다. **《인조실록》 권34, 15년 1월 30일**

청년기의 소현세자는 조선의 막히고 답답한 태도에 슬슬 염증이 나기 시작했던 것 같다. 1642년(인조 20년), 조선이 명과 사통한다는 의심을 한 청나라는 영의정 최명길崔鳴吉, 이조판서 이현영李顯英, 예조판서 이식李植 등을 봉황성鳳皇城으로 압송하라고 요구했다. 평안도가 명나라 상선과 통상을 하고, 임경업林慶業이 병량을 수송하면서 명나라 군대와 고의로 교전을 피한 사건이 청나라의 심기를 건드렸던 것이다. 일부 선박은 반갑게 명나라 함대로 달려가 그들 속으로 투신했다. 소현세자는 이 사건을 변호하면서 "그것들은 우연한 사건이다. 우리나라에서 고의로 이런 무익한 일을 하겠느냐"고 말했다. 이 '무익한'이란 말에 세자의 복잡한 심정이 담겨 있다. 세자는 그런 치졸한 행동이 무익하다는 것을 알고 있다. 그러나 사실 조선의 관료들은 그런 무익한 일을 당당히 한다는 사실도 알고 있었다. 오랑캐가 파멸시킨 세계의 질서와 윤리를 구한다는 사명감 아래 그 무익하고 위험한 일에 정당성을 부여하고, 몰두하고 있다는 사실을 말이다.

새로운 국제무역센터, 심관

1641년 세자의 심양 생활에 큰 변화가 생긴다. 세자 일행의 생활비 지급을 부담스러워하던 청나라 조정이 땅을 줄 테니 경제활동을 해서 생활비용을 스스로 조달하라는 명령을 내린 것이다. 당시 세자의 생활비는 청나라 조정에서 나오는 돈과 조선에서 들여오는 물품에 의존하고 있었다. 조선 측은 인력도 없고, 농기구도 없고, 사정이 허락하지 않는다고 계속 반대했지만 청나라의 고집을 꺾을 수 없었다. 심양 주변에 있는 여러 촌락의 땅을 불하받은 심관은 농장을 차리고, 감독관을 파견해서 경영했다. 이 농장에서는 곡물과 채소와 과일을 재배하고 가축도 길렀다.

생산한 농산물과 채소의 수확량이 상당하자 심관에서는 점포를 차리고 판매를 하기 시작했다. 장사를 시작하자 이전과는 다른 새로운 세계가 눈에 들어왔다. 이전부터 청나라 황실과 고관들은 심관에 찾아와서 조선의 산물, 약재를 요청하는 일이 많았다. 물건을 구해주면 그들은 적당한 값을 치르고 물건을 사갔다. 전에도 심관이 국제무역센터 역할을 하고 있었는데, 농장까지 경영하게 되자 경제활동의 규모와 영역이 크게 넓어졌다.*

이때 심관은 청나라에 잡혀온 조선인 포로들로 골머리를 앓고 있었다. 청나라는 돈을 받고 포로들을 되팔고자 했지만 조선 정부는 미온적이었고, 백성은 가난해서 돈을 낼 능력이 없었다. 그러자 심양에 있던 조선인들이 심관으로 몰려와 대책을 세워달라고 시위를 벌였다. 이들을 구하려면 자금이 필요했다. 세자는 심관에서 마련한 자금으로 이들을 사서 농장의 경작인으로 투입했다. 고국으로 돌려보내 정착시키면 좋겠지만, 막대한 비용이 필요하고, 아직 많은 사람이 남아 있었다. 심관의

* 김남윤, 〈《심양일기》와 소현세자의 볼모살이〉, 《규장각》 29, 2006.

생각은 선대출 방식으로 그들의 몸값을 지급한 뒤, 농장에서 일하게 하면서 대출금을 갚고 고향으로 돌아갈 자금과 추가로 포로를 구제할 자금을 마련하려는 의도였을 것이다.

이 사건도 여러 가지를 생각하게 한다. 조선 정부는 우물 안 개구리처럼 큰소리만 치다가 참혹한 패전을 겪었다. 그 대가로 수많은 사람이 포로로 잡혀왔다. 그러나 조선 정부는 이들을 구할 능력이 없었다. 이 어처구니없는 사태의 원인은 무엇일까? 지배층의 양심불량을 비난하는 사람도 있는데, 조선의 지배층들이 그렇게 악마 같은 존재는 아니었다. 그들도 다 책임감도 있고, 이런 사태에 아픔도 느꼈다. 본질적인 문제는 조선의 농본정책이 만들어낸 가난이었다.

심관에서의 상업이 융성하자 세자의 생필품을 담당하던 평안도에서 곡소리가 울려 퍼지기 시작했다. 심관에서 점점 더 많은 물품을 요구한다는 것이었다. 여기서 의문이 생긴다. 심관에서 무역이 흥성하고 조선의 특산물이 인기 상품이 되면, 평안도의 생산업자들에게도 이익이 아닌가? 이 질문에 대해서도 많은 사람들이 엉뚱한 대답을 생각한다. '권력자들은 농민에게 무상으로 또는 헐값으로 물건을 빼앗아가기 때문이다. 청나라가 농간을 부리고 착취하기 때문이다. 그러므로 무역이 흥성할수록 농민의 입장에서는 수탈만 증가하는 격이 되었다'라고 말이다.

그러나 이 답은 틀렸다. 그런 부정이 있기도 했겠지만 본질은 아니다. 무역이 증가하면 농민이 더 고통스러워지는 이유는 바로 '조선의 전통적인 농본주의'에 있다. 조선의 관료들이 상업을 비판하고 억압한 이유도 바로 이것이었다. 상업이 없으니 백성은 농작물을 팔지 못하고 현물로 바치거나 물물교환을 한다. 상업망이 없으니 운반 비용도 몇 배로 들고, 운반비를 제대로 보전해주지 못한다. 외국까지 와서 물건을 팔아도 과도한 비용으로 이윤이 극히 적다. 한마디로 상업을 통해 이윤을 남길 수 있는 환경이 조성되어 있지 않았다. 그런데 심관, 청나라의 요청은 거절할 수가 없다. 결국 상인이 물품을 구매해서 조달하는 것이 아니라 관에서 할당량을 징발한다. 도로, 운송수단이 발달하지 않은 탓에 수송비가 너무 많이 들고, 농민은 청나라에서 좋은 값을 주고 사가도 이윤이 남지 않는다.

더 황당한 것은 상품이나 은, 비단으로 대금을 결제했을 때다. 시골농민이 은을 받으면 사용할 데가 없다. 그나마 서울에나 가져가야 뭔가 환금을 할 수 있다. 그러니 왕복 비용이 또 추가된다. 비단이나 고가의 사치품 역시 마찬가지다. 조선이라고 상업이 아주 없지는 않았다. 상업중심지는 서울이고, 서울의 관료와 상인은 이런 무역에서 덕을 본다. 하지만 이들은 소수이고, 영락없이 무역의 이윤은 높은 놈들만 영위하는 결과가 된다.

이런 구조이기에 무역이 흥성해도 백성의 입장에서 보면 수탈만 증가하게 된다. 이 모순을 해결하려면 상업과 무역을 인정하고 부흥시켜야 한다. 하지만 그건 싫으므로 조선시대 사람들이 내놓은 답이 상업도 하지 말고 무역도 하지 말자, 였다. 무역과 상업을 억제했으니 국가의 재정은 늘 빈곤상태다. 따라서 많은 돈을 들여 전쟁 포로를 되사오는 것은 꿈도 꾸지 못한다. 안타깝지만 전쟁 포로는 수백 년에 한 번 정도 발생하니 참자고 한다. 국경 지대에서 농사를 짓다가 혹은 월경해서 무역을 하다가 잡혀간 사람은 나라의 명령을 듣지 않은 반항적 품성을 지닌 자들이므로 배려할 필요가 없다. 그들을 구하려면 돈이 필요하지만 농본사회의 구조상 그 돈을 마련하려면 기준 이상의, 농민이 견딜 수 없는 수준의 수탈을 해야 한다. 국가의 명령을 어긴 사람을 위해 고분고분하고 순종적인 선량한 농민을 괴롭힐 수야 없는 것 아닌가? 이것이 조선의 생각이자 합리화였다.

소현세자도 조선에서 살았다면 똑같은 생각을 했을 것이다. 그러나 심관에서 무역센터를 경영하고, 강변의 채소밭 옆에 가게를 두고, 생산물을 파는 가게도 열었다. 막상 장사를 해보니 관료들이 그토록 염려하는 농민 수탈을 걱정하지 않고도 부를 생산하는 방법이 있고, 선량한 통치자라면 이 부를 이용해서 백성에게 더 많은 혜택을 주고, 나라를 강대국으로 발전시킬 수 있다. 소현은 새로운 깨달음을 얻어가고 있었지만 고국은 이런 사정을 전혀 이해하지 못했고 우물 안 개구리가 되는 것을 자랑스러워했기 때문에 알려고도 하지 않았다.

여기서 갈등이 발생하는데, 생각지도 못한 엉뚱한 파장까지 일어났다. 이 소식을 들은 인조가 격노한 것이다. 농본정책에 대한 회의 때문이 아니다. 심양에 농장을 설치하고 조선인 포로들을 경작인으로 고용했다는 소식이 인조에게는 소현세자가 사병을 양성하고 있다는 이야기로밖에 들리지 않았던 것이다.

조정의 관원들은 관원들대로 세자의 품성이 변한다고 걱정하기 시작했다. 나중에 그들은 조선에 있을 때만 해도 온순하고 차분하던 소현세자가 심양에서 상업을 하다가 성품이 사나워졌다고 말했다. 실상은 사나워진 것이 아니라 조선의 가난과 답답함에 화가 치밀었던 것 같지만, 관료들은 세자가 돈맛을 알고 돈 쓰는 재미를 붙이면 탐욕스런 폭군이 될지도 모른다고 걱정했던 것 같다.

그들이 내세운 유력한 증거가 세자빈 강씨의 변화였다. 세자보다도 더 빨리 확고하게 변한 사람이 세자빈 강씨였다. 평생 답답한 궁중에서 살아야 했던 그녀에게 심양 생활은 예상치 못한 일이었다. 그러나 그녀는 낙심하지 않았고, 오히려 심관의 경제활동을 주관하게 되면서 사업가로 변신했다. 기록에 그녀는 속칭 드센 성격으로 묘사되는데, 원래 사업가적 기질이 있었던 모양이다.

재물을 모으는 재미도 들였던 것 같다. 귀국할 때 강씨는 비단을 엄청 챙겨서 왔다. 이건 비방할 것은 못 된다. 세금과 소작료로 축적하는 재산보다는 훨씬 양심적이다. 그런데 돈이라는 것이 쓸 때는 사람을 우아하게 만들지만 벌 때는 추하게 만드는 법이다. 가게와 시장을 경영하려면 아랫사람을 닦달하고, 하나하나 챙기고, 소리도 질러야 한다. 중국이라는 나라가 본래부터 목소리가 크고 시끄러운 나라라 심관은 점점 시장터로 변해가고 그 한가운데 강빈이 군림했다. 그러다 보니 충돌도 많았고 소리 지를 일도 많아졌다.

그녀의 변화가 가장 못마땅했던 사람은 봉림대군이었다. 같은 이국 생활을 하면서도 형과 달리 조선적인 정서를 고수했던 봉림대군은 강씨의 행동을 이해하지 못했고, 둘 사이에 불화가 발생했다. 나중에 봉림대군은 즉위하고 난 뒤, 강빈이 과도한 행동을 많이 했는데 소현세자가 도무지 제재하지 않았다고 회고했다. 그녀의 행동을 좀처럼 이해할 수 없는 사람이 또 있었다. 심양의 이 모든 사정은 밀정의 손을 거쳐 인조에게 보고되었다.

정체된 시대를 향한 도전

1644년 세자의 신상에 커다란 변화가 발생했다. 명나라가 완전히 멸망하면서 청나라는 더는 조선을 견제할 필요가 없어졌다. 북경에 입성한 청태종은 청군과 함께 북경에 먼저 들어와 있던 소현세자의 귀국을 약속한다. 소현세자가 아담 샬을 만난 것은 바로 이때였다. 사실 소현세자는 심양 생활의 소감이나 자신의 심정 변화에 대해 한 줄의 기록도 남겨놓지 않았다. 세자의 심양 생활에 대한 자세한 기록이 《심양일기瀋陽日記》에 남아 있지만 그것은 관료들이 기록한 일기로서 세자의 내면세계가 담겨 있지는 않다. 오늘날 우리가 소현세자에게 주목하는 이유는 아담 샬의 회고록에 남아 있는 단 한 장의 편지 때문이다.

> 조선 임금은 매우 정중히 저희 집으로 저를 방문했고, 또한 자기 궁전에서 역시 정중히 손님으로 맞아들였습니다. 그는 중국의 역학(천문학)을 좀 더 익히게 하려고 조선에서 역관 몇몇을 데려왔습니다. 저는 기꺼이 그들을 도와주었습니다. 저는 임금 못지않게 그들과도 우의가 두터워졌습니다. 그들은 귀국할 무렵 사은의 정표로 적지 않은 선물을 제게 주었을 뿐 아니라 눈물까지 흘렸습니다.
>
> 조선인들이면 누구나 그렇듯이 조선 임금 역시 학문을 즐겼습니다. 그래서 제가 지닌 책을 모조리 선물했습니다. 역서만이 아니라 천주天主의 계명을 다루는 책들도 선물하고, 천구의와 구세주상도 선물했습니다. 그랬더니 임금은 자기 궁전에서 친히 한문으로 쓴 다음과 같은 서한을 제게 보내왔는데, 그 내용인즉 선물이 매우 흡족하다는 것이었습니다. 임금은 이렇

게 말했습니다.

"어제 뜻밖에 제게 보내주신 천주상과 역서, 기타 서학서들을 선물로 받고 제가 얼마나 감격했는지 상상도 못 할 것입니다. 이로 말미암아 저는 신부님께 큰 빚을 졌습니다. 몇몇 서책들을 대충 살펴보니 저희가 이제까지 모르던 교리를 다루더군요. 마음을 닦고 덕을 기르는 데 매우 적절한 교리입니다. 우리나라는 지혜[明悟]가 어두워서 이제까지 이 교리를 알지 못했습니다. 성화상을 벽에 걸어놓고 바라보면, 보는 이들의 마음을 가라앉히고 마음의 온갖 불결과 먼지를 없애줍니다. 천문도와 역서들로 말하면 우리 시대에 없어서는 안 될 만큼 소중한 것들입니다. 제가 조선으로 돌아갈 때 이것들을 궁궐로 갖고 갈 뿐 아니라 인쇄하고 복사해서 선비들에게 널리 알리겠습니다. 그리하면 선비들은 마치 사막에 살다가 학문의 전당으로 옮겨가는 행운을 맞은 양 탄복할 것이요, 조선인들이 이 모든 지식을 서양인에게 신세 졌다는 것을 알게 될 것입니다.*

이 편지는 몇 가지 놀라운 사실을 전해준다. 먼저 소현세자가 서양에 대해, 심지어 천주교에 대해서까지 놀라운 개방성을 보여주었다는 사실이다. 언뜻 천주교리와 성화상에 대한 칭찬은 의례적인 표현이라고 생각할 수도 있지만 실은 그렇지 않다. 소현세자는 성화상이 조선에 일으킬 파문을 염려해서 아담 샬에게 돌려주려고 했지만, 아담 샬이 다시 설득하자 그대로 지니고 귀국했다. 더욱이 세례를 받은 어느 환관으로부터 성화상에 내포된 교리까지 배웠고, 함께 귀국할 선교사와 학자를 보

* 장정란, 〈소현세자 연구 문제〉, 《교회사연구》 9.

아담 샬

독일 예수회 신부인 아담 샬은 명나라 말기 북경에 들어와 새로운 역법을 완성했다. 그 후 청나라가 들어서자 그의 역법이 정식 채택되어 흠천감감정欽天監監正(천문대장)으로 임명되고 황제의 신임을 얻었다. 소현세자는 그가 번역한 《서양신법역서西洋新法曆書》와 신학 서적, 여지구, 천주상 등을 갖고 귀국했다.

내달라는 요청까지 했다. 만약에 갈 사람이 없다면 이 환관에게 선교 임무를 맡기겠다고까지 했다. 이 환관이 소현세자의 환관이었는지, 중국인 환관이었는지는 분명하지 않다. 소현세자는 귀국할 때 명나라 환관과 궁녀 몇 명을 데리고 왔다. 그중 한 명이라는 추정도 있으나 아직 확인되지는 않았다.

짧은 만남 동안 소현세자가 천주교로 개종했다고 보기는 어렵다. 그러나 소현세자의 편지를 보면 그가 조선의 경직된 사상계에 도전할 마음이 있었던 것은 분명하다. 그건 조선 유림에게는 삼전도의 항복보다도 더 큰 충격이었다. 왕이 죽으면 다른 사람이 왕이 되면 되지만, 이단이 득세한다면 나라와 역사가 통째로 뽑힌다고 생각하던 시대다. 더욱이 당시 조선의 사상계는 병자호란을 겪은 뒤 척화론이 더욱 득세하면서, 공자 이래 유례없는 강력한 이단 논쟁에 돌입할 준비를 하는 중이었다. 오늘날의 기준으로 보면 천주교에 대한 소현세자의 언사는 그저 의례적인 인사치레처럼 여겨지지만, 당시의 상황으로 보면 그것은 무모하기까지 한 도전이었다.

편지를 보면 세자는 서양 과학 부문에서는 거의 천문학만을 언급하고 있다. 세자가 천문학에만 관심이 있었을 수도 있다. 천문학은 국가에서 역과를 설치하고, 역관을 운영할 정도로 중요한 학문이었다. 그렇기에 천문학은 서양귀신의 머릿속에 우리가 모르는 지혜가 들어 있음을 증명하고 설득할 수 있는 최고의 방법이기도 했다. 자존심 강한 중국이 서양인 신부를 받아들이고, 천문을 관장하는 흠경각欽敬閣의 최고 책임자로까지 임명한 이유도 서양의 천문학인 태양력의 정확성을 도저히 부정할 수가 없었기 때문이다.

1645년 2월 18일, 드디어 세자가 한양으로 귀환했다. 그러나 세자는 한양에 들어오기 전부터 건강이 좋지 않았다. 청나라 칙사가 각종 행사의 취소를 권할 정도였다. 처음에는 장거리 여행에 의한 노독이라고 생각했지만 증세가 점점 심해졌다. 숨이 차고, 천식이 심해지고, 새벽에는 답답함이 심해져 두통이 오고 잠자리가 편하지 않으며, 옆구리가 당기고, 때때로 발작을 일으키는 증세가 계속된다. 소현세자의 《동궁일기》에는 매일의 증세와 처방전이 상세히 기록되어 있지만 현재로서는 그가 무슨 병을 앓았던 것인지 알 수 없다. 4월부터 세자는 고열에 시달리며 밤이 되면 한기를 느껴 잠을 이루지 못하고 솜이불이 젖을 정도로 식은 땀을 흘리는 증세가 반복되었다. 4월 25일 아침, 의원들은 치료 포기 상태가 되어 인조에게 가망이 없다는 보고를 올린다. 그리고 이날 정오에 세자가 사망했다.*

소현세자의 사망에는 미심쩍은 부분이 많았다. 세자가 서양 학문의 수입을 주장하자 화가 난 인조가 던진 벼루에 맞아 죽었다는 이야기에서부터 독살설에 이르기까지 다양한 의혹이 제기되었다. 이런 문제를 절대 언급하지 않는 《조선왕조실록》에서조차 의혹을 제기할 정도였다.

> 세자는 본국에 돌아온 지 얼마 안 되어 병을 얻었고 병이 난 지 수일 만에 죽었는데, 온몸이 전부 검은빛이었고 이목구비의 일곱 구멍에서는 모두 선혈이 흘러나왔다. 검은 멱목으로 그 얼굴을 반만 덮어놓았으나, 곁에 있는 사람도 그 얼굴빛을 분변할 수 없어서 마치 약물에 중독되어 죽은 사람

* 김남윤, 〈소현을유동궁일기로 본 소현세자의 죽음〉, 《규장각》 32, 2008.

과 같았다. 그런데 이 사실을 외인外人 가운데 아는 자가 없었고, 상도 알지 못하였다. 당시 종실 진원군珍原君 이세완李世完의 아내는 인렬왕후仁烈王后의 서제庶弟였기 때문에, 세완이 내척內戚으로서 세자의 염습斂襲에 참여했다가 그 이상한 것을 보고 나와서 사람들에게 말한 것이다. **《인조실록》 권46, 23년 6월 27일**

세자의 갑작스러운 귀국에 대해 인조는 아들과 재회하는 기쁨보다 불안이 앞섰다. 자신도 쿠데타로 집권했고, 권력의 자리라는 게 사소한 조짐에도 예민해지는 곳이다. 게다가 조선은 망해가는 명나라를 믿고 청나라에 계속 뻣뻣하게 굴었고, 청나라의 칙사와 장군들이 세자와 함께 오는 것도 불안하기만 했을 것이다.

소현세자의 행동에도 실수가 있었다. 1644년 봄, 소현세자가 귀국했다가 돌아갈 때 평양에서 과거를 치렀다. 그것도 백일장으로 선비들만 뽑은 것이 아니라 무사들까지 선발했다. 이것은 반역에 가까운 위험한 행동이었다. 과거에는 시험관과 급제자 간에 주종관계를 맺는다는 의미가 있다. 따라서 국왕만이 과거를 시행할 수 있었다. 소현세자가 왜 이런 분별없는 행동을 했는지 이해가 되지 않는다. 이 역시 청나라에 살다 보니 조선과 달리 독립적인 권력을 부여받는 청나라 왕의 행동에 영향을 받았을 가능성이 있다. 그러나 조선으로서는 경악할 만한 사건이었다. 나중에 평양의 급제자들이 정식 급제를 내려달라고 승정원에 상소하자 놀란 승정원은 인조에게 보고하지도 않고 이 상소를 기각시켰다. 하지만 인조 역시 이 사실을 알고 있었을 것이다.

북경에서 아담 샬을 만나 새로운 역서를 구한 행동도 충분히 오해를 살 만한 행동이었다. 역법은 천명을 받는다는 의미가 있어서 황제권과 왕권의 계통성을 상징했다. 조선에서 매년 정월에 중국에 사신을 파견하는 이유 중 하나가 역서 수령이었다. 같은 역법을 사용함으로써 두 나라는 같은 우주의 질서와 위계 속에 있음을 선언한다. 그런데 명나라는 이미 망했으며, 인질로 잡혀간 세자는 청나라에서 신뢰를 쌓은 듯하고, 이상한 서양인으로부터 새로운 종교와 역서까지 받아왔다. 세상을 온통 바꾸자는 행위로밖에 보이지 않았을 것이다.

세자의 독살설에 반론도 있다. 한양에 들어오기 전부터 세자는 몸이 좋지 않았다. 하지만 이를 증명하기도 어려운 것이 세자가 북경으로 가서 아담 샬을 만나고, 조선으로 귀국하는 기간인 1644년 8월 19일부터 1645년 2월 16일까지의 《동궁일기》의 기록이 사라지고 없다. 우연이라고 하기에는 공교롭다. 세자를 독살하려 했다면 궁중보다 여행 도중이 더 쉬웠을 수도 있다.

궁금증과 추리는 늘어만 가지만, 진실은 역사의 뒤쪽 깊은 곳에 숨겨져 있다. 소현세자뿐 아니라 어느 왕의 이야기든 《조선왕조실록》의 기록과 소문으로 독살설을 판정하는 것은 불가능하다. 아마 영원히 알 수 없을 것이다.

《펠로폰네소스 전쟁사》를 기록한 투키디데스는 아테네와 스파르타의 숙명적인 결전에서 아테네 측에 치명적인 패배를 안긴 전염병 증세를 상세하게 기록했다. 그러나 후대의 의사들은 그 전염병의 정확한 병명을 찾아낼 수가 없었다. 투키디데스가 두 가지 이상의 병증을 혼합해서 기록했기 때문이다. 같은 이유로 《조선왕조실록》의 기록은 임상적인 증세만 전해줄 뿐이어서 독살 여부는커녕 병명조차도 알아낼 수 없다.

건강하던 왕이 갑자기 가슴을 움켜쥐고 호흡이 가빠지면서 쓰러졌다면 독살일까 심장마비일까? 이렇게 물으면 의사들은 비웃거나 사색이 될 것이다. 겨우 그 정도 증세 가지고 사망원인을 알아낼 수는 없다. 심장마비는 의학용어도 아니다. 얼마나 많은 증세와 원인이 있는지 모른다.

소현세자가 사망하자 봉림대군이 세자가 되었다. 인조는 봉림대군과 국가의 안위를 위해 소현세자의 유족마저 정리한다. 그 첫 번째가 강빈이었다. 강빈은 귀국한 지 1년을 갓 넘은 1646년(인조 24년) 3월에 역모죄로 처형되었다. 1647년에는 소현세자의 세 아들, 석철石鐵, 석린石麟, 석견石堅이 제주도로 유배되었다. 그때 그들의 나이가 각각 12세, 8세, 4세였다. 제주도로 유배된 지 1년이 조금 지난 1648년 9월 18일, 석철이 제주에서 사망했다. 이번에도 《조선왕조실록》은 이 일에 대해 솔직하게 기록했다.

> 이에 앞서 용골대가 왔을 때 석철을 자신이 데려다가 기르겠다고 말했다. (이 말을 듣고) 사람들이 모두 석철이 살기 어렵겠다고 생각했는데, 이때에 사망했다. **《인조실록》 권49, 26년 9월 18일**

3개월 후인 12월 23일, 둘째 석린도 제주도에서 사망했다. 인조는 두 손자가 연이어 죽은 것을 두고 진상이 매우 의심스럽다며 유배지에 있던 나인들을 잡아와 고문을 가했고, 한 명을 죽이는 것으로 사건을 마무리했다. 그러나 과연 나인들이 제멋대로 왕족을 살해하거나 할 수 있었을까?

있는 그대로의 역사

어떤 분들은 소현세자가 가지고 왔다는 천주상과 성화의 행방에 관심을 기울인다. 추리소설에 나올 만한 흥미 있는 소재지만, 파괴되었을 가능성이 크고 설사 어느 날 세상에 나타나도 진위 논쟁만 일으킬 것이다. 사라진 천주상의 행방보다 더 모호하고 어려운 추측이 '소현세자가 왕이 되었더라면'이라는 가정이다. 만약 그 가정이 현실이 되었다면 천주교 수용이나 과감한 서구화 정책이 수행되었을까?

아담 샬의 편지가 과장이 아니라면 소현세자의 전향은 상상 이상이다. 심양에서 생활하면서 소현세자는 기록에 나타난 것보다 더 심각하게 조선의 현실에 분노하고, 변해야 살 수 있다는 혁신적 결심을 했던 것이 틀림없다. 하지만 결심과 실행은 다르다. 아무리 전제군주라고 해도 한 사람의 힘으로 사회를 뿌리부터 바꿀 수는 없다. 더구나 조선의 왕은 전제군주도 아니다. 동생 효종은 북벌론을 주창하면서 청나라의 황제처럼 군대 통솔권을 가지려 했지만 끝내 성공하지 못했고, 노량진 백사장에서 친히 군대를 사열하는 상징적인 지휘를 한 번 하고는 바로 의문의 죽음을 당했다. 사실 정황상으로 보면 소현세자보다도 더 암살이 의심스러운 사람이 효종이다. 그는 귀 뒤의 종기를 치료받기 위해 침을 맞았는데, 그 침이 동맥을 뚫어서 사망한다.

소현세자가 왕이 되었더라도 할 수 있는 것은 아주 약간의 변화를 일으키는 정도였을 것이다. 잘해야 천문학 역서의 수입, 상업 및 무역 확대 정책을 예상해 볼 수 있다. 하지만 코쟁이 선교사가 과학자라는 명목으로 초빙되어 왔다고 해도 온갖 비난에 시달리다가 노이로제로 죽거나 돌아갔을 것이다. 한국이 근대국가가 되고 나서 한국사회에서 성공한 외국인 CEO나 스포츠 감독을 구경하는 데 수십 년이 걸렸다. 지금도 외국인 감독이 아무리 좋은 성적을 거두어도 조금만 실수를 하면 온 나라가 들썩이며 그를 몰아내려 안달이다.

소현세자의 삶에서 우리가 명확하게 알 수 있는 사실은 '있는 그대로의 역사'다. 무모하게 시작한 전쟁으로 인질이 되어 외국으로 나가야 했던 젊은 왕자. 그가 본 새로운 세상과 그의 심정 속에 싹튼 변화 그리고 어떠한 충격과 잘못에도 반성도 변화도 없는, 오히려 더욱 외곬이 되어가는 그의 조국. 이것이 17세기 조선이 처한 현실이었다.

박제가
미래를 향한 절박한 호소

세상을 보는 법

세 친구가 함께 외국 여행을 다녀왔다. 그들에게 소감을 물었더니 이렇게 대답했다.

A. 외국을 다녀보니 우리나라가 최고다. 여기는 기후도 이상하고, 음식은 맛없고, 집 안 구조와 잠자리도 불편하다.
B. 이 나라 사람들은 무례하다. 젊은이가 어른에게도 먼저 악수를 청하고, 집 안에는 신발을 신고 들어오고, 우리나라에서는 거지도 먹지 않는 피를 주식으로 하더라. 이 나라 사람들은 부모에게도 함부로 할 것이 틀림없다. 예의범절을 모르는 게으르고, 가난한 민족이다.
C. 피부색이 다르고, 말이 다르고, 집도 음식도 다르다고 해도 살아보니

사람 사는 것은 다 똑같더라.

만약 박제가朴齊家가 현세에 되살아나 이들의 이야기를 들었다면 뭐라고 이야기했을까? 그는 분명 책상을 치며 벌떡 일어나 "이 한심한 사람들아!"라고 소리쳤을 것이다. 그러고는 닦달하듯 열변을 쏟아놓다가 화가 난 세 사람에게 쫓겨났을 것이다. "어떻게 200년 전과 달라진 것이 없는가?"라고 한탄하며 말이다. 200년 전과 하나도 변한 것이 없다는 말은 심한 표현이다. 예나 지금이나 우물 안 개구리처럼 단순하게 현상만을 바라보는 사람들이 넘쳐나지만, 적어도 1970년대라면 소수이긴 해도 박제가와 같은 생각을 품은 동조자를 만날 수 있었을 것이다. 그러나 사회와 지인들로부터 시끄럽고, 천성이 삐딱하고, 반항적이며 민족감정이나 애국심이 부족한 인물로 간주되는 현상은 변함이 없었을 것이다.

글로벌 시대라는 지금 태어났다면? 동조자들을 규합해서 인터넷 카페 정도는 만들 수 있을지 모른다. 그를 따르는 지지자와 '폐인'도 꽤 될 것이고, 좀 더 출세해서 여기저기 강연을 다닐지도 모른다. 하지만 방송을 타거나 이 사회의 주류로 살아가기는 여전히 힘들 것이다. 그리고 자존심 강하고 콤플렉스도 심한 그의 성질에 '안티 카페'와 악성댓글을 견뎌내지 못할 것이다.

이 세 사람의 소감에 박제가는 뭐라 답했을까? A의 소감에 대해 박제가는 이렇게 말한다. 어느 나라 사람이든 음식은 자기나라 음식이 가장 맛있다. 입에 길들여졌기 때문이다. 잠자리나 생활 습관도 마찬가지다. 그러므로 외국에 나가서 외국의 음식과 자기나라 음식의 맛을 비교하고 우리나라 음식이 최고라고 말하는 행동 자체가 하나 마나 한 짓이고 멍청한 짓이다. 그러면 어떻게 해야 할까? 외국의 음식을 맛본다면 맛을 비교할 것이 아니라 그 사회의 특성과 음식문화, 재료의 특성 등을 찾아내는 것이 낫다. 예를 들어 중국 요리라고 하면 다양한 민족과 조리법, 재료가 있었기에 중국 요리가 세계로 뻗어나가고 어느 나라, 어느 문화에서건 빨리 적응할 수 있는 토대가 되었다는 교훈을 뽑아내야 한다.

반대로 일본은 종류가 다르다고 해도 비슷비슷한 음식이 많다. 동네마다 수백 년을 이어온 비법이라는 음식이 있지만, 정말 음식 맛에 무슨 영향을 줄까 싶을 정도로 너무나 사소한, 비법 같지 않은 비법도 많다. 그런 이야기를 들으면 일본 사람은 역시 조잡하고, 작은 일에 신경을 쓴다고 비웃고 넘어간다. 그러나 일본 요리의 이 조잡성을 만들어낸 것은 그렇게 해서라도 차이를 만들어내야만 하는 치열한 경쟁이었다. 그리고 그 경쟁이 음식뿐 아니라 일본이 오늘날 경제 강국이 될 수 있었던 문화적·역사적 토대였다.

B에게는 이렇게 말할 것이다. 나라와 민족마다 생활환경이 다르고 처한 상황이 다르다. 그러므로 그들이 우리와 다르게 행동한다면 나름대로 이유가 있다. 우리의 기준으로 그들을 판단하고 단정할 것이 아니라 그들이 왜 그런 행동을 하는지 그 이유와 배경을 찾아야 한다. 반면에 아무리 상황이 다르고, 환경이 달라도 인간에게는 보편적이고 기본적인 도리라는 것이 있고, 과학적 진리라는 것이 있다. 아무리 야만족이라고 해도 칼날을 쥐고 사용하지는 않으며, 돌로 배를 만들지는 않는다. 손이 베이고, 배가 가라앉기 때문이다. 따라서 외국의 문화를 이해할 때는 우리와 차이가 있는 것이 상황과 조건이 다르기 때문임을 기억해야 한다. 즉 우리도 그런 조건에 처하면 같은 행동을 할 것이라는 전

제하에서 특이한 행동과 문화의 배경 그리고 조건을 찾아야 한다.

A와 B에 대한 평가를 들으면 C는 흐뭇한 미소를 지을지 모르겠다. 그는 현상에 속지 않고 나라와 풍속은 달라도 인간의 본성은 똑같다는 보편적 진리를 통찰하지 않았는가? 하지만 박제가는 더욱 심하게 꾸짖을 것이다. '사람 사는 것은 똑같다'는 말은 너무나 당연한 진리다. 그런 뻔한 진리를 외국까지 가서 깨달음이라고 얻고 오느냐. 사람은 다 똑같은데, 지역마다 나라마다 사는 법과 음식과 풍속이 왜 달라지는지를 찾아야 할 것 아니냐?

이 글을 읽는 독자 중에서 위의 세 사람처럼 소감을 말했거나 박제가의 독설이 지나치다는 느낌이 드는 이가 있다면, 그는 박제가가 왜 소외된 천재의 삶을 살아야 했는가를 어느 정도는 이해한 것이다. 박제가는 18세기의 동료에게 소리치는 것을 그만두고 《북학의北學議》를 썼다. 사실은 《북학의》를 처음 쓸 때는 사람들을 설득할 수 있을 것이라는 기대로 충만했다. 하지만 결과는 전혀 반대였다. 마지막으로 왕에게 올리는 상소를 작성했는데, 이때는 동시대인에 대한 기대를 거의 접고 있었다. 이 글은 언젠가는 자신의 말을 이해해줄 거라 믿었던 후세 사람들에게 던지는 절규가 되었다.

고독한 실학자의 상

박제가는 1750년(영조 26년) 서울에서 태어났다. 부친 박평朴坪은 사헌부에서 오래 근무한 엘리트 관료였다. 《승정원일기》나 《조선왕조실록》을 보면 특별히 두드러지는 행적이나 정치적 행동은 보이지 않지만, 무난하고 근면한 관료였던 것 같다. 비교적 착실하게 승진가도를 달리다가 1757년(영조 33년) 승지로 임명되었으나 3년 뒤 사망했다. 이때 박제가는 열한 살이었다.

성장기의 박제가는 삯바느질을 하는 홀어머니 밑에서 가난하게 성장했다. 다만 이 가난이란 주관적인 개념이다. 조선 사람들은 대개가 가난했다. 그러니 일반 농민보다 괜찮은 수준의 삶을 살았던 것은 분명하다. 다만 그는 서얼이었다. 아마도 우리 역사에서 가장 고약한 법이 서얼의 관직 진출을 막는 서얼차대법庶孽差待法일 것이다. 중국이나 일본에는 없는 이 이상한 연좌법은 태종~세종 대에 확립되어, 이후 조선 사회에 엄청난 애환과 부조리를 만들어냈다. 서얼차대법이 소수의 지배층에게나 해당하는 법이었다고 아는 분들이 많은데, 사실은 그렇지 않다. 원래는 지배층을 대상으로 한 법이었지만, 평민들에게까지 번져 시골 구석구석까지도 서얼들을 괄시하고 차별하는 풍조가 만연했다.

박제가는 소년 시절부터 똑똑했다. 1764년에는 소문난 수재이자 같은 서얼이던 이덕무李德懋를 만나 평생의 동료이자 친구가 된다. 박제가는 1794년 춘당대 무과에서 장원을 하고 나중에 오위장에 임명될 정도로 무예에도 조예가 있었고, 글씨도 명필이었다. 그림도 잘 그렸다. 다른 재주에 비해서는 상대적으로 수준이 떨어져서 친구들도 작은 키와 그림 솜씨가 결함이라고 놀리곤 했다.

박제가를 박제가로 만든 장점은 통찰력이었다. 조금 엉뚱한 사례지만 그의 재기를 보여주는 일화가 하나 있다. 1792년 9월, 부인 이씨가 사망하자 박제가는 재혼을 하는 대신 첩을 두기로 한다. 당시에는 남자

창경궁 춘당대

임금과 무사들이 무예를 수련했던 장소인 춘당대. 이곳에서는 무과 시험과 군사들의 무예 훈련이 펼쳐졌다. 정조 대에는 국왕이 참석한 가운데 춘당대에서 규장각 초계문신과 장용영 무사들이 시사試射(활쏘기 대회)나 과강課講(감독 시험) 등이 열리기도 했다. © 임용한든 여자든 재혼은 의리를 상하게 하는 것이라고 생각해서인지 나이 들어 상처를 하면 정부인을 두지 않고 첩을 두는 풍속이 유행했다. 자유연애를 하던 시절도 아니고, 그럴 나이도 아니어서 중매쟁이들이 열심히 박제가의 집을 드나들었다.

당시 박제가는 벼슬에서도 잘리고, 나이가 많은 데다 애까지 많이 딸린 홀아비였다. 그럼에도 결혼상대를 고르면서 여성의 미모를 유독 밝혔다. 젊은 미녀를 얻으려고 중매쟁이를 통해 나이까지 속이는 등 꽤 노력을 한 모양이다. 하지만 그게 여의치 않았다. 진짜 문제는 사진도 없고 맞선도 볼 수 없어 결혼시장에서 닳고 닳은 매파의 설명에 전적으로 의지해야 한다는 것이었다. 친구인 유득공柳得恭이 위로 반, 충고 반으로 "(자네) 키가 서 치만 더 컸다면" 하고 말했을 정도였다. 여하튼 재혼 전선에 뛰어든 박제가는 어느덧 이 방면의 전문가가 되어 친구들에게 이런 깨달음을 전해준다.

> 매파가 여자의 얼굴이 꽃 같다고 하면 얼굴이 붉고 천하며 졸렬하다는 의미다. 달과 같다고 하면 얼굴이 둥글고 멍청하다는 의미다. 옥과 같다고 하면 얼굴이 희고 풍미가 작다는 뜻이다. 그나마 이런 수식어도 없다면 더욱 믿기 어렵다.*

박제가의 애처로운 고충이 눈에 보이는 듯하다. 결국 첩을 얻기는 얻었는데, 그녀의 미모에 대해서는 알려진 정보가 없다.

*안대회, 〈인간 면모와 일상〉, 《한국한문학연구》 36.

탁월하게 똑똑하고 통찰력도 뛰어난 청년 박제가의 눈에는 자신의 삶에 드리워진 운명의 그늘이 너무나 선명하게 보였다. 좌절한 그는 친구와 함께 상인이 되기로 한다. 그러나 공동으로 출자를 해서 배를 마련하고 막 출항하려던 차에 서얼의 관직 진출을 허용하는 정조正祖의 서얼허통법庶孼許通法이 반포되었다. 이어 장안에 소문난 서얼 출신 수재들인 박제가, 이덕무, 유득공, 서이수徐理修 등이 규장각 검서관檢書官으로 등용되었다. 이들이 규장각 '4검서四檢書'다.

규장각에서 박제가는 더욱 많은 책을 자유롭게 읽었다. 개인적으로 뵌 적이 있는 어느 저명한 학자께서 글에 인용한 고사나 문장을 보면 박제가만큼 책을 많이 읽은 학자가 없다고 할 정도로 그는 박학다식했다. 하지만 박제가의 삶은 여전히 어두웠다. 규장각에 있던 정약용은 일반 관직으로 진출해서 빠르게 승진했지만 박제가를 포함한 서얼 학자들은 여전히 규장각에 묶여 있었다.

1798년, 정조는 전국의 선비를 대상으로 농서農書에 대한 상소를 모집했다. 젊어서부터 중국에 가서 다른 세계를 보고 싶어 했던 박제가는 검서관이 되기 전인 1778년(29세), 청나라에 사은사謝恩使로 가는 채제공蔡濟恭을 따라 연경에 간 적이 있다. 이때 이덕무도 동행했다. 이 여행에서 돌아온 뒤 3개월 만에 저술한 여행기가 《북학의》다. 정조의 구언령이 내리자 박제가는 이전에 썼던 《북학의》에서 농서 부분을 발췌하고 내용을 수정해서 응모했다. 이것이 《진소본북학의進疏本北學議》다.

1790년에는 이덕무와 장용영 장교 백동수白東修 등과 함께 《무예도보통지武藝圖譜通志》를 편찬, 간행했다. 이 해에 서호수徐浩修, 유득공, 이희경李喜經과 함께 두 번째 연행길에 오르고, 돌아오는 길에 압록강에서

규장각

정조 대 왕실도서관을 표방하며 세워진 규장각. 실무직인 검서관에는 네 명이 임명되었는데, 정조는 이 직책에 서얼을 등용해 서적의 교정, 필사 등의 임무를 맡겼으며 5품에 해당하는 군직軍職을 주었다. 박제가는 1779년부터 1792년까지 13년간 규장각에서 근무했다. © 임용한 원자(훗날의 순조) 탄생을 축하한 청나라의 호의에 보답하기 위해 파견된 사절단에 합류해 다시 절친한 친구 이기원李其元과 함께 세 번째로 연경에 파견되었다.

박제가는 이덕무와 함께 1792년 《규장전운奎章全韻》을 완성하지만, 시력이 악화되어 규장각 검서직을 사퇴한다. 이에 정조는 박제가를 부여 현령으로 임명했다. 하지만 재직한 지 1년도 못 되어 암행어사의 탄핵을 받아 파직당했다. 정조는 이 판결에 대해 "다른 관료에게는 너그럽게 처리하고 세력이 없는 서얼에게만 가혹하게 법을 적용한다"고 불평을 토로했지만 파직을 막지는 못했다. 대신 1794년에 다시 규장각 검서관으로 복직시켰다.

그러나 1800년 정조가 사망하고 순조가 즉위하면서 정치 환경이 급변했다. 정조 대에 활약한 남인 학자들과 박제가와 같은 정조의 총신들에게 위기가 닥쳤다. 이 해 9월, 대왕대비인 정순왕후와 노론 영수 심환지沈煥之를 비방하는 벽보가 나붙었다. 이 벽보를 구실로 신유사옥辛酉迫害이 일어난다. 명목상은 천주교 탄압이었지만 실제로는 정조 대에 등용한 남인 학자와 개혁 세력에 대한 탄압이었다. 정약종丁若鍾, 정약전丁若銓, 정약용 삼형제와 이가환李家煥, 이승훈李承薰 등 서학을 받아들인 남인 학자들이 이 숙청에 걸려들었다. 벽보의 범인 임시발任時發은 윤가기尹可基의 집에 숨어 있다가 잡혔다. 윤가기의 종 갑금은 윤가기가 박제가와 만나 밀담을 나누었다고 진술했다. 이 진술을 트집 잡아 박제가는 1801년 9월 함경도 종성으로 유배되었다.

넉넉하지 못한 살림에 유배까지 당하니 종성에서의 삶은 가난하고 고달팠다. 유배지에서의 생활은 전적으로 자부담이었기 때문이다.

흙벽에는 도배도 하지 못하고
처마는 낮아 선반도 없네
외진 데라 쫓아도 가지도 않으니
절친한 벗이 바로 파리로구나

박제가, 〈수주객사愁州客詞〉

1803년 2월 6일, 대왕대비가 박제가를 방면하라는 명령을 내렸으나 이상하게 이 명령은 이행되지 않았다. 1년 후에야 이 명령불이행 건이 적발되어 담당 관원이 파직당하고 박제가는 방면되었다. 그러나 고달픈 유배 생활 동안 박제가는 건강을 해친 것 같다. 돌아온 그는 김포에 살다가 2년 뒤인 1805년 4월 25일에 사망했다.

박제가는 평생 두 가지 장벽과 싸웠다. 하나는 그의 신분, 또 하나는 꽉 막힌 사회였다. 어느 것이 더 고통스러웠는지는 알 수 없지만, 이러한 불행은 박제가 스스로 자초한 면도 있다. 불우한 천재답게 그는 말투가 예리하고, 독설가적인 기질이 있었다. 친구인 이덕무, 유득공 등과는 밤새워 이야기하며 세상을 향해 풍자와 조롱을 쏟아냈다. 그러나 사교성이 부족해서 평소에는 얌전하고, 사람들과 말도 잘 하지 못하는 내성적인 성격이었다고 한다. 하지만 이 내성적인 성격의 실체는 과도한 자의식과 콤플렉스성 보호본능이었다. 그는 천성적으로 달변가였고, 답답하고 한심한 이야기를 들으면 참지 못하는 성격이었다. 이런 그의 기질을 잘 보여주는 일화가 《열하일기熱河日記》에 실려 있다.

내가 이전에 차수次修(박제가의 호)와 더불어 성의 제도를 논한 적이 있다. (그

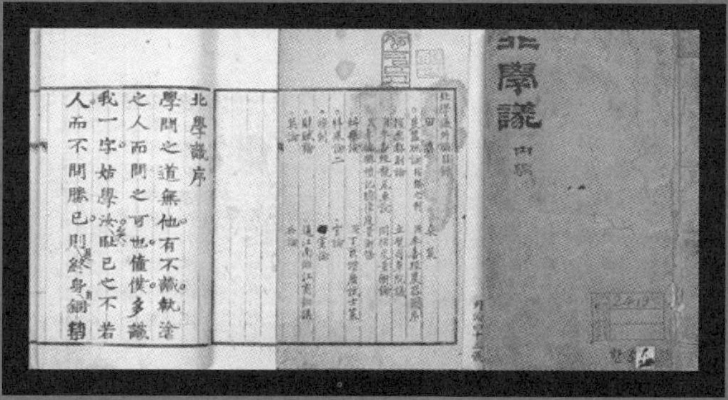

《북학의》

1778년(정조 2년) 박제가가 사은사 채제공을 따라 북경에 다녀온 뒤 지은 책이다. 내·외편으로 구성되어 있으며, 내편은 성벽·도로·목축·시가市價 등 39항목으로, 일상생활에 필요한 기구와 시설에 대한 개혁 방안을 다뤘다. 외편에는 전분田糞·과거론·관론官論·북학변北學辨 등 17항목의 논설을 수록해 농업 개량과 상업, 무역의 이점을 주장했다.

때) 어떤 이가 "벽돌이 굳다 한들 어찌 돌을 당할까 보냐"라고 말하자, 차수가 소리를 버럭 지르며, "벽돌이 돌보다 낫다는 게 어찌 벽돌 하나와 돌 하나를 두고 한 말이오" 하더군. **박지원, 《열하일기》, 〈도강록渡江錄〉**

버럭 소리를 지르는 박제가의 모습과 심정이 상상이 간다. 동시에 "벽돌이 돌보다 낫다는 게 어찌 벽돌 하나와 돌 하나를 두고 한 말이오"라는 말은 박제가의 예리함을 잘 보여준다. 박제가는 사물과 현상을 볼 때 무엇을 봐야 하는지를 아는 사람이었다.

그래도 상대방의 입장이 되어서 호통을 들으면 감동보다는 감정이 앞서는 것이 인지상정이다. 친구들도 그 성급하고 쏘아붙이는 말투를 고치라고 충고했지만, 그들도 그 충고가 먹히리라고 생각하지는 않았을 것이다. 그의 두뇌 회전을 느리게 만들거나 심성을 비굴하게 만들어 사람들에게 아부하고, 세상과 타협하도록 만들기 전에는 말이다.

잠자는 왕국

그렇다면 도대체 박제가가 참을 수 없었던 이야기란 어떤 것들일까? 그의 말을 통해 직접 들어보자.

(사람들은) "산해관에 걸린 현판은 이사李斯의 글씨인데 십리 밖에서도 보인다" "서양 사람은 인물을 그릴 때 산 사람의 눈동자에서 검은 물을 뽑아 그림 속 눈동자에 찍기 때문에 눈동자가 움직이는 것이 살아 있는 것 같다"

"중국인은 서책을 만들 때 흙으로 판을 만든다"는 등 엉터리 말들을 한다. 나와 잘 아는 자도 (중국을 다녀온) 나의 말을 믿지 않고 저런 말들을 곧이 믿는다. … 내가 중국 풍속이 좋다고 말하면, 우리나라 사람들은 오랑캐(청나라)라는 말 한마디로 중국 천하를 뭉개버리려고 한다. 이는 그들이 평소에 생각하던 것과 크게 다른 까닭이다.

중국에도 학문에는 퇴계 같은 사람이 있고, 문장에는 간이簡易 같은 사람이 있고, 명필로는 한호보다 나은 사람이 있다고 사람들에게 말하면 반드시 발끈하여 낯빛을 변하며 어찌 그럴 리가 있느냐고 할 것이다. 심한 자는 그런 말을 한 사람에게 죄를 주려고까지 할 것이다. 그러나 사람들에게 시험 삼아 "만주 사람은 말소리가 개 짖는 듯하고, 그들의 음식은 냄새가 고약하여 가까이 할 수 없다. 뱀을 시루에 쪄서 씹어 먹고 황제의 누이동생은 역졸과 사통한다"고 하면 그 사람들은 크게 기뻐하며 말을 옮기느라고 분주할 것이다. **박제가, 《북학의외편》, 〈북학변北學辨〉**

18세기 조선의 정신세계를 휘저은 강박증 가운데 하나는 병자호란의 치욕이었다. 와신상담이라고 국가적·민족적 수치를 씻고자 하는 노력이야 탓할 것이 없다. 문제는 바람직한 방향, 수치를 씻을 수 있는 방향으로 진행되지 않는다는 것이었다. 아니 박제가의 건전한 지성으로 보면 조선은 오히려 역주행을 하고 있었다. 병자호란이 끝나자 북벌론이 등장했다. 그러나 청나라의 위세가 식을 줄을 모르자 어느 틈엔가 북벌론은 정신적 북벌론으로 바뀌었다. 그것이 다시 소중화小中華라는 묘한 민족주의 내지는 국수주의로 변질되면서 북벌의 본의는 간데없고, 조선 사회에 청과 중국 문화에 대한 근거 없는 비하의식이 뿌리내리게 되었다.

상처 입은 자존심을 회복하기에 그것만으로는 부족했다. 사람들은 우리 문화에서 청나라보다 나은 것을 찾기 시작했다. 여기에 즐겨 사용된 소재가 성리학, 서예, 음식이다. 중국은 명나라 때 이미 주자학이 사라지고 양명학陽明學이 득세했다. 그때도 양명학은 이단이라고 명나라 학자들을 윽박질렀으니 무식하고 힘만 센 청나라의 학문이야 말할 것도 없었다. 서예를 보면, 중국에는 상당히 다양한 서체가 유행했다. 그러나 우리는 고려 말에 들어온 조맹부체를 선호했다. 그 기준으로 보면 글씨가 글씨가 아니고 그림도 그림이 아니다. 그들의 음식은 또 어떤가. 냄새가 지독해서 먹을 수가 없는 것이었다.

이런 행동을 비난하면 우리가 청나라에 당한 한을 잊었느냐, 그 감정을 이해하지 못하느냐고 반문할 수 있다. 그러나 정말 그 한을 잊고 극복하기 위해서는 감정적으로 나갈 것이 아니라 선진 기술을 배우고, 뒤처진 우리 사회를 바꿔야 했다.

> 성인들은 백성에게 이로운 것이라면 그 법이 원수로부터 나왔더라도 취했다. … 필부라도 원수를 갚으려고 할 때는 원수의 칼을 빼앗으려 한다. 지금 오랑캐를 물리치려 한다면 먼저 오랑캐가 누구인지 알아야 한다. **《북학의》, 〈존주론尊周論〉**

박제가의 독창성과 천재성의 출발점은 박제가의 지능, 불우한 환경, 내재된 불만이 아니라 바로 역주행하는 조선 그리고 조선의 폐쇄성이었다. 아직도 많은 사람이 박제가의 주장을 '선진 문물의 도입' 내지는

'중국 문물의 도입'이라고 이해한다. 물론 박제가는《북학의》곳곳에서 중국 문화와 문물제도의 우수성을 이야기하고 있다. 하지만 결코 선진 문물의 도입 자체가 목적이 아니었다. 그의 본질적인 물음은 '우리에겐 그것이 왜 결여되어 있는가'라는 것이었다. 박제가가 '북학', 즉 중국을 배우자고 주장한 것은 선진적인 중국 문화나 제도, 기술을 도입하자는 단순한 논리가 아니라 중국에 있는 것이 우리에게는 왜 없으며, 우리가 중국과 다른 것, 또는 중국이 우리와 다른 이유가 무엇이냐는 것이었다.

조선과 중국의 풍속, 문화가 다른 첫 번째 요인은 환경이다. 우리나라 사람은 초가로 집을 짓고, 중국 사람은 벽돌로 짓는 것을 좋아한다. 중국에는 나무가 귀한 대신 흙이 풍부하기 때문이다. 자금성은 우리나라 궁궐보다 훨씬 크다. 왜? 중국은 땅이 넓고 물산이 풍부해서 우리보다 훨씬 부유하기 때문이다. 그러나 박제가의 성찰은 이처럼 눈에 보이는 현상에 머무르지 않았다. 그는 조선과 중국 사회를 비교하면서 사회를 움직이고 발전시켜가는 내면의 원리를 찾았다. 그리고 중국에는 있고 우리에게 없는 것과 그 이유를 찾아냈다. 그가 찾아낸 결론은 '상업'이었다.

우리나라의 수공품은 마무리가 좋지 않다. 멋진 상등품 자기瓷器도 속은 거칠고, 바닥에는 모래 알갱이가 튀어나와 옻칠한 자개상을 긁어버린다. 이는 오늘날의 문화재 전문가들도 인정하는 사항이고 세종도 고민했던 문제다. 중국에 보내는 비단에 기껏 자수를 힘들여 새기고는 봉황의 눈동자를 빼버리거나, 발가락 하나를 생략하는 식의 실수가 많았기 때문이다. 하지만 300년간 이 문제가 해결되지 않았다. 그 이유는 뭘까? 중국은 상업이 발달하고 시장이 넓다. 따라서 경쟁도 되고, 좋은 제품은 그만큼 널리 판매되어 이익을 보상해준다. 우리는 시장이 작고 교류가 적기에 생산자나 수요자가 거의 고정되어 있다. 그러니 잘 만들어봤자 힘만 더 들고 보상은 크지도 않았다. 결국 상품은 조악해지고 기술은 발전이 느리다. 박제가는 여기서 한걸음 더 나아가 인간과 사회를 발전시키려면 동기를 제공하는 것이 중요하다는 사실을 깨닫는다. 그 깨달음을 준 계기는 심오한 토론이 아닌 '말먹이'였다.

> 중국에서는 말에게 죽을 먹이지 않는다. 마른 곡식을 소금에 볶아서 먹인 다음 냉수를 마시게 한다. 짠 것을 먹이는 이유는 목이 말라 (스스로) 물을 (찾아) 먹게 하기 위해서다. **《북학의내편》, 〈소牛〉**

동기와 함께 또 중요한 것이 합당한 보상이다. 다시 말 이야기로 돌아가자. 박제가는 사람들이 짐 나르는 말과 승마용 말을 구분하는 것을 모순이라고 보았다. 짐 나르는 말은 약해지고, 체형도 망가져 승마나 군마용으로는 쓸 수 없다. 그러다 보니 승마용 말은 사람보다 몇 배의 곡물을 먹으면서 마구간에서 놀고먹는다. 짐 나르는 말이 망가지는 이유는 마구가 좋지 않고, 잘 보살피지 않기 때문이다. 그러나 우리나라 사람들은 마구를 개량할 생각도 놀고먹는 승마용 말을 활용할 생각도 않는다. 거기서 나오는 이득이 없기 때문이다. 경제활동이 왕성해서 말이 몇 배로 필요하고 수익이 크게 창출된다면, 사람들은 시키지 않아도 말을 한 마리도 놀리지 않으려고 노력할 것이다. 또 우리나라 사람들은 꼭 말의 고삐를 잡는 하인인 말구종을 시켜 말을 끌고 다닌다. 그러니 말을 타도 걸어가는 속도와 다름이 없다. 사람들을 바쁘게 움직이게 하

유리창 거리

유리와 기와를 굽는 가마가 있던 데서 유래한 곳으로 서적과 골동품, 그림 등을 판매하는 상점이 늘어서 있어 북경에 온 조선 선비들은 꼭 유리창에 들러 구하기 힘든 책과 문방사우 등을 구입했다. ⓒ 임용한

여 일터에 한 명이라도 더 투입해야 한다면 말구종을 끌고 다니지 않고 본인들 스스로 말을 타고 달릴 것이다.

관념의 벽, 자존심의 벽

그런데 바로 이 사회를 보는 눈, 본질을 성찰하는 능력이 박제가에게 더욱 심한 불행의 원인이 되어버렸다. 만약에 어떤 사람이 '내가 중국에 가서 보았더니 중국의 성은 벽돌로 쌓아서 단단하고 정교하더라. 우리도 벽돌로 성을 쌓자'라는 수준으로 말했다면, 즉 중국 문물의 단순한 수용 내지는 무조건적인 수입을 주장했다면 사람들은 그냥 그 말에 동조하거나 '맞다. 하지만 우리나라는 흙이 중국과 달라서 벽돌을 만들기가 어렵다' 혹은 '우리는 산이 많아서 벽돌 같은 무거운 것을 운반하기가 쉽지 않다' 정도로 이야기하고 끝냈을 것이다. 최소한 그 이야기의 사실성이나 그의 애국심을 의심하는 사태로 발전하지는 않았을 것이다.

그러나 박제가의 목표는 그것이 아니었다. 중국에는 벽돌이 왜 유행했을까? 정말 중국에는 높고 험한 산이 없으며, 중국의 흙은 다 벽돌에 적합한 것일까? 왜 이런 차이가 발생하는가? 이 문제에 대한 박제가의 해석은 이렇다. 우리나라는 상업이 발달하지 않으니 도로와 기술자도 발달하지 않고, 상품의 영리성과 수익성도 떨어진다. 우리나라는 산이 험하고, 흙이 달라 벽돌을 만드는 데 노력과 비용이 더 드는 것은 맞지만 상인과 기술자에게 충분한 수익이 보장된다면 힘들다고 그것을 하지 않을 까닭이 없다. 수익 구조가 없으니, 개량과 발전에 대한 의욕도 없고, 생산과 운반도 몇 배로 힘들어진다. 그것이 조선 사회가 벽돌과 수레조차도 도입하지 못하는 진짜 이유다.

논리적으로는 타당한 이야기이지만, 이 내용을 자세히 되새겨보면 우리 조선인은 게으르고, 무능하고, 나태하며, 기술은 낙후하고, 사는 것은 궁핍하며, 좋은 것을 가르쳐도 사용할 줄 모르고, 변화는 싫어해서 수백 년도 지난 낡은 제도와 문물을 끌어안고 산다는 이야기가 되어버린다. 이런 이야기를 듣고 기분 좋을 사람이 없다. 게다가 자신들이 오랑캐로 여겼던 청나라 사람들보다도 못나게 살고 있다는 말은 오늘날 일본인과 일본 문화가 한국보다 훨씬 낫다고 말하는 것만큼이나 흉악한 이야기였다.

상업에 대한 전통적인 비관론도 커다란 걸림돌이었다. 사람들은 이렇게 반발한다. 상업이 발달하면 사람들은 약삭빨라져 우리 사회를 유지해온 근본이자 문화적 우월성의 토대인 사회의 도덕성과 도덕적 가치 체계가 무너질 것이다. 당장 순박한 사람은 몰락하고, 약삭빠른 사람이 부자가 되고, 관원과 상인이 결탁하면서 사회의 부정과 부조리는 더욱 심해질 것이다. 이뿐인가. 투자와 경쟁이 판도라의 상자를 탈출하면 빈부격차가 심해지고, 가난한 사람들은 더 못살게 될 것이다. 더 나아가 박제가는 사치금지령까지도 없애자고 한다. 사치금지령이 없어지면, 자본은 생산이 아닌 소비와 사치 분야로 갈 것이다. 사회적 부가 낭비되고, 가난한 자는 더 가난해지며, 사회적 위화감은 더 커질 것이다.

위에서 '상업'이라는 단어를 '자본주의'로 대체하면 요즘 신문, 방송 등에서 쉽게 볼 수 있는 내용이 된다. 21세기 자본주의 국가에 사는 우리도 이런 비난에 고민하거나 동조하는데, GNP의 90퍼센트 이상이 농업에서 창출되는 사회에서 느끼는 전율이야 오죽했을까? 그래서 이익李翼이나 정약용 같은 당대의 선각자들도 상업에 대해서만은 비판적 입장을 취하거나 지극히 제한적으로 접근하려고 했다. 그러나 이 주장에 대해서도 박제가의 반론은 명쾌하다 못해 신랄하기까지 하다.

> 우리나라 사람은 중국에 가서 시장의 융성함을 보고, (중국인은) 이익만 안다고 한다. 그것은 하나만 알고 둘은 모르는 소리다. 게다가 중국은 사치하다가 망했다고도 한다. 그렇다면 우리나라가 검소한데도 쇠퇴하는 것은 무슨 이유일까? 검소하다는 것은 물건이 있어도 남용하지 않는 것이지, 자신에게 물건이 없다 하여 스스로 단념하는 것을 말하는 것이 아니다. 지금 나라 안에 구슬을 캐는 집이 없고, 저자에는 산호 따위의 보배가 없다. 금과 은을 가지고 가게에 들어가도 떡을 살 수 없는 형편이다. 이것이 검소한 풍속 때문일까? 아니다. 물자를 이용하는 방법을 모르기 때문이다. 이용할 줄 모르니 생산할 줄 모르고, 생산할 줄 모르니 백성은 나날이 궁핍해진다.
>
> 재물은 우물과 같다. 퍼 쓸수록 자꾸 가득 차고, 이용하지 않으면 말라버린다. 비단을 입지 않으므로 나라 안에 비단 짜는 사람이 없다. 그러므로 여공이 쇠퇴했으며, 그릇이 비뚤어지든 어쩌든 개의치 않으므로 정교함을 추구하지 않는다. 나라에 공장과 도자기 가마가 없고, 기예도 없어졌다. 농사도 방법을 몰라서 흉년이 자주 들고, 장사도 물건을 팔 줄 몰라서 이익이 박하다. 그러니 사민四民(사농공상에 속한 모든 백성과 직업)이 모두 가난해져 서로 도울 길이 없다. 남들은 나날이 부강해지는데, 우리는 점점 가난해지고 있다. **박제가, 《북학의내편》, 〈고시賈市〉**

그는 사신으로 가서 중국의 도시와 시장을 잠깐 걸어본 것만 가지고 '소비가 생산을 촉진한다'는 20세기에나 가능한 결론을 도출해냈다. 그가 천재여서라기보다 사회를 보는 눈과 방식이 달랐기 때문에 가능한 일이었다. 이는 사회의 외형만 보는 것이 아니라 그 현상의 사회적 요인을 찾으려는 분석적 태도를 지녔기에 찾아낼 수 있었던 결론이었다. 세상을 향한 열린 태도, 현상이 아니라 배경과 원리를 파악하는 자세 그리고 예리한 통찰력, 이것이 박제가의 진정한 장점이었다. 이 능력은 어느 사회, 어느 조직, 어느 시대에나 자신의 모습을 성찰하고 미래를 개혁하는 데 가장 중요한 능력이다.

박제가와 우리 시대

오늘날 박제가는 실학자와 선각자의 명단에는 끼었다. 그러나 그에 대한 평가는 상당히 양분되어 있다. 박제가를 지지하는 사람들은 박제가와 북학파北學派야말로 중세적 사고구조와 세계관을 벗어던진 유일한 집단, 즉 근대인의 자격을 얻을 수 있는 유일한 사람들이며, 한국을 진정으로 근대화시킬 수 있는 사람들이었다고 말한다. 하지만 아직도 많은 사람이 '박제가의 예리함은 인정하지만'이라는 식으로 그에게 회의적인 눈길을 보낸다.

그의 주장 중에는 지금 들어도 섬뜩한 이야기가 많다. 특히 우리말을 버리고 중국말을 사용하자고 했던 주장이나 글 곳곳에 있는 조선에 대한 불경스런 시각 탓에, 그는 오늘날에도 개혁의지는 높이 사지만,

외국 문물에 경도되어 민족의식은 부족했던 사상가로 취급되기도 한다. 심지어 그의 사상을 불우했던 삶이 만들어낸 '격분' 정도로 간주하는 경우도 많다. 박제가에 호의적인 사람들조차도 '우리 자체의 고유성을 제대로 인식하지 못했다'거나 '외국 문화에 대한 비판 없는 도입과 수용은 경계해야 한다'고 토를 단다. 속으로는 이렇게 말하는 사람도 있다. '저런 사상을 가진 사람은 한말에 태어났다면 개화파처럼 친일파나 친미주의자가 되고 말 거야.'

박제가가 이런 말을 듣는다면 통렬하게 반박할 것이다. "실학자들의 단골 메뉴인 정전론井田論과 한전론限田論, 성리학은 중국의 제도와 사상이 아닌가?" "정약용의《경세유표經世遺表》는 중국 고대의《주례周禮》를 텍스트로 한 것이다." "내가 중국에서 배워 없애자고 한 것은 빈곤과 게으름과 사회의 정체와 낙후된 기술이다. 그것이 우리 민족의 고유성이라고 한다면 그것이야말로 민족에 대한 가장 심한 모욕이다."

논의가 여기까지 진행되면 박제가에게 동감하기는커녕 18세기 사람들보다 더욱 격분할 것이다. 팔은 안으로 굽는다는 말처럼 사람들은 자신이 가진 것, 자신의 환경을 사랑한다. 하지만 일부 자기 환경을 극도로 부정하는 사람도 있다. 사람은 대부분 이 두 그룹 안에 있다. 이 둘에 속하지 않고, 자기 환경과 시대를 초월하는 사람은 매우 드물다. 그리고 그들의 삶은 고달프다. 우리가 일상에서 비평과 비난을 구분하기 쉽지 않듯이 초월과 반항도 구분이 쉽지 않다.

18세기 조선 사회는 개혁과 수구의 논란에 휩싸여 있었다. 재야의 많은 지식인이 글을 쓰고, 상소를 했고, 조정에서도 많은 토론을 벌였다. 많은 분이 이 토론과 논의가 실행으로 옮겨지지 않은 것에 아쉬움을 표현한다. 그러나 과연 그들이 자신들의 생각과 이상을 행동으로 옮겼다면 우리 역사는 달라졌을까?

우리가 18세기, 혹은 19세기 이후의 역사를 이해할 때 크게 실수하는 부분이 있다. 19세기 이후의 역사는 기본적으로 세계사라는 거대한 흐름 안에서 바라보아야 한다는 점이다. 오늘날 한국 경제를 유가油價나 외국 경제와 같은 외부적 요인을 배제하고 한국사회의 내적 요소만으로 설명하고 발전시킬 수 없듯이, 이때가 되면 우리 역사의 연속성만으로 미래를 결정할 수 없게 된다. 그러므로 19세기의 개혁과 한국사의 미래를 고찰하려면 주변 세계의 발전, 변화, 외세의 문제를 함께 고려해야 한다. 이를 감안하면 농본주의적 사회 개혁으로는 자본주의와 산업화를 토대로 달려드는 외세의 도전을 막아낼 수 없었다. 18세기의 조선 사회는 이미 세계사의 흐름 속에 들어가 있었다. 지리상의 발견과 산업혁명이 촉발시킨 제국주의의 성장과 그들에 의한 식민지 쟁탈전은 이미 세계를 유린하고 있었으며, 또한 그들로부터 가장 멀었던 동쪽 끝을 향해 다가오고 있었다. 하지만 조선은 그것을 모르고 있었다. 얼마간의 정보가 들어오기는 했지만 그것의 의미를 깨닫지 못했다.

박제가는 조선에서는 충격적인 선각자였지만, 세계사적 기준에서 보면 벼랑 끝에 서서 부르짖는 자였다. 우리는 박제가가 살았던 시기를 영정 르네상스 시기라고도 부르지만, 진짜 르네상스는 200년 전에 발생했다. 그러나 박제가의 동료들도, 21세기의 우리도 이상하게 이 절박함을 인지하지 못한다.

3장

닫힌 사회, 사고의 틀 안에 갇히다

유형원

꿈으로 끝난 전통과 현실의 결합

실학의 등장과 유형원

일제시대에 국학을 연구하던 학자들을 괴롭히던 고민거리가 있었다. 일제가 정책적으로 한국사를 연구하면서 잡아낸 꼬투리가 주자학의 '공리공담설空理空談說'이다. '조선의 선비라는 작자들은 우주에 존재하지도 않는 구성 원리나 상복을 어떻게 입어야 하는지, 제사상에 음식을 어떻게 올려야 하는지, 하는 문제를 놓고 수백 년간 논쟁을 하면서 정작 민생과 과학기술 같은 실용적 지식은 천대하고 외면했다. 그 결과가 식민지라는 지금의 현실이다.' 대략 이런 내용이었다.

화가 났지만 반박하기가 쉽지 않았다. 사실은 당시 지식인들도 그렇게 생각해왔기 때문이다. 하지만 연구를 하다 보니 '놀고먹는 양반 선비들은 나라의 좀'이라고 비난하며, 실용을 찾고 합리적으로 세상을 본 지식인들이 있었다. 흥분한 학자들은 이 새로운 사상을 '공리공담학空理空談學'에 대비해 '실학實學'이라고 명명했다.

처음에 간신히 몇 명만 있던 실학자는 연구자들의 꾸준한 노력으로 불고 불어서 지금은 셀 수 없이 많아졌다. 이제는 의서醫書를 쓰거나 지도를 만들거나 농서나 잠업, 요리책을 저술하는 등 무언가 실용적인 지식을 정리하기만 하면 실학자가 된다. 그러다 보니 대동법大同法을 주장했다는 이유로 정통 성리학자인 율곡도 실학자가 되고, 사석에서는 15세기의 인물까지도 가끔 실학자로 거론된다. 이제는 거꾸로 이렇게 실학자들이 많았는데, 조선 사회가 왜 변화되지 않았느냐고 물어야 할 판이다.

이 묘한 아이러니는 '성리학은 공리공담'이라고 규정한 데서 비롯된다. 성리학자라고 결코 허공을 밟고 살지 않았다. 그들 역시 현실의 문제를 고민했다. 병서와 농서나 잠업에 관한 저술도 수천 년 전부터 행해졌다. 따지고 보면 실학자가 아닌 사람이 없는 것이다. 그래서 실학이라는 표현 자체에 문제가 있다. 조선은 공리공담, 무실용의 사회에서 실용 사회로 진화한 것이 아니다. 인간은 언제나 실용을 중시한다. 다만 사회와 기술이 발전함에 따라 실용의 내용과 가치, 실용에 투자해야 하는 사회적 노력의 양이 달라진다. 실용을 판단하는 기준은 농서를 썼냐 아니냐가 아니라 어떤 농서를 썼고, 농업의 산업적 의미를 어떻게 설정했느냐로 판정해야 한다.

조선 후기에 사회문제를 거론한 사람은 의외로 상당히 많다. 17세기 이후 조선의 신분제가 동요하고, 상공업이 발달하기 시작하면서 사회가 많이 변했다. 그러나 국가제도와 관습이 변화를 따라가지 못하다 보니 여기저기서 불합리와 모순이 터졌다. 상업이 발달하자 서울에는 시장이 발달하고 소상인과 행상이 급증했다. 하지만 국가는 변화를 인정하지 않았다. 상인은 잔뜩 늘고 거리마다 상거래가 행해졌지만 대부분의 상인은 국가가 인정하지 않은 이른바 '불법상인'이었다.

조선 정부는 정말 이상한 상업정책을 폈는데, 상업을 인정하고 진흥시키는 정책을 쓰지도 않았다. 자유 상업은 여전히 불법이었지만, 조선 후기에 창설된 오군영의 병사들이 월급이 적다고 하자 그들에게 시장에서 노점상을 하는 것을 허용했다. 그러다가 시전상인들이 불평을 하면 단속요원을 파견했다. 서울 거리에서 쫓고 쫓기는 활극이 벌어졌다. 단속이 증가하면서 전문적인 용역업자도 생겨났다. 깡패와 군인이 충돌하고, 이 이율배반적인 정부의 태도에 힘입어 부당한 핍박, 뇌물 등 부조리만 잔뜩 늘어났다.

법을 지키자는 건지, 고치자는 건지 알 수 없는 이런 황당한 정책은 상업만이 아니고 농업, 조세, 행정 각 부분에서 골고루 발생했다. 15, 16세기에도 부조리는 많았지만, 그때는 국가 운영의 원칙을 세우고, 장기적 구조를 배려하는 고민과 책임의식이 분명했다. 그것이 조선을 지탱해온 힘이었다. 하지만 17, 18세기로 가면서 이것이 실종되기 시작했다. 누가 보아도 그것은 위험한 징조였다. 많은 사람들이 말과 글로 현실 문제에 대해 이야기하기 시작했다. 후대 연구자들이 이것을 조선의 지성이 공리공담에서 실용의 세계로 전환한 것이라고 오해했던 것이다. 여기까지는 좋은데, 사회를 바로잡자고 내놓는 내용이 문제였다. 요즘도 똑같지만 사회가 어려워지면 온갖 의견이 속출한다.

이럴 때 가장 많이 쏟아지는 의견은 좋았던 옛 시절, 젊었을 때 배운 원론적 견해를 재생산하는 것이다. 많은 사람들이 4,000년 전 주나라의 이상세계로 돌아가자고 주장했다. 좀 더 현실적인 사람들은 조선의 좋았던 시절, 조선 전기의 제도로 돌아가자고 했다. 그중에는 15세기 여진을 정벌하던 군사적 영광을 재현하기 위해 조총을 버리고 활로 돌아가자고 주장하는 사람도 있었고, 임진·병자호란의 패배는 15세기의 군사제도를 버린 탓이라고 주장하는 사람도 있었다. 상업을 버리고 주나라의 농본사회로 돌아가자는 사람, 물질문명의 공세에 대해 성리학의 진리를 고수하고 도덕 재무장으로 위기를 극복하자는 사람도 등장했다.

기술개량이나 성리학적 사고의 전환, 선진기술과 제도의 수용을 주장하는 사람도 없지는 않았지만 극소수였다. 그리고 그들은 큰 저항에 직면했다. 그런데 결론이 복고적이든 혁신적이든 간에 사회문제에 접근하는 태도에도 두 가지 상반된 자세가 존재했다. 현상을 보고 그 현상을 해결하는 해법을 쉽게 찾아내려고 하거나, 과거 조준이나 김지, 정도전이 했던 것처럼 문제를 사회 전체에서 구조적으로 인식하고 구조 전체를 개혁하고자 하거나, 두 가지였다. 그래도 이런 자세와 식견을 지녀야 개혁가라고 말할 수 있다. 이처럼 개혁에 접근하는 자세가 제대로 된 개혁가의 효시가 반계 유형원이다.

우반동의 명인

실학 연구를 시작한 초기에 연구자들은 권력에서 소외된 불우한 학자들을 주목했다. 아무래도 기성사회의 부조리와 모순에 희생된 사람들에게서 진보적인 목소리가 나왔을 것이라는 짐작에서였다. 찾아보니 정말 그런 인물이 있었다.

유형원은 불우한 수재라는 표현에 딱 어울리는 인물이다. 그의 집안은 조선 전기부터 이어져온 명문가로 그는 공신의 후손이었다. 부친 유흠柳欽은 광해군 때에 세자시강원의 설서說書(정7품)로 관로에 들어섰다. 품계는 낮지만 세자시강원은 세자의 교육기관으로 명예로운 직책이다. 세자가 즉위하면 출셋길이 열릴 확률도 높았다. 그러나 유흠은 속된 말로 줄을 잘못 섰다. 17세기는 사색당파가 완연하게 분화하던 시기였다. 그중에서 제일 불운한 당파가 북인이다.

북인은 경상우도 지방을 기반으로 남명 조식曹植의 문인이 중심이 된 당파로 이황과 유성룡 중심의 경상좌도 사대부들보다는 늦게 관계로 진출했다. 북인의 진출은 임진왜란 때 세운 전공이 큰 역할을 했다. 임진왜란의 의병 중에서 가장 괄목할 만한 전과를 올린 정인홍鄭仁弘, 곽재우郭再祐의 의병이 북인 계열이다. 광해군은 이들의 활약에 깊은 감명을 받았고, 임진왜란을 초래한 서인과 동인에게 받은 실망도 더해서 북인을 중용했다.

너무 갑자기 잡은 권력과 광해군의 욕심이 결합하면서 북인들은 자제력을 잃었다. 그들은 기성의 정치세력을 너무 심하게 몰아붙였다. 과격한 숙청은 반발을 낳고 반발은 반란이 되었다. 서인은 인조반정으로 광해군을 축출했고, 북인도 몰락했다. 조선시대의 정치관행에서 절대 용납되지 않는 행동이 있다면, 바로 분수를 넘는 것이었다. 권력자가 어느 정도 특권을 누리는 것은 인정하지만, 정도를 넘어서면 혹독한 징벌이 따랐다. 북인도 그 제재에 걸렸다. 다른 당파들은 시기에 따라 부침이 있어도 정계에서 완전히 배제되지는 않았다. 하지만 북인은 다시는 정계에 복귀할 수 없었다.

유흠은 북인의 지도자이던 이이첨李爾瞻의 추천을 받아 관계로 나섰다. 이이첨은 유흠이 시에 재능이 있고 글씨를 잘 쓴다고 칭찬했다. 그런데 인조반정(1623년)이 터지자 유흠에 대한 인물평은 확 바뀐다.

> 유흠은 사람됨이 어리석어 당세의 웃음거리가 되었다. 이진李進의 차술借述(답안지를 대신 써주는 행위)로 과거에 오르고 인척인 이익엽李益燁의 덕으로 한림의 천망에 참여되었으므로 사람들이 모두 천시하였다. **《인조실록》 권1, 1년 3월 17일**

이이첨의 평과 실록의 평 중 어느 쪽이 맞는지는 알 수 없으나 권력은 후자에게 갔다. 인조반정 후 1년도 지나지 않아 유흠은 유몽인 옥사 사건의 핵심 인물로 지목되었고, 고문을 받다가 죽었다. 그때 나이가 겨우 28세, 아들인 유형원은 두 살이었다.

부친의 불행에도 유형원의 어린 시절이 잔혹하지는 않았다. 다행히 외가와 친척들이 서인이었다. 숙종肅宗의 장인인 민유중閔維重(인현왕후의 아버지)이 그의 당숙이었고, 외숙부는 제주감사를 역임한 이원진李元鎭이었다. 《하멜 표류기》를 쓴 하멜 일행이 제주도에 표류했을 때 제주감사가 이원진이었다. 하멜은 그가 만난 관원 중에서 가장 양심적이고 친절하며 후덕했던 관원이 이원진이었다고 회고했다. 그는 인종적 편견과 하멜의 배에 실려 있던 화물에 대한 물욕을 버리고 진심으로 그들을 잘 보살펴주었다.

유형원은 어린 시절에 이원진과 대사헌을 지낸 고모부 김세겸金世濂

에게 글을 배웠다. 다행인지 불행인지 그는 일곱 살 때 《서경書經》을 읽고 토론했다고 할 정도로 수재였다. 이런 배경 덕분인지 쟁쟁한 집안의 처녀와 결혼했다. 부인은 선조宣祖 때 우의정을 지낸 심수경沈守慶의 증손녀였다. 하지만 정계로 진출하기에는 부친의 경력이 아무래도 치명적이었다. 가정의 불행도 이어져 23세에 조모, 27세에 모친, 30세에 조부가 사망했다. 희망을 잃은 유형원은 조부상을 마친 뒤 전라도 부안군 우반동으로 낙향했다. 이 지역에 유씨 집안에서 예전에 공신전(사패전)으로 받은 땅이 있었기 때문이다.

유형원은 직접 농사를 지으며 평생 이곳에서 살았다. 노비와 배가 있어 가난하게 살지는 않았다. 비록 북인이라도 처가와 외가는 쟁쟁한 반쪽 북인이고, 우반동에서는 보기 드문 사대부가였으므로 마을에서는 영향력을 지닌 유지로 지낼 수 있었다. 나중에 민유중이 유형원을 천거하기도 했으나 유형원이 관로 진출을 거부했다. 하지만 공부는 게을리하지 않았다. 성리학뿐 아니라 병학, 법학, 음악, 음양, 천문, 지리, 의약, 점술, 수학, 어학(중국어) 등 다방면으로 박식했다. 특히 그는 가야금이나 거문고 같은 악기를 타면서 옛 주나라 시들을 즐겨 노래했다고 한다.

박식한 사람답게 저술도 많이 했다. 그러나 안타깝게도 지금 남아 있는 책은 《반계수록磻溪隨錄》뿐이다. 《반계수록》은 1652년(효종 3년)에 초고를 작성했고, 꾸준히 고쳐서 사망하기 3년 전인 1670년(현종 11년)에 완성했다. 유형원이 《반계수록》을 저술한 동기는 효종이 추진한 북벌론이었다.

그가 민씨 집안의 천거를 거부한 것은 관직에 의욕이 없어서라기보다 자신의 처지로 볼 때 순조로운 관료 생활이 불가능하다고 생각했기 때문이었다. 그러나 북벌은 자신과 같은 사람에게는 다시없는 기회였다. 북벌이 시작되면 국가에서는 폭넓게 인재를 필요로 할 것이고, 거대한 중국 대륙은 《사기》나 《삼국지》에서나 보던 기회를 제공할지도 몰랐다. 유형원은 북벌론에 크게 고무되었다. 정작 한양에 있던 관료들은 북벌론에 회의적이었고, 속셈은 다른 곳에 있는 구호성 정책일지 모른다고 의심하고 있었지만, 부안의 유형원은 자비까지 들여가며 진지하게 북벌을 준비하기 시작했다.

> (유형원이) 살던 곳의 바닷가에 항상 큰 배 4, 5척을 두었는데 아주 편리하게 제조했다. 준마를 길러 하루에 수백 리를 달릴 수 있었고, 좋은 활과 화살, 조총 수십 자루를 소장했다. 이것으로 집안의 노비와 촌민들을 교육했다. 그 때문에 지금도 우반리에는 총 잘 쏘기로 이름난 자가 많다. 일찍부터 (중국의) 수로를 탐색했고, 중국 여행기와 표류인의 기록을 모아서 여러 역참을 기록하여 어디는 험하고 어디는 허술하다는 것을 손바닥처럼 꿰고 있었다. **《반계수록》, 부록附錄 전傳**

하지만 그의 진정한 꿈은 장수나 군 지휘관이 아닌 세상을 경영하고 개혁하는 지도자였다. 그래서 그는 포수와 배를 준비하는 데 머무르지 않고 국가제도 전반에 걸친 개혁안을 구상했다. 그 결과가 《반계수록》이다. 효종이 사망하고 북벌의 꿈이 사라진 뒤에도 유형원은 《반계수록》의 집필과 교정을 중단하지 않았다. 자신의 필생의 노력인 개혁안을 저서로라도 세상에 남기고자 했다.

《반계수록》은 유형원의 생전에는 간행되지 않았다. 그가 사망한

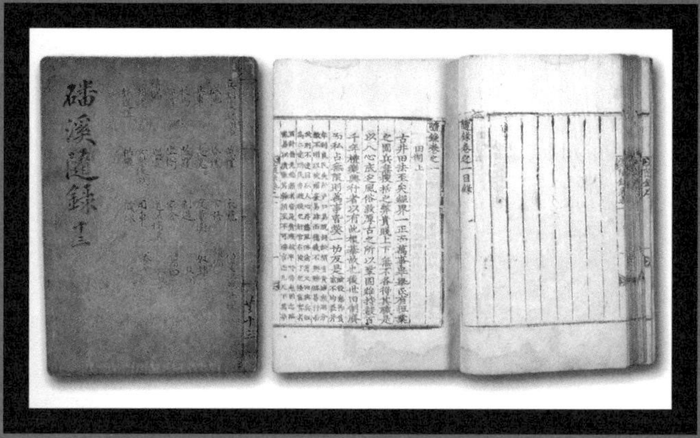

《반계수록》

주요 내용으로는 토지 소유 관계에 대한 '전제'와 관료제 운영을 다룬 '임관', 경연·의관·주택·수레 등 다양한 주제를 논한 '속편'으로 구성되어 있다. 특히 토지 개혁을 초점으로 하여 매우 세밀한 부분까지 고려해 대책을 제시한 점이 돋보인다.

지 5년 뒤인 1678년(숙종 4년)에 전 참봉參奉 배상유裵尙瑜가 《반계수록》의 내용 중에서 전제, 병제, 학제 등 일곱 개 조목을 실행하자고 요청하는 상소를 올렸다. 그러나 대신들은 이 요청을 일축했다. 1694년(숙종 20년)에도 유생 노사효盧思孝 등이 다시 책을 진상하며 《반계수록》의 개혁안을 검토해달라고 요청했으나 성과를 거두지 못했다. 그러다가 1769년(영조 45년)에 영조가 이 저서를 높게 평가하고, 직접 《반계수록》을 간행하라는 명령을 내렸다. 이에 교서관校書官에서 활자본으로 세 부를 간행했고, 1770년에 경상감영에서 목판으로 출간했다.

그가 꿈꾼 세상

유형원이 살았던 시대는 정부가 부패하고 부조리가 가득 찬 사회였다. 조선 후기에 상업이 발전하고, 지주제가 발달하면서 하급 양반, 향리나 일반 농민 중에서 부를 축적하는 사람이 급증했다. 이들이 양반신분을 획득하면서 신분제의 균형이 깨지고, 사상과 풍속에 변화가 발생했다. 하지만 어떤 시기건 변화는 긍정적인 결과만 생산하지 않는다. 일부의 성장은 다수의 몰락을 의미한다. 신흥부자들은 새로운 부의 원천인 상공업으로 진출한 것이 아니고 대개 지주가 되었다. 보통 농민은 생계가 아슬아슬한 수준으로 토지를 소유하고 있기 때문에 땅을 조금만 상실해도 즉시 극빈농으로 추락한다. 고로 한 사람이 지주가 되면 영세농이 열 명은 늘어난다.

부에 대한 욕망이 커지고, 부자가 늘어날수록 정당하게 돈을 버는 사람보다 악착같이 부를 쟁취하는 사람이 많아진다. 돈이 돌아가기 시작하니 부정부패가 기하급수적으로 증가하고, 고리대도 가혹해졌다. 현재까지도 전국 곳곳에서 채집되는 일화 가운데 이런 이야기가 있다.

> 모 진사가 농민에게 수수 한 말을 줄 테니 받아가라고 했다. 자선이 아니고 억지로 고리대를 안기는 것이었다. 농민은 수수가 필요 없었지만 양반의 명령을 거역할 수도 없었기에 수수 한 말을 받았다. 그리고 연말에 이자로 수수 한 말을 얹어 두 말을 가져다주었다. 진사는 수수 두 말을 보더니 고래고래 소리를 쳤다. "이놈아 황소 한 마리 값으로 수수 두 말이 말이 되느냐?" "무슨 말씀입니까. 저는 분명 수수 한 말을 받아 두 말을 가지고 왔는데요." "이놈, 이 장부를 보아라." 진사가 내민 장부를 보니 수수 한 말이 아니라 수소 한 마리라고 적혀 있었다.

유형원은 이런 현실에 대해 다음과 같이 말한다.

> 부자는 넓은 땅을 차지하고 가난한 사람은 송곳 꽂을 땅도 없게 되었다. 부자는 점점 부유해지고, 가난한 사람은 더 가난해진다. 지금에 이르러서는 모리배들이 토지를 독점하게 되었다. 그 결과 백성들은 가족을 거느리고 흩어져서 고용살이나 하게 되었으니 그 폐를 말로 다 할 수 없다. **《반계수록》 권2, 전제田制 하**

정약용이 쓴 《목민심서牧民心書》에 의하면 향리들이 받아먹는 부가세만 해도 50여 종이 넘었다. 그들은 정말로 치사하고 잡다한 온갖 방법을 동원해서 백성들을 수탈했다. 세상이 이렇게 타락하고 있는데, 지배층은 정권 쟁탈에만 몰두할 뿐, 권력과 직책이 주는 책임과 의무를 방기하고 있었다. 관리의 길을 포기하고 시골에 사는 양반 지식인층도 다름이 없었다. 그들은 그냥 자기 현실에 안주하며 도덕과 관념적 세계에 빠져 살았다. 유형원은 농민의 고충을 외면하는 비양심적 태도와 미래의 위험을 감지하지 못하는 그들의 무사안일한 태도에 분개했다.

> 지금의 관료는 과거에 합격하여 등용된 다음에는 관행대로 따라가는 것이 무사할 줄로만 알고 있으며, 향리에서 출세하지 못한 선비들은 자신의 수양에 뜻을 두는 사람은 혹 있지만 세상을 바로잡을 방도에 대해서는 조금도 관심을 돌리지 않고 있다. 이렇게 되면 세상일을 바로잡을 날이 없게 되고 백성들에게 미치는 참화는 극에 달할 것이다. 나는 이에 대해 심각하게 우려하는 바다. **《반계수록》 권26, 속편 하**

부익부 빈익빈과 극심한 농민의 양극화 해법으로 유형원이 제시한 방안은 토지를 국유화해서 모든 농민에게 일정하게 분배하자는 공전제公田制였다. "경작자 한 명에게 1경頃의 토지를 주고, 네 명에게서 한 명의 군인을 낸다. 그리고 세금은 수확의 10분의 1을 바치며, 모든 잡세는 폐지하고 산림과 풀밭은 공동소유로 한다." 그런데 이렇게 하면 국왕부터 시작해서 권력자들이 다 반대할 것이 분명했기에, 국왕은 예외로 광대한 장원을 소유하고, 고급 관리는 상속할 수 있는 6경의 토지를 소유한다는 추가 조항을 넣었다.

공전제나 토지 소유 규모를 제한하는 한전제限田制와 같은 토지분배 사상은 고대의 이상사회인 주나라 제도에서 유래한 것이다. 이 방안은 유형원의 독창은 아니고 주나라가 망한 이래로 계속 주장되던 것이다. 성리학이 발달하고 고대 주나라 사회가 이상사회로 미화되기 시작하면서 토지분배 사상은 점점 더 힘을 얻었다. 유형원은 주나라의 제도라고 해서 그 권위에 의지해 맹종한 것은 아니라고 한다. 그는 반드시 지금의 현실에 대입하고 맞춰본 뒤 시행을 결정했다고 말했다.

> 어떤 서적을 볼 때는 예전 사람들의 말을 그대로 접수해서 고집하는 것이 아니라 반드시 현재와 비교하여 옛날 일을 확증하고, 마음에서 해득한 다음 사실과 대조하며 생각하고 또 생각하여 세밀한 부분까지 연구했다. **《반계수록》, 부록 전**

변화를 두려워하는 사람들은 과거의 제도를 제시하면 '너무 오래된 법이다'라거나 '이제는 사정이 달라졌다'고 말한다. 새로운 제도를 창안하면 전례가 없다는 이유를 들어서 반대한다. 이러한 태도에 대해서 유형원은 "제도의 옳고 그름을 논할 것이지 삼한 때부터 있었느냐 없었느냐는 따질 필요가 없다"고 논박한다.

다른 분야에서도 유형원은 변화와 융통성을 발휘했다. 보통 주나라 제도를 모델로 토지분배를 주장하는 사람은 상업에 대해 극히 적대적이다. 농본정책을 위협하는 최대의 적이 상업이기 때문이다. 그러나 유형원은 상업을 장려해야 사회가 발전한다고 보았다. 이 점이 고루한 이상론자와 달라지는 부분이다. 그는 "우리나라는 피폐하고, 물자가 유통되지 못하고 있다. 상업이 발달하지 않은 것을 걱정해야지 지나치게 발달해서 폐단이 될 것을 염려할 필요가 없다"는 대단히 전향적인 상업관을 보인다. 상업 진흥을 위해 상인에게는 농민이 보유한 토지의 절반에 해당하는 토지를 주고, 상인을 괴롭히고 상업 발달을 저해하는 각종 잡세를 폐지하자고 했다.

그는 많은 사람들이 어린애까지도 돈, 돈 하게 만들어 인간을 타락시킨다고 비난하는 화폐의 유통 역시 긍정했다. 상품화폐 경제가 발달하면 먹을 것과 물화가 풍성하게 유통되어 백성들의 궁핍을 구제할 수 있다고 했다. 화폐유통을 위해 국가경비의 지출과 관리들의 녹봉, 전세의 30퍼센트는 돈으로 지급하고 받는 안도 제시했다. 인간의 권리와 관련해서 조선 사회의 가장 후진적인 폐단인 노비제도에 대해서도 유형원은 노비세습제를 폐지하고 노비는 자기 당대로 한하며, 나아가 노비보다는 고용인(머슴)을 사용하는 방식으로 전환하자고 했다.

대다수의 토지개혁론자들이 농본적 입장에서 상업에 부정적인 경우가 일반적인데, 유형원이 상업에 호의적이었던 것은 그가 중국과 북벌에 관심이 많았기 때문이다. 조선은 모든 제도의 기원을 중국에서 찾지만 정작 중국은 농본사회가 아니었다. 17, 18세기까지도 세계 최대의 부국이자 상업국가였다. 그런 중국을 공격하려면 막대한 군비가 필요했다. 논밭에서 걷는 곡물만 가지고는 10만 군대는커녕 2만의 정규병을 유지하기도 벅찼다.

유형원은 그 외에도 관료제, 군사, 지방제도, 향약과 같은 사회제도 등 국가의 주요 제도 전반에 걸쳐 구체적인 개혁안을 제시했다. 공정하고 폭넓은 인재선발을 위해, 이제는 정쟁의 도구가 된 과거제를 개혁하고 각 지방의 학교를 육성한 뒤 그곳의 인재를 지역별로 고르게 등용하자고 했다. 군역 대상자에게 세금을 징수하는 수단으로 전락한 군포제軍布制의 철폐를 주장했고, 향리들의 모리 수단으로 변질된 환곡법還穀法의 개혁안도 마련했다.

유형원의 개혁안을 총체적으로 평가하면 《주례》와 같은 전통적인 이상제도와 조선의 현실을 적절히 배합한 개혁안이었다. 그는 토지 분배를 통해 농민을 안정시키고, 상업과 수공업을 장려해 물산을 증진하고, 그것을 기반으로 합리적인 조세제도와 군사제도를 운영하고자 했다. 그렇게 하면 농민은 안정되고, 백성 모두는 부유해지며, 국가는 부강해질 것이다. 이 좋은 나라를 운영하기 위해서 관료제도도 개혁해서 학연과 지연에 얽매이지 않고 인재를 골고루 등용한다. 향촌사회에서는 향약을 통해 자치적으로 통솔하며, 노비를 천대하고 탄압하는 악습도 고쳐서 골고루 행복하게 사는 사회를 만든다는 것이 그의 이상이었다.

넘을 수 없었던 벽

유형원의 개혁안은 당연히 시행되지 않았다. 그가 죽은 뒤(1673년) 거의 100여 년이나 지난 1769년에야 비로소 《반계수록》이 간행되었지만, 간행을 명령한 영조도 그의 개혁안을 시행할 마음은 없었다. 만약 그의 개혁안이 시행되었더라면 조선은 부강해지고, 청나라를 정복하거나 최소한 독립은 유지하는 영원한 제국이 될 수 있었을까? 그것은 누구도 대답할 수 없는 문제다. 그러나 그 정도는 아니라도 상당히 긍정적인 결과를 초래했을 것이라고 믿는 분들이 상당히 많다.

유감스럽지만 그 방안이 시행되었다 하더라도 우리 역사의 큰 흐름은 변하지 않았을 것이다. 토지분배가 농민생활에 최소한의 안정을 가져올 수는 있다. 하지만 그것은 하향평준화에 불과하다. 생산력 증가와 국부의 증대를 획기적으로 이룰 수는 없다. 이는 농지분배를 시행해 본 수많은 사회주의 국가에서 이미 증명된 것이다. 유형원의 상업 육성책도 당시로서는 꽤 진보적인 내용이지만 세계 수준으로 보면 너무나 초보적이다. 그 정도의 상업육성책과 화폐제도는 중국의 춘추전국시대와 일본의 고대사회에 이미 출현했었다. 그 정도 제도로 발전시킨 상업으로는 주변국의 발전과 침략을 전혀 상대할 수 없다.

유형원과 그의 계통을 이은 실학자들의 개혁안은 순전히 '우리'의 역사과정으로 보면 획기적이고 엄청난 사회변화를 예고하는 것처럼 보일 수 있다. 그러나 국제 기준으로 보면 그것은 미미하고 느리고 엉성한 변화였다. 근대 이후 급속히 발전한 서구 제국주의 국가를 따질 것도 없다. 가까운 중국과 일본만 보아도 그가 살았던 시대에 이미 변화가 시작되고 있었다. 유형원은 물론이고 다른 실학자들도 그러한 사실을 알았더라면 혹은 그런 문제에 좀 더 깊은 주의를 기울였다면 우리 사회의 변화와 미래에 대해 더 획기적인 변화, 완전히 새로운 방법론을 창안했을지도 모른다.

하지만 그러지 못했다. 유형원이 고루한 지식인들에 비해서 보다 진보적이었다고 해도, 성리학자가 아닌 것은 아니었다. 오히려 그는 더욱 철저한 성리학자였다. 현실세계에서 출세와 권력을 포기했기 때문인지 신념과 이상세계에 대한 헌신은 더욱 열렬했다. 벽촌인 우반동에서는 상당한 힘과 권위를 지녔던 유형원은 동네에서 성리학 이외의 이단을 엄격하게 금지했다. 자신들이 거느린 노비들도 굿이나 무속행사를 못하도록 단속했다. 집 주변에 사당이 생기면 강제로 철거한 뒤 그 자리에 나무를 심었다.

이런 철저한 성리학자였기 때문에 전통적인 화이관에 따라 이단을 배척하는 것과 똑같이 오랑캐도 배척했다. 그의 세계관을 보여주는 일화가 하나 있다. 1644년 북경이 청나라 군에게 함락되고 명나라의 마지막 황제가 자살했다. 중화주의적 세계관을 지닌 성리학자 유형원에게 이 사실은 큰 충격이었다. 그에게 청나라는 여전히 오랑캐였다. 이때 그에게는 희망적인 소식이 들려왔다. 명나라 황제의 혈육과 충신들이 남쪽으로 도망해서 나라를 세웠다는 소식이었다. 하지만 더 이상의 정보는 얻을 수가 없었다. 유형원은 망명정부와 그들의 황제(영력황제)에 대한 걱정으로 잠을 이루지 못했다.

1667년 중국 무역선 한 척이 제주도로 표류했다. 양국 간의 관례에 따라 조선의 현종은 선원들을 중국으로 송환했다. 중국 선원 일행이 마침 부안 근처를 지나게 되었다. 그 소식을 들은 유형원은 동료들과 달려가 중국 선원들을 만났다. 유형원은 중국어로 시경의 노래를 불렀을 정도로 중국어도 잘했으므로 필담을 섞어가며 그들에게 영력황제의 소식을 물었다. 중국 선원은 황제의 혈통이 끊어지지 않았고, 지금이 영력황제 재위 21년에 해당한다고 대답했다. 이 소식을 들은 유형원은 감격에 겨워 눈물을 흘렸다. 그러나 영력황제와 명나라의 잔여 세력은 벌써 1662년에 소탕되었다. 중국 선원이 이렇게 말한 이유는 정확하지 않다. 어쩌면 선원도 그 소식을 몰랐거나 영력황제가 죽은 후에 소수의 생존자들이 대만과 베트남으로 도망쳤는데, 이것을 혈통이 끊어지지 않았다고 표현했을 수도 있다.

유형원이 북벌에 고무되고 포수 양성까지 하며 북벌을 기대했던 것에는 자신의 운명을 바꿔보려는 현실적인 이유도 있었지만, 근원적인 배경에는 이런 중화적 세계관이 자리 잡고 있었다. 그렇기 때문에 유형원이 중국의 고전을 맹종하지 않고 우리 현실에 맞추고 적용하려는 노력을 했다고 해도, 그가 오랑캐라 생각하는 사람들에게 배우고, 시각의 중심을 변화시키려고 노력할 거라는 기대는 할 수가 없었다.

그렇다면 이런 태도에 어떤 문제가 있는 것일까? 국가의 개혁이란 국내적 기준과 관점으로만 바라보아서는 의미가 없다. 조선에서 17세기의 세계를 볼 수 있었다면 조선의 당면한 개혁과제는 서구 자본주의의 성장과 제국주의 국가의 침공이었다. 그들이 조선에 도달하는 때는 19세기 말이지만, 제국주의의 침공은 이미 16세기부터 지구를 가로질러 다가오고 있었다. 그러나 조선은 이 사실을 전혀 인식하지 못했다. 그들과 멀리 떨어져 있었기 때문이 아니다. 중국과 일본은 이미 이들과 교역을 하며 정보를 얻고 있었다. 조선도 어렴풋이 그 사실을 알고 있었다. 하지만 가능하면 보지 않고, 그들의 우월함을 인정하지 않으려고 했다. 그리고 그 꼿꼿함이 승리와 생존을 가져다주는 비결이라고 믿었다.

구체적인 예를 들어보자. 유형원의 상공업 진흥책은 분명 상공업을 이전보다는 활기찬 형태로 바꿀 것이다. 수공업자가 양반에게 착취를 당하지 않고, 만드는 대로 제대로 된 수입을 보장받을 수 있다면 그는 신이 나서 더 열심히 더 많이 더 좋은 제품을 생산할 것이다. 말 그대로 '상품의 생산과 질, 생산기술이 획기적으로 증대할 것'이다. 하지만 증기기관이 돌아가는 공장에서 만들어져 나오는 생산품들에 비한다면 이것을 '획기적 증대'라고 말할 수 있을까? 무역과 해외교류를 범죄시하는 나라에서 국내시장만으로 세계와 경쟁할 수 있을까?

유형원이 주장한 노비세습제의 폐지도 국내적 기준으로 보면 고려시대부터 말만 하고 시행하지 못하던 수백 년 묵은 과제를 해결하는 쾌거일 수 있다. 그러나 17세기의 유형원이 내세운 개혁안은 중국에서 10세기, 즉 당나라 말기에 시행된 방안과 똑같다. 그래도 하지 않는 것보다는 낫지 않느냐고 말할 수 있지만 700년이 뒤진 정책이라는 점도 솔직하게 인정해야 한다. 사실 그마저도 하지 못했다. 19세기 말이나 되어서야 공노비에 대해 해방령이 내려졌다.

《반계수록》에 수록하지는 않았지만 유형원은 성城의 개량과 구조에 대해서도 궁리를 했다. 그 흔적이 약간의 문서로 남아 있다. 거기에 수록된 성의 도면들은 11세기 송나라에서 만든 병서에 수록한 축성용 모델들이다. 나중에 정약용이 수원 화성을 건축할 때도 똑같은 책을 참조했다. 송나라의 도면은 성의 구조에 대한 교과서적인 원리를 구현하고 있다. 하지만 중국 현지에서 건축되는 성들은 이미 충분히 응용해서 축성되고 있었다. 그러나 유형원과 정약용은 그 응용물과 구조를 목격하지 못했다.

유형원 개인에게 불행했던 일은 그가 다른 세계를 보지 못했다는 것이었다. 그는 몸소 중국 정벌을 준비했을 정도로 동시대의 어떤 사람들보다도 개혁적이고 진취적인 활동가였다. 그의 의지는 이 나라의 좁은 울타리를 벗어났고, 또 벗어나려고 했지만, 그의 육체와 생각은 이 나라 안을 떠날 수 없었다. 유형원은 북벌을 준비하면서 배를 만들고, 포수를 양성했을 뿐 아니라 기록과 중국인과의 면담을 통해 중국의 요충지에 대한 전략 정보까지 수집했다. 그런데 이 정보가 과연 현실적으로 유용했을까? 중국의 산하와 현지를 보지 못한 상태에서 험하다, 높다, 거칠다는 식의 언어로만 된 정보는 결국은 자기 세계의 관념대로 해석될 수밖에 없다.

그가 자신 있게 제시한 공전제도 마찬가지다. 유형원은 화북 평원을 보지 못한 채 고대 정전법의 장단점을 머릿속으로 정리하고, 그것을 우리 세계에서 재현하는 방안을 구상했다. 본인은 이것이 실사구시적 태도라고 자신했지만 과연 그럴까? 사실 이것은 전형적인 관념론적 태도다.

앞 장에서 개혁은 의지만으로는 되지 않는다고 말했다. 개혁에는 연구와 준비가 필요하다. 이제 여기에 한 가지 조건을 더 추가해야 한다. 연구와 준비가 자기 세계의 벽, 내가 아는 정보만으로 이루어져서는 의미가 없다. 다른 세계를 본다는 것은 외국에서 우리보다 나은 선진 문물을 도입해야 한다는 의미가 아니다. 다른 세계와 비교하지 않으면 자신을 객관화시키고, 자신의 크기와 깊이와 넓이를 판정할 수 없다는 것이다. 자신을 성찰하지 못하는 상태에서 자신의 미래와 미래의 필요를 어떻게 설정할 수 있겠는가?

황현

변화의 인식 그러나 요지부동 세계관

사팔뜨기 시골 유생

조선은 오랫동안 보수적이었다. 특히 바깥세상에 대해서는 병적인 자존심과 거부감을 지니고 살았다. 그러나 19세기 말에서 20세기가 되면 이러한 태도가 의외로 많이 그리고 쉽게 바뀐다. 19세기 말이 되면서 자의 반, 타의 반으로 지구상의 많은 나라를 접하게 된 조선은 충격에 빠진다. 개항을 하자 양적으로는 미미하다고 해도 충격적인 변화가 발생했다. 전구가 사용되고, 철마가 달리기 시작했다. 외국의 정보도 쏟아져 들어오기 시작했다. 1907년 강화도 전등사의 주지가 고비사막을 탐험한 스웨덴의 모험가 헤딘의 모험담을 알고 있을 정도였다.

사람들은 서구와 일본이 조선과는 비교가 되지 않게 발전해 있었다는 사실을 인정하게 되었고, 침략의 마수가 이미 조선에 상륙했다는 사실도 알았다. 이러한 변화는 가장 고집스럽고 원칙론적인 인물에게까지 미쳤다.

매천 황현黃玹은 전남 광양시 봉강면 석사리의 농가에서 태어났다. 현재 그의 생가가 일부 복원되어 있다. 집의 규모로 보면 소작인도 거느리고, 일반 평민보다는 나은 생활을 영위한 집안이 분명하지만, 시골 지주의 재산이라는 것이 그리 대단한 것도 아니었다. 황현의 집안은 고조부, 증조부까지도 대대로 가난했고 벼슬도 하지 못했다. 그나마 조부가 부를 이루어 가세를 일으켰다. 부친은 별로 배움이 없었으나 오늘날의 부모들이 그렇듯 자식의 공부를 위해 1,000권의 책을 구입하는 등 황현의 교육에 열을 쏟았다.

> 황씨 일가는 병자호란 이후 대대로 전북 남원에서 살아왔는데, 집안이 모두 가난하였다. 매천의 할아버지는 가난에서 벗어나고자 1,000석의 재산을 모으기로 하고 어느 날 홀연히 집을 나와 장삿길에 나섰는데, 양반 집안으로서는 부끄러운 일이었다. 그러나 이를 무릅쓰고 악착같이 장사로 돈을 모은 할아버지는 수년 뒤 재산이 700석에 이르게 되었다. 모두 후손을 위한 축재였으나 큰아들이 죽자 실망한 매천의 할아버지는 애초에 목표했던 1,000석 채우기를 포기하고 재산을 작은 아들인 매천의 아버지에게 물려주었다. 이때 할아버지는 아들에게 이 재산은 오직 손자 공부하는 데만 쓰라고 당부했다고 한다.*

* 광양시, 〈매천 황현 선생의 고증〉, 《매천황현 영장사업 기본계획》, 1999.

황현은 키가 작고 초상이나 사진에 쉽게 드러날 정도로 심한 사팔뜨기였다. 그러나 누구도 용모로 그를 무시할 수 없었다. 그는 열네다섯 살 무렵 향시에 응시해서 광양의 황신동이라는 별명을 얻었다. 열일곱 살에 순천감영에서 개최한 백일장에는 장원으로 급제했다. 스물네 살이 되자 서울로 상경해 선각자로 불리던 강위姜瑋를 만났다. 2년 뒤에는 개성에 가서 김택영金澤榮을, 다음 해에는 이건창李建昌을 만났다.

강위, 이건창, 김택영은 모두 당대 최고의 학자이면서 진보적이고, 관가의 주류에 편입되지 못한 소외된 학자라는 공통점을 갖고 있었다. 오늘날로 말하면 가장 권위 있는 재야 세력인 셈이다. 이건창이 대표적인 양명학자로 일컬어지는 것으로 알 수 있듯이 그들은 조선의 현실과 성리학의 보수적 한계, 문제를 절실히 느끼던 인물들이었다. 강위는 추사 김정희의 문인으로 이건창이나 김택영과 달리 주류에 속하는 인물이지만, 사회 현실에 비판적인 선각자였다. 훗날 그는 〈한성순보〉의 발행인이 된다. 평생을 거의 시골에서 은거하다시피 했던 황현이 《매천야록梅泉野錄》에 대원군 정권의 내막이나 궁중비사, 세계정세까지 기록할 수 있었던 것은 이들과의 교류가 큰 힘이 되었다.

옛날 분들은 친구를 쉽게 사귀지 않았다. 이들이 황현을 교우로 인정했다는 것은 유학자로서 황현의 실력을 보증하는 것이었다. 그러나 그 보증은 현실에서는 아무런 도움이 되지 못했다. 과거를 거부하던 황현은 주위의 권유로 마지못해 1883년 특설 과거에 응시했다. 첫 과목의 답안지를 본 시험관 한장석韓章錫이 그를 장원으로 뽑았으나 시골 출신임을 알고는 2등으로 떨어뜨렸고, 마지막 과목에서는 끝내 낙방시켰다. 예상했던 일이라도 막상 당하면 더욱 화나는 법이다. 부조리한 현실에 격분한 황현은 벼슬에 대한 꿈을 접고 낙향했다.

황현의 성격이 너무 매서웠던 것일까? 그렇지는 않은 것 같다. 과거에서 장원은 서울 명문가의 자제가 되어야 한다는 이 고약한 관례는 고려 때부터 지속된 오래되고 끈질긴 악습이었다. 조선 건국 후 정도전과 조준이 이 고질병을 개혁했지만, 그들이 몰락하자 유야무야되었다. 그 후 조선 후기가 되면서 조금은 고쳐지는 것 같았지만 결국 제 모습을 찾아서 황현까지 왔다. 하나를 보면 열을 안다고, 이런 나라에서 무엇을 기대할 수 있을까? 성품이 온화하고 원만한 선비 중에서도 과거를 포기한 사람은 꽤 많았다.

설사 장원급제를 해도 나라를 개혁할 정도로 높은 자리까지 가려면 여러 장벽이 있었다. 수령 자리 하나를 얻으면 대비전에서부터 온갖 관청까지 골고루 인사를 가야 하는데, 빈손으로 가면 당장 임명 취소였다. 이때 드는 인사비용만 해도 엄청났다. 개인이 감당할 수 없으면 친척들이 추렴해서 비용을 댔다. 그 빚은 수령으로 부임해서 뽑아내야 했다. 언제 해고당할지 모르므로 최대한 빨리 각출해야 한다. 그러니 아무리 청운의 꿈과 결심을 간직한 인물이라도 관직에 들어서는 순간 손에 흙탕물을 묻혀야 했다.

황현이 이 나라 최고의 실력자라고 해도, 누구보다 열심히 공부하고 양심을 지키며 지행일치의 삶을 살았다고 해도, 또 강위와 이건창 같은 인물이 보증을 선다고 해도 그가 가진 것으로 갈 수 있는 위치는 여기까지였다. 따지고 보면 이건창도 열다섯이라는 어린 나이에 과거에 급제한 천재이자 명문장가였지만 제대로 된 벼슬을 하지 못했다.

1888년, 황현은 부친의 설득에 의해 성균관에서 개최한 회시(2차

시험)에 응시했다. 이번에는 장원으로 선발되었지만 정계의 부패에 환멸을 느껴 낙향하고서 다시는 과거에 응시하지 않았다.

낙향한 황현은 지리산 자락에 있는 구례군 만수동(현재의 구례군 간전면 효동 양천리)으로 이사해서 제자들을 가르치며 은거했다. 그 뒤 1902년에 구례군 광의면 수월리 월곡으로 이사하고 죽을 때까지 이곳에서 살았다. 광양에서 구례로 이사한 이유는 분명치 않은데, 황현 대에 와서 조부가 쌓은 재산이 점점 줄어든 것 같다. 구례는 모친 노씨의 고향이었고, 외가의 토지와 재산이 이곳에 있었다. 필자가 예전에 마을의 노인께 들은 바에 의하면 토지가 있는 것은 사실인데, 그리 많지는 않았다고 한다.

1890년 황현은 만수동 집 옆에 구안실苟安室이라는 서재를 지었다. 이때의 기록은 황현의 생활수준과 형편을 잘 보여준다.

> 지난봄, 문 앞의 빈 땅 중에 메마르고 자갈밭인 곳을 몇 마지기 가려 집을 한 채 지었다. 힘(재력)이 부족해서 규모나 제도가 부족하고 구차하다. 터는 담도 안 하고 울타리도 없다. (터에 있던) 나무는 갈구지 않고, 돌은 옮기지 않았다. … 집은 겨우 세 칸인데, 둘은 나누어 노복들이 살게 하고, 동쪽 방은 독서하는 곳으로 했으나 심히 좁고 누추해서 서실이라고 할 수도 없다. **황현, 《황현전집》 권2, 〈구안실기〉***

황현은 이 구안실 옆에 다시 일립정一笠亭이라는 작은 정자를 지었

* 김정환, 〈매천황현의 《苟安室遺稿》 연구〉, 《한문학보》 12, 432쪽.

으나, 월곡으로 이사하고 나서 이 두 곳이 모두 화재로 소실되었다. 안타깝게 여긴 제자 오병희가 이 터를 매입해서 구안실과 일립정 터에 다시 정자를 세웠다. 그러나 2002년 태풍 루사로 계곡이 황폐화되면서 매천의 흔적들은 다시 사라졌다.*

황현은 가난한 시골 양반가에 혜성처럼 등장한 인재였다. 20대에 이미 당대의 학자들도 인정한 수재였지만, 30대부터는 지리산 자락에 묻혀 세상과 인연을 끊어야 했다. 그가 은거했던 시기에 세상은 포연에 휩싸였다. 갑오농민전쟁과 청일전쟁이 발발하고, 일본의 침략이 시작되었으며, 갑오개혁과 단발령이 시행되고, 전국에서 의병이 일어났다. 지리산 산골이라고 조용하지 않았다. 지리산은 한국전쟁 때 빨치산 활동의 중심지가 되지만, 사실은 갑오농민전쟁 때도 빨치산 루트 그대로 농민군과 의병 부대가 활동했다. 구례는 그 격동의 입구에 있었다. 이런 때일수록 국가는 인재를 찾고 등용해야 하건만 그런 움직임은 전혀 없었다.

황현은 운명의 갈림길에 선 국가를 보면서 역사 저술을 시작한다. 갑오농민전쟁을 기록한 《오하기문梧下記聞》과 《동비기략東匪紀略》, 갑오농민전쟁 때부터 한일병합 당일까지의 역사를 일록처럼 서술한 《매천야록》은 이렇게 탄생했다. 사실 황현은 구체적인 국가 개혁안을 제시한 적이 없고, 실무를 담당한 적도 없다. 그러나 그의 역사에는 당시 사회에 대한 뚜렷한 국가관과 사회관이 담겨 있다. 그는 평민도 아니지만 조선 사회의 지배층도 아니었다. 집권층 심지어 성역인 국왕에게도 비판을 서슴지 않았던 양심적 지식인에 가까운 인물이었다. 그의 지식은 곧 유학

*《속구례군지》 상 38쪽(김정환의 글 433쪽에서 재인용).

이고, 그는 유학의 원리에 철저한 원칙주의자였다. 그의 생각과 행동은 조선 500년을 지탱해온 사상적 원리와 정신의 정수가 근대 세계와 만났을 때 어떻게 생각하고 반응했는가를 보여준다. 이 이상 더 우리의 주제와 적합한 사례가 어디 있겠는가?

그가 꿈꾼 개혁의 길

한일병합(1910년) 다음 날 한 수의 절명시를 남기고, 아편을 삼켜 자살한 그의 행적 덕분에 오늘날까지 황현은 우국지사라는 이미지로 남아 있다. 그나마 이러한 최후가 없었더라면 그는 철저한 보수파라는 비난만 받았을 것이다(실제로 그렇게 비난하는 사람들도 제법 있다). 그는 조선 사회를 지배하는 이데올로기의 혜택을 누리던 주류의 사람들보다 더욱 철저한 성리학자였다. 예전의 많은 개혁가가 그러했던 것처럼 젊은 황현도 그 누구보다 진리에 충실함으로써 자신의 부족함을 넘어서려고 했다. 그런 그의 성품을 잘 보여주는 일화가 있다.

> 17세 되던 해, 순천감영에서 백일장을 실시했을 때 영장營將 윤명신尹明信이 의관을 벗고 그를 맞으니 매천이 영장을 향해 "내가 나이는 어리지만 선비는 선비인데, 그대의 무례함이 어찌 이와 같은가?"라고 따졌다. 이 말을 들은 윤명신이 크게 웃고 관을 썼다. **《매천전집》 권3, 〈사행영록事行零錄〉**

이 이야기는 황현의 성품을 보여주는 대표적인 일화로 알려져 있는데, 마지막 '윤명신이 크게 웃고 관을 썼다'는 부분을 새겨볼 필요가 있다. 황현을 존경하는 분들은 윤명신이 황현의 지적에 깨달음을 얻고 자신의 과실을 고친 것처럼 이해하곤 하지만, 필자가 보기에 그 정도는 아닌 듯하다. 긍정도 부정도 하지 않는 수준이라고 할까? 이미 유학 본연의 예의와 진리에 대한 존경심은 희박해진 시대였다.

하지만 황현은 그럴수록 더욱 진리를 수호하고 전파해야 한다고 생각했다. 그러한 그였기에 김옥균金玉均을 비롯한 개화파가 일으킨 갑신정변(1884년)도 역모로 규정했다. 그들의 주장에 동조할 만한 내용이 있다고 해도 국왕을 납치하고 겁박했으니 분명히 역모였다. 갑오농민전쟁은 반역이자 미증유의 국가적 위기였다. 그가 심혈을 기울여《오하기문》과《동비기략》을 저술해 농민전쟁의 전말을 밝힌 이유는 농민의 봉기를 동정해서가 아니라 다시는 이런 난리가 발생해서는 안 된다는 사명감에서였다.

황현은 호남을 장악한 농민군과 정부가 화약을 맺고, 일종의 공동 통치가 시작되자 이를 극렬하게 비난하는 상소를 올렸다. 그는 농민군 지도부를 모조리 숙청해야 한다고 요구했다. 그가 생각한 처형 대상은 약 5만 명이었다. 당시 인구가 1,500만 명 정도였으니 지금 인구로 환산하면 20만 명에서 25만 명에 해당한다. 그는 국가의 부패와 농민의 극심한 형편을 알고 동정했지만 정통 유학자였기에 어떤 경우에서든 하극상은 용납할 수가 없었고, 하극상으로는 사회문제를 결코 해결할 수 없다고 확신했다.

하지만 황현은 조선의 집권층을 옹호하지도 않았다. 그는 집권층은 물론 고종과 흥선대원군에 대해서도 가혹할 정도로 비판적이었다.

세상 사람들이 대원군의 박력과 결단력, 언론플레이에 매료되고 그에게서 개혁 추진과 현실 변혁에 대한 기대를 하고 있을 때, 황현은 대원군이 자기 야망을 통제할 줄 모르고, 문제를 알아도 그것을 해결할 능력은 없는 인물이라고 비판했다. 황현은 더 정통적인 정책을 요구했던 것이지만, 문구만으로 보면 대원군에 대한 황현의 비판은 어느 정도 옳았다.

고종에 대한 비판은 정통 유학자가 맞나 싶을 정도로 더욱 극심했다. 황현에 의해 묘사된 고종은 리더십이라는 기준에서 보면 최악의 리더다. 고종은 오직 국왕의 권위만을 추구하는 사람인데, 그가 생각하는 권위란 돈을 흥청망청 쓰며 제멋대로 사는 권리였다. 나라가 망하고, 국왕권 자체가 사라지는 순간에도 고종은 조선 전성기의 어느 국왕도 누리지 못한 이상한 권력을 좇고 있었다. 이 점은 명성황후도 마찬가지였다. 대놓고 말하지는 않았지만 황현의 서술을 보면 민씨가가 국정을 농락한 것은 고종이 성격 센 명성황후에게 휘둘려서가 아니라 둘의 이상과 욕심이 똑같았기 때문이라고 생각하는 것 같다.

《매천야록》에 수록된 사례를 하나 들어보자. 어느 지역에 민란이 발생하면 고종은 당장 문제를 일으킨 관원을 경질하고, 조정 관료 중에서 능력 있고 양심적인 관료를 골라서 내려보냈다. 여기까지는 합격점이다. 그러나 고종의 박약한 이성은 탐욕을 이겨내지 못했다. 해결사로 파견된 신임 수령이 민심을 수습하려면 당연히 해야 하는 일이 왕이나 궁에 바치는 세금을 삭감하거나 탕감해주는 것이다. 조선시대에는 국가에 내는 세금과 왕실에 바치는 세금이 나뉘어 있었는데, 세종이나 정조 같은 임금이라면 국가에 내는 세금보다 왕실분을 먼저 탕감해주었을 것이었다. 그러나 고종은 감히 왕실 지분에 손해를 끼치거나, 그 와중에 자신에게 보내야 하는 별도의 뇌물을 바치지 않거나, 그 지역이 좀 살아났다는 소문이 들리면 바로 수령을 교체해버렸다. 그래서 소위 해결사가 파견되어도 지역을 안정시킬 정도로 끝까지 맡겨놓는 경우가 없었다.

황현은 고종을 만난 적도, 궁중에 들어가본 적도 없다. 그러므로 이 서술은 간접적 증거에 따른 것으로 과장일 수는 있다. 그러나 당시 사료와 고종에 관한 기록을 들춰보면 과장이 들어간 것은 확실하지만, 아주 틀린 말은 아니다. 하여간 고종과 대원군에 대한 비판을 보면 황현은 리더의 조건에 대해서는 명확하고 정확한 인식이 있었다.

황현이 구체적인 개혁안을 제시한 적은 없지만, 개혁에 필요한 한 가지 사실만은 적절하게 짚은 셈이다. 진정한 개혁과 그것의 추진력은 책임감과 사명감뿐 아니라 능력이 수반되어야 가능하고, 개혁과 정책은 타이틀과 겉모습이 아니라 내용을 보고 판단해야 한다. 너무나 당연한 말 같지만 우리 사회에서 개혁과 관련된 담론을 보면 아직도 능력보다 도덕, 내용보다 명분과 타이틀에 집착하는 현상이 비일비재하게 발생하고 있다. 그러한 사고의 기원은 유학이다. 그럼에도 오늘날 우리의 사고가 누구보다 유학 원론에 충실한 정통 유학자보다 경직되어 있다는 사실은 확실히 반성해야 할 일이다.

개혁가로서의 황현

개혁가 황현은 낯선 이미지다. 오히려 그의 삶은 보수적 유생의 면모가 강하다. 그가 제시한 가장 획기적인 개혁안은 전 인구의 0.3퍼센트를 학살하자는 엄청난 숙청론이었다. 하지만 전체적으로 보면 그는 묵수적인 수구파는 아니었다. 그는 조선의 타락한 관료제와 지배구조의 희생자였고, 악화되어가는 사회 현실을 방치할 수 없다고 생각했던 인물이었다. 그는 실제로 현실의 모순이 농민전쟁으로 폭발하는 것을 보았고, 그 충격이 가시기도 전에 제국주의 침입으로 나라가 망하는 현실을 목격해야 했다.

여러 저술에서 드러나는 그의 생각이나 태도를 보면 그는 최소한 조선 후기 '농정개혁론'을 제시하거나 사회 현실을 보면서 개혁방안을 고심하던 일반적 실학자 수준의 문제의식과 개혁정신은 소유한 인물이었다. 그래서 황현을 실학자(개혁가)의 범주에 포함시키는 연구자도 있다. 그를 실학자로 간주하는 근거는 역사책인 《매천야록》인데, 이 책은 정통적인 역사책과는 조금 다른 형태로 쓰였다. 《매천야록》의 특성에는 여러 가지가 있지만, 이 글에서는 《매천야록》에 드러나는 변화된 세계관을 살피고자 한다.

성리학의 명분과 의리에 황현보다 철저했던 사람이 최익현崔益鉉이다. 최익현이 의병을 일으켰을 때, 조선 사회가 충격에 빠진 이유는 그가 이조정랑과 승지를 역임한 고위 관료였기 때문이다. 그의 명분은 일본군을 축출한다는 것이었지만, 아직 조선 정부가 존재하는 상황이었기에 관료의 녹을 받던 그가 정부에 대항한다는 것은 성리학적 의리관에 대한 배신이자 역모에 해당되었다. 그렇기에 최익현 부대를 진압하기 위해 일본군이 아닌 조선 정부군이 출병하자 최익현은 당황할 수밖에 없었다. 정부군에 대항한다면 변명할 길이 없는 역모이기 때문이다. 그래서 그는 조선 정부군과는 싸울 수 없다고 하여 부대를 후퇴시키고, 지휘

매천사

황현이 생전에 살았던 집터에 그의 후손과 지방 유림들이 1955년 건립한 사당이다. 채용신이 그린 매천의 영정이 남아 있고, 유물전시관 안에는 《매천집》과 《매천야록》의 원본이 소장되어 있다. 전라남도 구례군 광의면 수월리 소재.

부와 함께 작은 민가로 들어가 앉았다. 정부군이 민가를 향해 무차별 사격을 가해 제자 한 명이 사망했음에도 최익현은 저항하지 않고 꿋꿋이 그곳에 앉아 있었다. 의리와 명분을 지켜야 했기 때문이다.

최익현의 봉기는 이런 해프닝을 남기고 끝났다. 대마도에 유배된 그는 적이 주는 음식을 먹을 수 없다 하여 단식을 하다가 얼마 뒤 병사했다(1906년). 최익현의 단식설이 사실이 아니라는 주장도 있는데 진위는 확실치 않다. 아무튼 그의 유해가 대마도에서 돌아와 부산포의 상무사에 안치되었을 때다. 갑자기 황현이 빈소에 나타나 통곡을 하더니 한 수의 시를 남겼다.

> 짐승들도 슬피 울고 강산도 찡그리네
> 무궁화 이 나라가 망해버렸네
> 가을 등불 아래 책 덮고 역사를 생각하니
> 지식인 노릇하기가 참으로 어렵구나

이런 면모를 보면 황현은 철저한 위정척사파다. 그런데 《매천야록》을 보면 의외로 세계정세, 해외토픽에 많은 분량을 할애했다.

> 이탈리아에 지진이 발생하고, 남미의 칠레에서 유전이 발견되었다. 대서양에 태풍이 불어 인도에는 해일이 일었다. 미국에서는 탄광이 폭발해서 400명이 폭사했다.

다음과 같은 뜻밖의 기록도 있다.

> 대한의원大韓醫院에서 교수형된 사람의 시신을 해부하여 의학생들의 실습 자료로 삼았다.

서양과 일본의 문명에 대해 적대적이고, 아무리 죄수라도 장례를 중시하고 사망자의 유체를 존중하는 유학자의 입장에서 보면 황현이 서양의학과 시체 해부를 소개한 것도 의외다. 평을 달지는 않았지만 해부 실습을 끔찍한 만행으로 기록한 것 같지도 않다. 《매천야록》의 후반부에서는 음력과 양력을 같이 표기하기도 했다.

긍정적으로 생각하면 황현과 같은 인물도 중화적 세계관과 중국과 조선이 문명의 중심이라는 생각을 이제는 버린 것이라고 생각할 수 있다. 정통 유학자도 1900년대가 되면 이전의 세계관을 더는 고집할 수 없을 정도가 되었던 것이다. 비록 자발적인 깨달음이라기보다는 현실의 벽에 억지로 밀려 도달한 수준이라는 느낌은 있지만, 1800년대 후반까지만 해도 그렇게 강렬했던 조선의 폐쇄성을 생각하면 상당히 발전적인 변화다. 그러나 다른 기사들을 읽어보면 황현이 이런 서술을 한 데에는 다른 의도가 있었음을 알 수 있다.

> 혜성이 서방에 나타났다. 구미의 천문가들은 법칙상 당연히 출현한 것으로 생각하고 어떤 재앙 때문에 출현한 줄은 모르고 있었다. 이 별은 인천 월미도 부근에 나타났다.

《매천야록》에 실린 1910년의 기사다. 혜성의 출현은 고대부터 가장 불길한 징조로 여겨졌다. 황현은 서양 과학이 혜성을 자연현상의 하나로 해석하고 있다는 사실도 알고 있었지만, 혜성에 대한 중세적 관념을 버리지 않았다. 게다가 중세적 관념의 정확성을 증명하는 증거까지 들이댄다. 그 혜성이 어디를 향하는가 보라. 인천의 월미도로 향하지 않는가? 이 혜성이 출현한 이유는 1910년 조선의 운명을 하늘이 예언하고 슬퍼한다는 의미이며 역으로 하늘이 아직 유학과 중세적 가치관을 악착같이 고수하고 있는 조선에 대해 사랑과 애착을 지니고 있다는 증거였다.

1900년대 황현의 해외토픽은 일본과 아시아, 미국을 넘어 칠레까지 뻗었다. 그런데 《매천야록》에 수록한 해외토픽들을 자세히 보면 온통 재난 기사다. 여기에 그의 본질이 있다. 《고려사》나 《조선왕조실록》을 편찬할 때 매우 중요한 원칙이 자연재해를 수록하는 것이다. 자연재해는 단순한 기상 현상이 아니라 하늘이 세상에 던지는 메시지이기 때문이다. 그는 서양 문명을 보고, 그 우수성을 인정하고, 세계가 넓다는 것도 알았지만 세상을 보고 해석하는 방법을 바꿀 마음은 전혀 없었다. 반대로 데이터의 영역을 넓히고, 그 데이터를 이용해 세계를 해석하고자 했다. 이것이 황현식 중화적 세계관의 극복이었다.

황현은 조선의 실학자들에 준하는 문제의식을 가지고 있었다. 경전의 절구만 외운 꽉 막힌 유학자도 아니었다. 그는 세상을 보는 날카로운 관찰력과 통찰력도 있었다. 그럼에도 그의 세계관은 요지부동이었다. 앞선 세대의 인물들과 달리 그는 다른 세계의 존재와 위력을 충분히 볼 수 있었다. 20세기 초반을 기준으로 보면 조선은 국권상실을 눈앞에 둔 세계에서 가장 가난한 나라였다. 황현도 그것을 알았지만, 그의 세계관은 바뀌지 않았다.

황현의 이야기는 우리의 일반적 생각과 다르게 폐쇄적, 자기 중심적 세계관이 얼마나 바꾸기 힘든 것인가를 보여주는 사례다. 그렇기 때문에 황현은 나라의 멸망과 흥성에 대한 기존의 관념적 이해방식도 바꾸지 않았다. 그가 생각하기에 조선이 초라해진 이유는 문명과 과학기술, 부의 차이에서 유래한 것이 아니라 성리학적인 도道에 충실하지 못했기 때문이었다. 물론 그 도 자체가 잘못된 것이 아니기에 이 위기를 극복하려면 더욱 도에 충실해야 한다는 것이 그의 생각이었다.

그래서 황현은 자신이 할 수 있는 최고의 헌신을 찾았다. 1910년 한일병합이 선포되던 날, 그는 아편을 먹고 자결한다. 그가 남긴 말처럼 조선 정부는 자신을 등용한 적이 없기 때문에 조선을 위해 죽어야 할 이유는 없었다. 그가 죽는 것은 유학자를 대표해 체면을 지키기 위해서도 아니었다. 그는 인仁을 위해서 죽었다. 인이란 유학에서 말하는 최고의 가치, 가장 훌륭한 상태를 말한다. 충忠은 국가라는 범주에서 최고의 인이고, 효孝는 가정에서 최고의 인이다. 황현은 유학 자체를 주목했다. 유학과 조선의 관계를 회복하는 것이 조선이라는 나라와 가정이 되살아나고, 다시 전성기를 이룰 수 있는 유일한 방법이라 여겼기 때문이다.

홍선대원군

과거로 달려간 개혁의 선봉장

운현궁의 봄

홍선대원군 이하응李昰應은 우리 역사에서 인기 있는 지도자 가운데 한 명이다. 강력한 카리스마와 추진력, 극적인 삶, 노년의 비극과 좌절 등 극적인 요소도 골고루 갖추었다. 그래서인지 홍선대원군은 사극에 무척이나 자주 등장했지만 정말 홍선대원군을 닮은 배우는 보지 못했다. 그의 형형한 눈빛과 매섭고도 날카로운 하관은 연기로 만들 수 있는 것이 아니다. 게다가 그의 키는 놀랄 만큼 작았는데 홍선대원군을 연기하는 배우들은 얼굴도 풍만하고 체격도 크고 듬직하다. 대중에게 각인된 선입견의 힘은 무서워서 화면상으로는 그런 배우에게서만 힘과 카리스마가 느껴지는 모양이다. 아니면 홍선대원군에 대한 우리의 이미지가 잘못된 것은 아닐까?

흥선대원군은 호적상으로 사도세자思悼世子의 후손이다. 사도세자에게는 네 명의 아들이 있었다. 혜경궁 홍씨의 아들이 정조, 숙빈 임씨의 아들이 은언군恩彦君과 은신군恩信君, 경빈 박씨 소생이 은전군恩全君이다. 이 시기 왕족들의 운명은 참담했다. 은언군은 모반죄로 강화에 유배되었다가 처형된다(1801년). 하지만 나중에 그의 손자가 왕위에 오르는데 그가 바로 제25대 국왕인 강화도령 철종哲宗이다. 둘째 은신군은 자식이 없어 인조의 셋째 아들인 인평대군麟坪大君의 6대손 이구李球를 양자로 맞았다. 이 사람이 남연군南延君이다. 남연군은 네 아들을 두었는데, 흥선군이 막내였다. 남연군이 양자이긴 하지만 법적으로 철종의 당숙이기에 흥선군은 철종과 육촌지간이 된다. 왕족으로 태어나면 제 명대로 살기 어려웠던 시절이라 이 정도면 국왕과 상당히 가까운 친척이었다.

철종은 19세에 즉위해서(1849년) 14년간 왕위에 있었다. 그사이에 5남 6녀를 낳았다. 왕손이 귀해지던 당시로는 드문 다산이었지만 4녀 영혜옹주永惠翁主를 제외하고는 모두 어려서 죽었다. 후사가 없는 상황에서 건강도 좋지 않아 철종은 서른세 살에 요절했다. 그에게 아들이 없으니 흥선군 정도의 위치라면 바보가 아닌 이상 왕위 계승에 관여할 기회가 있다는 것을 모를 리가 없었다. 더욱이 그간의 역사로 볼 때 왕위 계승 탈락은 곧 숙청을 의미했다. 하지만 흥선군이 족보상으로 왕위 계승에 가장 근접한 인물은 아니었기에 왕위를 계승하려면 능력을 보여야 했고, 정치적 작업도 해둘 필요가 있었다.

흥선군의 인기를 만든 전설 중 하나가 그가 파락호破落戶가 되어 찌그러진 갓을 쓰고, 시장터나 돌아다니며 민중과 어울려 살았다는 이야기다. 하지만 그건 사실이 아니다. 그저 인간관계가 넓었다고나 할까?

홍선대원군에게는 네 명의 평민 출신 부하가 있었다. 이들과의 교제도 흥선대원군의 파격적인 행동으로 이해하는 경우가 많은데, 그것 역시 특별하고 남다른 행동은 아니었다. 우리가 생각하는 것처럼 조선시대의 권력자나 양반들의 인간관계가 그들 간에만 이루어지지는 않았다. 게다가 다양한 이유로 그들을 도와줄 사람들이 필요했기 때문에, 평민이나 향리, 심지어 노비들과 특별한 유대관계를 맺는 경우가 많았다. 설사 그가 좀 더 파격적인 삶을 살았다 해도 그의 본질이 달라질 것은 없다. 농가에서 태어났다고 민중혁명가가 되는 것은 아니고, 시장에서 엿치기를 한다고 민중의 애환을 이해하게 되는 것도 아니다. 그저 힘없는 민초들이 괜히 그렇게 느끼고 싶어 할 뿐이다.

또 하나의 유명한 일화가 안동 김씨의 핍박이다. 안동 김씨가 흥선군을 경계하고 모욕을 주어 흥선군이 살아남기 위해 그들이 버린 음식까지 먹으며 비굴한 모습을 보였으며, 일부러 파락호 생활을 해서 그들의 의심을 받지 않으려고 노력했다고 한다. 이 이야기도 민중의 드라마적 상상에 불과하다.

흥선군은 비굴하게도, 가난하게도 살지 않았다. 그랬더라면 정말로 왕위 경쟁에서 탈락했을 것이다. 또한 그는 숨은 능력을 감추기는커녕 자신의 능력을 증명하기 위해 노력하며 살았다. 비록 실권이 없는 명예직이기는 하지만 그는 왕족에게 주는 관직을 계속 맡았다. 왕족이 맡는 관직 중에서 유일하게 실무가 있는 관청이 왕족들 간의 소송이나 재산문제, 기타 여러 가지 사무를 총괄하는 종친부다. 흥선대원군은 1847년부터 계속해서 종친부의 유사당상有司堂上을 지냈다. 한마디로 왕실의 어르신이었다. 재산과 토지도 제법 있었다. 현재 확인되는 운현궁雲峴宮의 토지 문서는 고종 즉위 이후의 기록들이어서 즉위 이전의 상태를 파악하기는 쉽지 않다. 하지만 고종이 즉위하기 전에도 흥선군은 현재의 덕성여대 옆에 있는 운현궁의 장엄한 기와집에서 살았다. 그 사실만으로도 그가 전 국민의 0.1퍼센트 안에 드는 부자였음을 증명한다.

그는 정치적 수완까지 있어 궁중의 환관과 궁녀를 포섭해서 정보를 알아내고, 조대비(효명세자의 비)와 접촉해서 둘째 아들 명복命福을 철종의 후사로 삼는다는 '비밀 동맹'을 맺었다. 당시 조대비는 궁중의 최고 어른이었지만, 자신의 친가인 풍양 조씨가는 철종의 처가인 안동 김씨 세력에 철저히 눌려 있던 터라 흥선군의 제안을 반갑게 맞아들였다. 하지만 이것만으로는 충분하지 않았다. 흥선군은 안동 김씨가에도 자신의 세력을 심었다.

안동 김씨가는 조선시대 세도정치의 역사에서 가장 오랫동안 안정적으로 권력을 잡았던 집안이다. 순조의 비로 김조순金祖淳의 딸(순원왕후)이 선택된 이후 헌종, 철종의 비가 모두 안동 김씨 가문에서 나왔다. 김조순의 아들 김좌근金左根이 활약한 철종 대에 안동 김씨는 절정의 권력을 누렸다. 김좌근은 영의정을 세 번이나 지냈고, 순조~철종 연간에 안동 김씨는 삼정승을 열다섯 명, 판서 서른다섯 명, 대제학을 여섯 명이나 배출했다. 당시 이들의 집에서는 나귀도 약식을 마다하고 말에게는 양과를 물린다는 내용의 노래가 장안에 돌았을 정도였다. 안동 김씨 문중 내에서 흥선군과 줄이 닿은 사람은 김병학金炳學과 김병국金炳國 집안이었다. 특히 《매천야록》에 따르면 김병학이 자기 딸을 고종의 비로 삼기로 흥선군과 밀약을 맺었다는 설도 있다.

1863년 12월 8일, 철종이 사망하자 바로 대신회의를 개최한 조대비는 홍선군의 둘째 아들 명복(당시 12세)을 후사로 임명하라는 교지를 내린다. 이어 조대비는 김좌근 등의 반발을 무릅쓰고, 홍선군의 정치 참여를 공식화했다. 명목상은 조대비가 수렴청정을 하지만 실제로는 홍선군이 권력 일선에 등장한 것이다.

고종의 즉위에는 두 가지 미스터리가 있다. 그 첫째가 홍선군은 왜 자신이 직접 왕이 되지 않았느냐는 것이다. 후사가 없어 방계 혈족에서 국왕을 선정할 때 국왕의 친아버지가 살아 있는 경우는 전례가 없었다. 그래서 김홍근金弘根 같은 이는 아예 홍선군을 추대하자는 주장도 했다. 두 번째 의문은 홍선군이 왜 당시 열아홉 살인 큰아들 재면載冕을 버리고 일곱 살 아래인 둘째 명복을 택했느냐는 것이다.

고종의 즉위는 조대비로 대표되는 풍양 조씨가와 안동 김씨가 두 세력의 욕망과 약점을 교묘하게 파고든 승리였다. 홍선군이 스스로 왕이 되겠다고 나섰으면 자신의 수렴청정과 조씨 가문의 권력 회복을 바라는 조대비는 홍선군을 견제했을 것이다. 그녀는 홍선군을 자신의 대리자 역할을 해줄 것으로 너무 쉽게 생각했다. 한편 홍선군이 즉위하면 자동적으로 외척은 홍선군의 처가인 여흥 민씨가가 되고, 안동 김씨가는 왕비가라는 입지에서 탈락하게 된다. 하지만 총각인 고종이 즉위하면 다시 결혼동맹이 가능하다. 무엇보다도 사람의 기질과 성격은 숨길 수가 없어서 매섭고 예리한 홍선군이 즉위한다면 다들 불안해했을 것이다.

둘째 아들인 명복을 추대한 이유는 명복이 총각이고, 어렸기 때문에 조대비와 안동 김씨가 모두 꿈을 꿀 여지가 있어서였다. 홍선군 자신이 섭정하기에도 어린 아들이 편했을 것이다. 결론적으로 왕위 결정에 개입한 모든 세력이 어린 왕의 즉위를 바랐던 것이다.

개혁의 시작, 대원위 시대

1863년, 고종이 열두 살의 나이로 즉위하자 조대비가 수렴청정을 했다. 하지만 실권은 흥선대원군이 행사했다. 1889년부터 1906년까지 육영학원의 교수이자 고종의 고문으로 활약했던 헐버트H.B. Hulbert는 자신의 저서《대한제국멸망사》에서 흥선대원군을 이렇게 묘사했다.

> 그는 개성이 강하면서도 오만한 기질을 가진 남자였다. 백성은 아무리 그를 미워하더라도 한편으로는 항상 그를 존경했다. 그는 아마도 한국의 정치 무대에서 찾아보기 어려운 걸물이었던 것 같다. 그는 매사에 반항적이었으며, 어떠한 난관에 봉착하더라도 그것이 도덕적인 문제이든 경제적인 문제이든 관계없이 자신이 의도한 바를 관철해나가는 불굴의 투지를 가진 사람이었다.*

헐버트가 흥선대원군을 얼마나 가까이서 관찰했는지는 알 수 없지만, 그의 장점과 단점, 카리스마와 매력 포인트를 정확하게 지적하고 있다. 불굴의 투지를 지닌 오만하고 개성이 강한 국구國舅(왕의 아버지)는 고종이 즉위하자마자 국정의 실권을 장악하고, 왕의 교서 대신 '대원위분부大院位分付'라고 시작하는 공문을 전국에 발송하기 시작했다.

국왕의 아버지가 국정을 관할하는 것은 조선 역사에 유례가 없는 일이었지만, 그것이 큰 문제가 안 될 정도로 조선의 현실은 다급했

*H. B. 헐버트, 신복룡 옮김,《대한제국멸망사》, 평민사, 1984.

다. 가혹한 세금징수와 부조리는 전국을 내란 직전의 사태로 몰아가고 있었다. 이미 철종 대에 진주농민봉기를 시작으로 전국 각지에서 민란이 발생했다. 그러나 무능하고 무사안일에 빠진 관료들은 작은 개혁안 하나 제대로 시행하지 못했다. 홍선대원군은 토지조사(양전)를 실시해서 토지와 조세대장을 정비하고, 숨어 있는 땅을 찾아냈다. 서리와 중간상의 작폐를 억압하고 엄격하게 처벌했으며, 삼정 가운데 가장 악명 높던 환곡제도 개선을 위해 전국적으로 실태 조사를 하여 철폐하거나 사창제社倉制로 대체했다.

홍선대원군이 남긴 가장 획기적인 개혁은 1871년 실행한 호포제戶布制다. 조선은 전통적으로 양반은 군역을 지지 않아서 이러한 사실 자체가 양반 신분의 상징이었다. 하지만 임진왜란 이후 양반이 급속히 늘어 조선 전기에 15~20퍼센트 정도였던 양반이 이때가 되면 80퍼센트가 넘게 된다. 정부도 공공연히 매관매직을 해서 쌀 열 섬이면 형식적이지만 영의정 임명장까지 살 수 있는 세상이 되었다.

조선 후기에는 직접 군역에 차출되기보다는 군포라고 해서 세금을 내게 되었는데, 양반들은 이 군포에 알레르기 반응을 보였다. 양반이 군포를 내지 않으므로 납세층이 크게 줄었다. 국가재정이 열악해지고, 이들이 내던 세금이 남은 백성, 즉 백성 중에서도 가장 가난한 사람들에게 전가되었다. 물론 이것은 이론적으로 그렇다는 것이다. 현실적으로 가장 가난한 사람들이 남의 세금까지 낼 여력이 있을 리 없다. 그렇다고 부과된 세금을 내지 않을 수도 없으니 각종 편법이 발생했다. 세금을 내긴 내지만 목숨보다 소중한 양반이라는 명예를 위해 군포라는 이름으로는 못 내겠다는 것이었다.

그러나 이것이 더 큰 문제를 야기했다. 다른 것도 아닌 세금 징수에 적용되는 법과 원칙이 비현실적으로 변했으니 많게 내는 사람이나 적게 내는 사람이나 불만이 싹트고, 비리와 농간이 판을 치게 되었다. 평민보다 양반이 더 많은 사회가 되었으니 양반, 상민을 구별하지 말고 다 같이 군포를 내자는 발상은 흥선대원군 이전에 이미 제기되었다. 그러나 200년이 넘도록 시행되지 못했는데, 흥선대원군이 용단을 내린 것이다.

조세제도에만 편법이 시행된 것은 아니다. 국가의 법과 제도 전체에 걸쳐 편법이 판을 쳤다. 국가의 제도는 모든 제도가 서로 유기적으로 연결되어 있다. 이것을 무시하고 이런저런 편법을 사용하기 시작하면 전체가 엉망이 되고, 역시 이 간극에서 온갖 비리와 부조리가 쉽게 발생한다. 흥선대원군은 일찍부터 이런 사실을 잘 알고 있었으므로 편법을 제거하고 원래의 골격을 복구하고자 했다.

이럴 때 소심한 리더는 작은 것부터 시작한다. 그러나 흥선대원군은 달랐다. 그는 기형이 된 국가를 바로잡기 위해 머리와 중심부터 내리쳤다. 그는 국정 최고기관인 비변사備邊司를 철폐하고, 의정부와 군사 업무를 담당하는 삼군부를 부활시켰다. 비변사는 국가 비상사태 때 설치하는 임시기구로서 최고위 재상들이 모여 민정과 군정을 함께 담당한다. 그런데 비변사는 임진왜란을 빌미로 상설기구가 되어버렸다. 의정부, 육조 등 기존의 행정분담이 무시되고, 국정이 비변사에 모인 재상들에게 집중되었다. 소수 세력이 정권을 장악하기에 이보다 더 좋은 제도가 없었다.

조선 후기에 당쟁이 격화되고 19세기에 세도정치가 발생한 것도 제도적으로 볼 때 필연적인 결과였다. 비변사가 엄청난 권력을 소유하면서, 행정 관료가 군사력까지 지니게 되고 소수가 여러 주요 관직을 겸직해서 권력을 독점하게 된 것이다. 이렇게 권력이 한곳에 모이니 정책은 야합이고, 권력을 차지하기 위한 경쟁이 격화되어 죽기 살기식의 싸움이 벌어질 수밖에 없었다. 반면에 소수의 사람이 많은 업무를 관장하게 되므로 행정은 느려지고, 감독 기능은 약화되었다.

대원군이 비변사를 폐지하고 의정부와 삼군부를 부활시키는 과정에서 안동 김씨 세력이 자연스럽게 퇴출당했다. 안동 김씨의 영수 격인 영의정 김좌근이 사임하고 안동 김씨 중에서 가장 유능하다고 소문난 김병기金炳冀는 광주유수廣州留守로 좌천되었다(1864년). 김좌근의 후임으로 풍양 조씨인 조두순趙斗淳이 취임한 것은 당연한 수순이었다. 물론 안동 김씨 세력은 축소되기는 했지만 몰락하지는 않았다. 특히 흥선대원군과 사돈 약속을 맺었다는 김병학의 경우, 안동 김씨가가 축출당하는 과정에서도 정승을 두 번이나 역임하는 등 흥선대원군과의 밀월 관계를 지속했다.

조정은 그럭저럭 구세력과 타협하는 모양새를 갖추었지만, 삼군부의 무장은 척족 출신을 완전히 배제하고 무과 출신의 전문 군인과 종친, 흥선대원군이 신뢰하는 무장으로 채워졌다. 여기서 특히 주목할 만한 부분이 전문 무장의 육성이다. 무반을 차별하는 오랜 관행에 도전이라도 하듯 흥선대원군은 무부武夫, 즉 진짜 군인들을 우대하고 중용했다. 소수의 권력 독점을 배제하고, 행정과 군사를 분리해 국가 행정기구의 조직력과 기능성, 전문성을 회복하고자 한 것이 흥선대원군의 구상이었다. 의정부와 삼군부의 부활은 이런 구상의 일부일 뿐이었다.

1865년(고종 2년) 흥선대원군은 국가 체제를 바로잡기 위해 그간의 제도 변화를 총정리한 법전인 《대전회통大典會通》을 편찬했다. 1867년에는 더욱 세밀한 규정집인 《육전조례六典條例》도 편찬했다. 《육전조례》는 궁녀나 환관의 수, 각종 관청의 운영 방식 등 법전에 없는 구체적 실무와 관련된 내용을 정리해놓아 조선시대 행정과 궁중 업무를 파악하는 데 보물과도 같은 책이다.

흔히 흥선대원군의 개혁 과정에서 우리가 쉽게 간과하는 부분이 있는데 그것은 바로 그의 과감한 '실천'이다. 일반적으로 개혁이라 하면 없던 것을 만들거나 있는 것을 없애는 것이라고 생각하는 경향이 있다. 하지만 통치자로서 해야 할 일을 제대로 하는 것도 그리고 백성이든 지배층이든 객체가 그 어떤 정책보다도 당장 체감할 수 있는 시책을 시행하는 것 역시 개혁의 중요한 과정 중 하나다.

지방 향리의 단속은 조선의 해묵은 과제 중 하나였다. 특히 17세기 이래로 향리들에 의해 발생하는 폐단은 점점 악화일로를 걷고 있었다. 정약용의 《목민심서》도 거의 향리의 부패와 심각성에 대한 내용으로 채워져 있다. 그동안 왕이 누구든 향리의 부정을 용납한 적이 없었다. 처벌 규정도 있었다. 그러나 누구도 그 규정을 실천하지 못하던 것을 바로 흥선대원군이 행했다. 고종이 즉위하자마자 흥선대원군은 환곡의 누락분이 1,000석이 넘는 자는 효수, 200석~900석까지는 유배, 100석 이하는 장형을 가하게 하고 엄격하게 시행했다. 흥선대원군의 의지는 확고해서 그의 집권기에 많은 향리가 처형되고 처벌을 받았다. 실천과 법의 시행이라는 점에서 확실히 흥선대원군의 치세는 이전과 달랐다.

사소한 문제 하나도 해결하지 못하고, 백성이 아우성치고 민란이 터져도 모든 정책이 용두사미로 끝나는 조정에 지쳐 있던 백성들에게 홍선대원군의 과단성과 실천력은 현대의 우리가 생각하는 이상으로 커다란 충격과 환호를 불러왔다.

> 대원군은 10년 동안 집권하면서 그 위세를 내외에 떨쳤다. '대원위분부'란 다섯 자가 삼천리강토를 풍미하여 그 위세가 우레와 불같으므로, 모든 관리와 백성은 두려움에 휩싸여 항상 관청의 법을 우려했다. **황현, 《매천야록》**

이외에도 실효성 없는 조세 규정 탓에 지방에서 불합리하게 운영되던 많은 폐단을 제거했다. 홍선대원군의 명성은 높아졌고, 그도 그것을 사양하지 않았다. 드디어 그는 조선 사회의 해묵은 개혁과제에 손을 댄다. 향리 문제와 마찬가지로 누구나 공감하지만 아무도 선뜻 손대지 못하는 정책이 서원 철폐였다. 서원의 폐단에는 모두 공감하지만, 우리 서원의 철폐는 안 된다는 식이었다. 전국의 유림과 지방 사족들이 들고 일어날 것이 뻔했다.

그 저항이 얼마나 무서운 것인가를 알려면 17세기부터 폐기론이 제기된 동성동본 결혼 금지 규정이 헌법 불일치 판정을 받은 때가 1997년이었다는 사실을 상기할 필요가 있다. 동성동본의 결혼 허용에 가장 크게 반대한 단체는 유림이었다.

영조 때도 300개가 넘는 서원을 철폐한 적이 있다. 하지만 서원은 금세 되살아났다. 철폐를 단행하면서도 정치적 이유로 사액서원賜額書院의 남발은 계속되었다. 게다가 유명 인사의 위패를 모시는 사우祠友(사당)도 크게 늘었다. 서원 문제를 해결하려면 비난을 두려워하지 않는 정말로 용기와 신념이 있는 지도자가 필요했다. 홍선대원군은 바로 그런 지도자였다. 그는 집권하자마자 서원에 대한 실태 조사를 시작했다. 그리고 이번에도 머리부터 쳤다. 바로 다음 해 송시열의 유지로 명나라의 신종과 의종(숭정제)을 추모하기 위해 세운 만동묘萬東廟를 철폐했다(1865년). 전국 유림이 들고일어났지만 흥선대원군은 꿈쩍하지 않았다. 그러나 1868년까지는 천하의 흥선대원군도 서원의 신설만을 금지했을 뿐 이 문제에 조심스럽게 접근했다. 본격적으로 사액서원이 소유한 서원전書院田의 면세 혜택을 없애고, 서원 철폐의 용단을 내린 계기는 1866년(고종 3년) 일어난 병인양요였다. 서양의 외침이 현실화된 지금 군사력을 강화하려면 재정 확대가 절실했기 때문이다.

1871년 3월, 드디어 전국 47개 서원만을 남기고 나머지는 철폐하라는 명령이 떨어졌다. 사액서원도 예외가 없었는데, 그 수가 너무나 많았다. 예상대로 유림의 반발은 엄청났다. 전국의 유림이 궐기했으며, 그들 중 일부는 서울로 상경해서 시위를 벌였다. 하지만 흥선대원군은 물러서지 않았다. 그는 "백성을 해치는 자들은 공자가 다시 살아나도 용서하지 않겠다"라고 단언하며 포도청을 동원해 유생들을 해산시켰다.

서원 철폐의 표면적 이유는 재정이다. 면세전을 보유한데다 서원생도는 군역이 면제되었으므로 서원은 군역의 피난처가 되어 있었다. 작은 서원들은 열 명을 수용하기도 어려운 기숙 시설을 보유하고 있었지만, 서류상의 생도는 그 수치를 몇 배씩 초과했다. 하지만 재정 문제보다 더 심각한 것이 국가의 권위와 향촌 사회의 통제였다. 지배층들이 서원을 이용해 군역을 피하는 것은 동네 사람들이 다 아는 공공연한 부정이었다. 지배층들이 이러니 향촌에서 국가의 법과 행정력이 제대로 먹힐 리가 없다. 서원이 향촌 토착 양반들의 집결처이자 정치적 활동의 터

화양서원

노론의 영수 송시열을 배향한 서원으로 대원군의 서원 철폐령으로 훼손된 것을 최근에 복원했다. 당시 서원 가운데 가장 세력이 컸던 곳이며, 화양묵패華陽墨牌를 발행해 불법적으로 재물을 착취하는 등 횡포가 심해 폐단이 컸다.

전이 되었다는 점도 무시할 수 없었다. 조선 후기 이래 양반층이 확대되고, 재지 세력에도 변화와 성장이 일어나면서 지방 사회의 세력 구도와 이권도 복잡해지고, 서원도 갈수록 많아졌다. 조선 정부도 처음에는 이를 이용해서 다른 당파를 견제하고, 지방 사회에 자신들의 지지자를 확산해나가는 방법을 썼다. 지방자치제가 시행되던 초기에 우리가 목격했던 폐단 그대로 지역 사회의 작은 이권을 두고 중앙정부와 지역 세력이 야합하는 현상이 확대되었다. 국가의 회복을 바라는 흥선대원군으로서는 이를 용납할 수 없었다.

일이 잘되느라고 그랬는지 집권기에 흥선대원군의 명성을 높여줄 사건들이 연달아 발생했다. 외국의 침공이었다. 1866년 6월, 돛도 없고 조류도 무시하고 증기기관으로 움직이는 거대한 철선이 대동강으로 올라왔다. 미국의 무역선 제너럴셔먼호였다. 이들의 무모한 침공은 평양 주민들의 응전으로 격퇴되었지만 조정은 엄청난 충격을 받았다. 청나라도 일본도 아닌 서구인들이 근대적 무기를 동원해서 침공했기 때문이다.

당시까지도 조선군의 주력 무기는 임진왜란 때 사용하던 조총이었다. 조총은 16세기 임진왜란 때 노획해 생산하기 시작한 총이다. 성능이 약간 개선되었다지만 기본적으로 부싯돌로 불을 붙인 노끈을 점화장치로 사용하는 화승총이라는 사실에는 변함이 없었다. 유효사거리는 25~50미터, 발사 속도는 1분에 2, 3발이었고, 몇 발 쏘면 총구가 가열되고 화약 찌거기로 막혀서 식을 때까지 2~30분을 기다려야 했다. 우리가 300년 동안 이 화승총을 붙들고 있을 때 세계의 소총은 계속 진화했다. 사거리는 150~250미터가 되었고, 약실에 여러 발의 총탄을 넣고 반자동으로 연발 사격이 가능한 수준으로 진보했다. 총구에는 강선이 도입되어 위력과 정확도도 몇 배나 증가했다. 대포의 차이도 엄청났는데, 조선군의 청동으로 만든 구식 대포는 서구의 강철 대포보다 사거리, 파괴력, 정확도에서 상대가 되지 않았다.

이 해 가을, 진짜 군인을 태운 프랑스 함대가 강화도를 침공했고(병인양요), 1871년에는 1,200명의 병사를 태운 미군 함대가 다시 강화도를 공격했다(신미양요). 두 양요洋擾 모두 전투과정으로 보면 조선군의 참패였다. 병인양요에서는 조선군이 정족산성 전투에서 프랑스 군의 공격을 막아내기라도 했지만, 적을 직접 타격해서 몰아낸 것은 아니었다. 신미양요의 전투는 더 처참했다. 6월 11일 광성보(광성진)에서 최정예 포수로 구성된 조선군 수비대가 궤멸했다. 전날인 6월 10일 초지진과 덕진진을 이미 점령한 미군 해병대가 조선군의 마지막 보루였던 광성보로 전진했다. 이때 어재연魚在淵이 지휘하던 조선군 수비대는 600여 명이었으며 미군도 비슷한 규모였다. 한동안 조선군은 사격으로 미군의 진격을 저지했지만, 조선군의 총알이 떨어지자 미군이 방벽 안으로 돌격해 들어갔다. 이후 30분 남짓한 백병전에서 어재연과 그의 아우 어재순魚在淳을 비롯한 조선군의 상당수가 전사했다. 결과는 조선군 전사자는 350명, 부상자 20명(《조선왕조실록》에는 전사자 53명, 부상자 24명으로 기록되어 있다), 미군은 전사자 3명, 부상자 10명이었다.

조선군은 적을 몰아낼 능력이 없었지만 양국의 군대가 워낙 소수여서 조선군이 저항하자 그들은 자진해서 물러갔다. 아무튼 격퇴는 격퇴였다. 흥선대원군은 이 성과를 크게 선전했고 민중은 지도자를 칭송했다. 일반적으로 전쟁이 일어나면 백성은 정치적 변혁을 꺼리고, 기존의 지도자에 대한 애착심이 높아진다. 그 재미에 독재자들이 곧잘 무익한 전쟁을 일으키는 것이다. 홍선대원군은 전쟁을 일으키지는 않았지만 이 효과를 누렸고 백성의 칭송을 사양하지 않고 이용했다.

홍선대원군이 의도한 바도, 예상한 바도 아니었지만 두 번의 양요는 그가 후대의 역사가들에게 후한 평가를 얻는 데도 결정적으로 기여했다. 1960년대 이후 역사학계를 지배한 강력한 민족주의 풍토 덕분에 홍선대원군은 조선왕조 최후의 개혁가이자 열강의 침입에 맞서 싸운 인물로 부각되었다. 그 이후에 권력의 중추에 섰던 사람 중에서는 그런 개혁정신과 저항정신, 용기를 지닌 인물이 다시는 등장하지 않았다.

카리스마의 양면성

매천 황현에 의하면, 홍선대원군의 인기 또는 그에 대한 대중적 향수가 치솟았던 때는 그의 집정기가 아니라 은퇴한 다음이었다고 한다. 황현은 홍선대원군을 몹시도 싫어하는 사람이라 그의 말을 모두 신뢰할 수는 없지만, 그에 대한 향수가 은퇴한 뒤에 더 솟구쳤다는 말에는 신빙성이 있다. 1894년 전봉준이 이끄는 동학 농민군이 제시한 폐정개혁안 12개조에도 "대원군이 국정에 복귀하면 민심이 얼마간 바라는 바가 있을 것이다"라는 구절이 있다. 문구가 애매한 것은 홍선대원군에게 권력을 돌려주자는 것이 농민군 지도부의 진심이 아니었기 때문이다. 그들은 이 구절로 아직 의식화가 덜 된 보수적 농민층을 안심시키고, 조정이 분열하기를 기대했다. 그러나 어쨌든 이런 구절이 들어갔다는 것은 말 그대로 농민들이 홍선대원군에게 기대하는 무언가가 있었음을 말해준다.

그 무언가는 세도정권에 대한 분노였다. 홍선대원군을 몰아내고 정권을 장악한 민씨가는 권력을 주체하지 못했다. 사실 이전의 세도가는 좀 억울한 점이 있는데, 안동 김씨가 60년 세도를 부렸다지만 그들은 나름대로 삼가고 조심하는 부분이 있었다. 여흥 민씨가도 과거 인현왕후(숙종의 비) 시절에는 척족임에도 불구하고 겸손하고 자제의 미덕을 발휘해서 명성을 얻었던 집안이었다. 그러나 어찌 된 일인지 이 시기에는 예전과 같은 집안의 전통을 발휘하지 못했다.

사람들이 점점 홍선대원군 시절을 그리워하게 되면서, 그는 세도정치의 반의어로 인식되기 시작했다. 홍선대원군과 김병학과의 밀월 관계는 잊어버리고, 민씨가가 홍선대원군의 처가이며, 고종을 다시 민씨가와 결혼시켜 민씨가를 새로운 외척으로 불러온 사람이 홍선대원군 자신이었다는 사실도 잊어버렸다. 대신에 홍선대원군이 안동 김씨들에게 천대와 굴욕을 당하고 살았으며, 세도정치의 재발을 염려해서 가난하고 몰락한 집안 출신인 명성황후 민씨를 며느리로 간택했다는 이야기가 대중 속으로 파고들었다.

하지만 홍선대원군은 세도정치를 거부하지 않았다. 홍선대원군이 가난한 파락호가 아니었듯이 명성황후 민씨의 집안도 몰락한 양반가가 아니었다. 명성황후가 여덟 살 때 부친 민치록閔致祿이 사망한 것은 사실이지만, 여흥 민씨가는 조선시대에 왕비를 두 번이나 배출한 명문가이고, 명성황후는 그중에서도 핵심 인물인 민유중(인현왕후의 부친)의 직계 자손이다. 홍선대원군의 부인인 부대부인 민씨 또한 민유중의 5대손인 민치구閔致久의 딸이다. 민치록은 아들이 없어 민치구의 아들 민승호

閔升鎬를 양자로 삼았다. 명성황후는 부대부인 민씨와는 같은 항렬이며 민승호와의 인연도 남달랐다. 민씨와 명성황후는 가까운 사이였고, 고종도 어려서부터 명성황후를 알아서 '안국동 이모'라고 불렀다는 이야기도 있다. 즉 흥선대원군은 철종의 처가인 안동 김씨를 몰아내고, 자신의 처가로 그 자리를 채운 것이다.

그래도 흥선대원군은 세도정치 시절처럼 강력한 척족 지배는 허용하지 않았다. 대신에 왕실의 정치 참여를 확대했다. 500년의 금기를 깨고 종친들을 요직에 등용했다. 왕위를 놓친 큰아들 이재면도 과거에 급제하고 정부 요직으로 진출했다. 한편으로는 서얼의 관직 진출도 확대했다. 노론의 일당 독재도 깨트리고, 소외되어 있던 당파를 이전보다 고르게 등용했다. 게다가 앞에서 살펴본 것처럼 전문 무관들을 군직에 등용해 전문성과 개방성을 동시에 달성했다(실제 목적은 친위 군단의 강화를 위해서라는 해석도 있다).

그런데 일반 민중들 사이에 만연한 흥선대원군의 신화가 민씨 세도정권의 재등장이라는 우연한 이유만으로 탄생한 것은 아니었다. 그 자체가 흥선대원군의 작품이기도 했다. 오늘날로 말하면 흥선대원군은 이미지메이킹과 언론플레이의 선구자였다.

흥선대원군을 유명하게 만든 기념물이 척화비다. 사실 척화 정책을 추진한다고 해도 척화비는 전혀 세울 필요가 없었다. 척화비의 내용은 "서양 오랑캐가 침범할 때 싸우지 않는 것은 곧 화친을 하자는 것이요, 화친을 하자는 것은 나라를 파는 것이다"라는 간결한 문구가 전부다. 한자로는 열두 자밖에 되지 않는다. 조선은 이보다 훨씬 복잡한 포고령도 전국 방방곡곡에 배포할 수 있는 세계 최고 수준의 행정망을 갖추고 있었다. 게다가 척화를 둘러싸고 국민의 여론이 크게 갈라진 것도 아니었다. 서양과 통교하자는 사람은 전국을 뒤져도 얼마 되지 않았을 시대였다. 진짜 목적은 기왕이면 척화에 대한 국민 의식을 고양하고, 결의를 다지기 위함이었다. 즉 흥선대원군이 척화라는 이슈를 국가적 이벤트로 만든 것이다.

전국 각지에는 흥선대원군에게 감사하는 선정비가 세워졌다. 물론 자신이 직접 세운 것은 아니지만, 문제는 선정비 건립 자체가 불법이고 이를 흥선대원군이 몰랐을 리 없다는 점이다. 이것은 흥선대원군 개혁 정치의 핵심이자 목적인 '불법적 관행을 제거하여 국가의 법제를 회복하자'는 것과도 맞지 않는다. 게다가 흥선대원군의 권력은 말 그대로 국왕의 부친이라는 지위를 이용한 권력이었다. 그럼에도 흥선대원군은 이를 숨기지 않고 오히려 선정비를 통해 적극적으로 과시했다. 선정비와 척화비를 보면 독재자의 면모가 드러나기 시작한다. 실제로 흥선대원군은 서서히 독재자로 변해갔다.

> 종전의 세도는 비록 한 사람이 주관하고 있을지라도 옆으로 아들과 조카, 인척들이 종종 한몫을 하고 있었으므로, 서로 간섭하고 부족한 점을 보완하여 오직 실각하지 않을까 두려워했다. 그러나 흥선대원군 때는 혼자 집권했기 때문에, 비록 음관 한 명이나 변방의 장수 한 사람이라도 흥선대원군을 거치지 않고는 발령할 수가 없었다. 인사 발령을 할 때는 언제나 그가 미리 후보 명단을 작성하여 자리를 채운 뒤에 올리면 고종은 그것을 따라 낙점만 할 뿐이었다. **황현, 《매천야록》**

대원군 영세불망비

불망비는 은혜를 잊지 못하겠다는 뜻이 담긴 비석이다. 비 표면에는 대원군의 치적을 기리는 '흥선대원위대감영세불망비興宣大院位大監永世不忘碑'란 글자가 새겨져 있다.

당시 조선과 조정의 사정을 보면 독재를 하지 않을 수 없는 상황이었다. 조선의 관료제는 그동안 조선을 유지해온 중추였으나 한편으로는 너무나 오랫동안 부패해 있었다. 당시의 법과 제도를 따른다는 것은 마치 더러운 물로 더러운 물을 씻어내는 것과 같았다. 이제는 소위 정의로운 독재가 필요했다. 그런데 정의로운 독재에 대한 로망을 지닌 사람일수록 사회 현상을 의지의 문제로 재단하는 경향을 보인다. 즉 '의지만 확고하다면 이루지 못할 일은 없다'는 것이다. 그리고 한 번 이 명제에 사로잡히면 세상을 단순하게 보게 된다. 따라서 그들에게, 신중하거나 생각이 너무 많은 사람들, 예를 들어 그 문제가 그렇게 쉽게 해결할 수 있는 것이 아니라거나 여기에는 복합적인 문제가 있다고 말하는 사람들은 전형적인 의지 박약자가 된다.

대원군은 깊고 신중하게 고민하는 사람보다 자신감을 표출하고 큰소리치는 사람을 좋아했다. 그리고 당색과 신분을 넘어 이런 인물들을 과감하게 등용해서 현장에 투입했다. 하지만 나중에 이들의 용기와 자신감은 현실에 대한 무지나 아부의 소산이었던 것으로 판명되었다. 무지해서 큰소리를 쳤던 사람은 일을 엉망으로 만들고, 아첨으로 지방관 자리를 얻은 인물은 더 큰 탐욕과 부정을 저질렀다.

대원군의 업적을 자세히 보면 그를 유명하게 만든 성공담은 서원 철폐나 경복궁 중건처럼 일회성 정책에 집중되어 있음을 발견할 수 있다. 의술에 비유하면 환부를 절단하거나 도려내는 수술에는 강하지만, 치료를 요하는 부분에서는 대부분 실패했다. 물론 국가와 사회의 구조적인 모순을 치료하는 일은 모든 개혁 중에서도 가장 어려운 일이다. 그러나 흥선대원군의 행동을 보면 양쪽의 차이와 한쪽의 과잉이 분명하게 드러난다.

가장 심각한 실패는 민씨가와의 동맹이었다. 앞에서 흥선대원군이 처가인 민씨가를 끌어들이면서 이상한 동거가 시작된다고 말했다. 흥선대원군이 겉보기에는 당색과 신분을 초월한 혁명적 인사를 진행하는 동안, 관직의 한쪽은 민씨가로 채워지고 있었다. 나중에 흥선대원군과 민씨가는 격렬하게 대립하지만 처음부터 그랬던 것은 아니다. 이전의 세도가였던 안동 김씨가를 눌러야만 했던 흥선대원군의 입장에서 민씨가의 세력을 키우는 것은 결코 모순된 방법이 아니었다. 누군가 우려의 목소리를 냈다면 흥선대원군은 이렇게 말했을 것이다. '개혁을 하려면 힘이 필요하다.' 맞는 말이지만 그 힘을 얻는 방법이 모든 모순의 근원이니 심각한 문제였다. 결과론이지만 이 실수는 흥선대원군 자신을 몰락시켰고, 조선을 사상 최악의 족벌 정치와 부정부패로 몰아갔다.

비전의 오류가 낳은 실패

흥선대원군의 실각은 1873년(고종 10년) 10월, 동부승지 최익현崔益鉉이 흥선대원군의 실정을 논박하는 상소를 올린 것이 계기였다. 고종이 성장했으니 흥선대원군의 섭정은 종식되어야 한다는 것이었다. 매천 황현은 최익현 상소의 중요성을 특별히 강조했는데, 최익현과의 개인적인 친분을 떠나서 지방 유림의 힘과 역할을 증명하고 싶었던 소망이 그렇게 투영되었을 것이다. 최익현과 사전 조율이 있었는지는 모르겠지만 이미 고종과 민씨가 사이에서는 음모가 진행되고 있었던 것이 틀림없다. 고종은 망국의 황제라는 굴레와 명성황후 때문에 상당히 나약한 인물이라는 이미지를 가지고 있지만, 권력과 돈, 무엇보다도 국왕의 권위에 대해서는 흥선대원군보다 더 강한 집념을 지닌 인물이었다.

11월이 되자 고종은 드디어 친정의 조서詔書를 내린다. 흥선대원군은 그제야 착하고 소심한 큰아들 이재면을 왕으로 삼지 않은 것을 후회했지만, 방법이 없었다.

대원군의 몰락을 낳은 주요 원인으로는 고종의 친정 의지와 국왕과 민씨가의 결탁, 서원 철폐가 불러온 유림 세력의 반발, 경복궁 중건이 원인이 된 민심 이반을 꼽을 수 있다. 개혁가로서 흥선대원군은 분명한 미덕을 갖추었다. 고종의 측근으로 흥선대원군에 대해 별로 좋지 않은 정보들만 접했을 것 같은 헐버트조차 흥선대원군이 한국 정치사에 드문 걸물이라고 말했을 정도이니 말이다.

대원군은 개혁가가 가져야 할 그리고 지난 100년 동안의 역사에서 집권층에 결여된 자기 헌신을 갖추고 있었다. 그 대표적인 사례가 서원 철폐다. 서원 철폐는 엄청난 정치적 손실을 각오해야 하는 정책이었다. 고종을 즉위시킬 때 보여준 능력이 증명하듯이 흥선대원군은 정치적 감각이 탁월하고 영리한 인물이었다. 서원 철폐령을 밀어붙이면서 정치적 득실을 생각하지 못했을 리가 없다. 그러나 당장은 또는 상당히 오랫동안 자신에게 치명적으로 작용할 이 정책을 시행했다. 더 높은 목표, 자신이 추구하는 개혁을 위해서 반드시 넘어야 할 산이었기 때문이다. 당시 사람들은 적어도 그들의 세대에서 자신의 목표를 위해 몰락과 실패까지도 감수하는 이런 지도자를 본 적이 없었다. 결국 전국의 서원을 짓밟고 넘어서면서까지 추구했던 그 헌신적인 목표가 흥선대원군을 개혁가의 자리에서 밀어냈다.

그러나 그의 본질적인 한계는 비전의 오류다. 개혁을 통해 그가 이루려고 했던 세상은 과거 세종이나 영조가 추구했던 것과 똑같은 왕조였다. 결코 전통적인 조선왕조 다음의 세계를 인정하지도, 지향하지도 않았다. 《대전회통》과 《육전조례》의 편찬, 향리 처벌, 서원 철폐 모두 수백 년 전부터 고민해온 법이었다. 최대의 치적이라는 호포제의 시행도 200년 넘은 과제였다. 흥선대원군은 낡고 물이 새는 배를 청소하고 산뜻하게 재정비했지만, 그 배는 증기선이 아닌 과거의 황포 돛배였다. 호포제의 시행에 200년이 걸렸듯이 재가동을 시키는 것도, 흥선대원군 이하응이라는 불세출의 인물이 필요할 정도로 쉬운 일은 아니었다. 이 부분에서 그의 추진력과 실천력은 인정해주어야 한다. 하지만 결과적으로 그는 20세기가 아니라 18세기 또는 16세기를 향해 달리고 있었다. 그의 최악의 실수라고 하는 경복궁 중건도 16세기에 대한 집착의 결과였다.

경복궁 중건 사업을 위해 흥선대원군은 최악의 무리수를 둔다. 막대한 자금 조달을 위해 원납전願納錢 징수, 매관매직, 거기에 당백전當百錢이라는 악성화폐까지 유통했다. 매관매직도 어려워지자 거리에 병사를 풀어서 토끼몰이 하듯 사람을 잡아 원납전을 받고 놓아주었다. 이것은 그가 전 유림을 적으로 돌리면서까지 추구했던 개혁, 즉 국가 공권력의 공공성과 권위를 회복하고 사회 질서를 정상화시키며, 부정부패를 없애고 조세부담을 낮추어 농민을 안정시킨다는 정책 모두를 파괴하는 것이었다.

고종이 거주할 만한 궁궐이 없었던 것도 아니다. 경복궁은 없어진 궁전을 완전히 새로 지은 것이 아니다. 지금의 서울역사박물관 부지에서 북쪽으로 사직터널 앞까지 뻗어 있던 경운궁을 헐어서 옮겼다. 새로 지은 건물과 옮긴 건물의 비율은 정확하지 않지만 상당수의 건물이 경운궁에서 경복궁으로 이전되었다. 과장을 좀 보태자면 세종로를 기준으로 궁 하나가 90도로 이동한 셈이었다. 흥선대원군은 경복궁만이 아니라 전국의 관아를 조사해 없는 곳을 새로 짓고 낡고 허술한 곳은 중건하도록 했다. 조선시대는 군현이 너무 잘게 쪼개져 있어서 지금의 면 하나 정도밖에 되지 않는 군현도 많았다. 이런 곳은 너무 가난해서 제대로 된 관아를 갖추지 못한 곳도 있었는데, 흥선대원군의 명령으로 이런 군현에도 비로소 번듯한 관아가 들어섰다.

대원군은 자신이 목표한 개혁 정책까지 훼손시키면서 이 사업을 진행했다. 그 이유는 그가 권위와 위계질서를 무엇보다도 중시했기 때문이다. 그는 이것이야말로 국가와 사회를 운영해나가는 데에 가장 큰 힘이라고 생각했다. 그렇다면 그가 스스로 법과 질서를 파괴한 이유도 이해할 수 있다. 법과 질서도 국가의 권위와 위계질서를 위해 존재하는 것이기 때문이다.

권위와 위계질서가 무엇보다 우선한다는 관념, 그것으로 과중한 조세에 허덕이는 백성과 향토에서 행사하던 작은 권력과 권위마저 빼앗긴 지방 양반들의 불만을 해결할 수 있다는 자신감, 이것을 위해서는 어떠한 방법과 희생을 동원해도 괜찮다는 생각. 이보다 더 중세의 원칙에 충실한 인물이 어디 있겠는가. 흥선대원군은 조선이 근대로 가는 길목에서 중세를 지향했다. 이 비전의 오류가 조선 역사상 보기 드문 추진력과 불굴의 의지를 지닌 정치가를 역사의 무대에서 밀어냈다.

1873년 이후 흥선대원군은 역사의 주역에서 조연으로, 나중에는 희생자로 바뀐다. 1882년(고종 19년) 임오군란이 발생하자 흥선대원군은 잠시 권력을 획득했다. 군인과 백성이 흥선대원군을 찾은 이유는 고종과 민씨가의 실정 때문이었다. 민씨들이 집권한 이후 백성은 착취를 견디다 못해 한탄하며 흥선대원군의 정치를 그리워했다. 서원 철폐로 흥선대원군을 극도로 싫어했던 황현조차도 고종과 민씨가의 실정은 더 심했다고 증언한다. 게다가 민씨가가 집권하면서 고종 초반에 잠시 사용했던 탕평정책마저도 약화시켰다.

> 갑술년(1874년) 봄에 운현궁에서 나온 흥선대원군은 양주의 직동으로 내려갔으나 고종의 은례恩禮는 매우 인색했다. 이에 민승호가 집권하여 청반淸班에 있는 남인들을 완전히 도태시켰다. 어사들을 파견하여 남인, 북인 및 흥선대원군의 빈객으로 있다가 수령이 된 사람의 파직을 거론하여 이들이 거의 다 사직했다. 이때부터 남인들도 더욱 쇠퇴하여 어머니를 잃은 듯 실의에 빠졌다. 이에 성균관 유생들과 팔도 유생들은 서로 줄을 이어 대궐문 앞에서 규탄과 원망을 하였지만 고종은 이들마저 모두 물리쳤다. **황현, 《매천야록》**

이런 이유로 권력에서 밀려난 남인, 북인, 소론들도 흥선대원군의 치세를 그리워하게 되었던 것 같다. 그러나 흥선대원군이 힘을 회복하기에는 너무 늦었다. 임오군란이 발생한 후에 흥선대원군은 명성황후가 죽었다는 발표까지 했지만 그녀는 극적으로 탈출에 성공해서 장호원, 음성, 여주, 충주 일대의 민가를 돌아다니며 피난생활을 했다. 얼마 후 청군이 개입하면서 임오군란은 완전히 진압되고, 흥선대원군은 청나라 텐진天津으로 압송되었다. 이때 흥선대원군은 현재의 경기도 화성시 관하의 마산포麻山浦에서 증기선을 타고 갔다. 제너럴셔먼호 사건 뒤 그 배를 인양해서 만들려다 실패했던 증기선이었다. 감회가 남달랐을 것이다.

1885년 고국으로 돌아온 흥선대원군은 운현궁에 칩거했다. 아들이 국왕이지만 궁내 출입도 감시받았다. 1894년 갑오농민전쟁이 발발하고, 청군과 일본군이 개입하자 그의 귀에 다시 농민들이 흥선대원군을 부르짖는다는 소문이 들려왔다. 흥선대원군은 밀사를 파견해서 농민군 지도부와 접촉했지만 그들이 바라는 건 조정의 내분을 바라는 정략 정도에 불과했다. 전봉준이나 김개남金開男은 흥선대원군을 추대할 마음이 눈곱만큼도 없었고, 흥선대원군도 그들이 왕조의 재건이 아니라 혁명을 추구하는 무리라는 보고를 받고 기대를 접었다. 마지막으로 유림과 접촉한 흥선대원군은 의병을 일으켜 일본과 싸우자는 제의를 해보았지만 그들은 서원 철폐의 악몽을 기억하고 이 제휴를 거부했다.

1895년 명성황후가 일본이 보낸 자객에 의해 암살되었다(을미사변). 일본에 의해 흥선대원군이 다시 정계에 복귀했으나 실권을 얻기는 커녕 이용만 당하고 권좌에서 내려오게 된다. 3년 후인 1898년 봄에 흥선대원군과 부인 민씨는 운현궁에서 세상을 떠났고, 12년 후에 조선도 숨을 거두었다.

한말 당시를 보면 흥선대원군은 기존의 관료 중에서도 특별한 인물이었다. 그를 좋아하는 사람들은 그의 밀어붙이는 능력과 외세에 대한 강경한 태도를 좋아한다. 그러나 개혁가로서 흥선대원군의 위상과 역할은 확실히 과장되어 있다. 내정은 엉망이며 외국 군대가 쳐들어와도 그들을 물리칠 수 있는 변변한 무기마저 없던 그 시대가 아니라 좀 더 평온한 시기에 태어났더라도 흥선대원군이 개혁 역량을 제대로 발휘했을지 의문이다.

그는 문제를 단순하게 보고, 경복궁 중건과 전국 관아의 증축처럼 과시적이고 겉으로 드러나는 정책의 효과를 과신했다. 과거의 방법과 과제에 매몰되어 지금까지 이 책에서 살펴본 실패하는 개혁가의 조건을 다 갖추고 있었다. 외세에 대한 저항도 새겨볼 내용이 많다. 병인양요와 신미양요에서 흥선대원군이 받아들였어야 하는 교훈은 무엇일까? 전투의 열세와 패배에도 불과하고 우리가 이겼다는 극적인 만족감일까? 하지만 척화비로 대변되는, 최후의 순간까지도 변화를 거부했던 그의 옹고집은 우리의 근대사를 더욱 복잡하고 우울하게 만들었을 뿐이다.

윤치호
슬픈 운명을 지닌 최초의 근대인

파리와 서울의 동상이몽

1919년 1월, 파리에는 많은 경찰과 군중이 모여 있었다. 그 군중 속에 마르고 키가 작은 한 베트남인이 있었다. 그는 파리의 일류 호텔에서 일하던 일급 요리사로서 품속에 문서 한 장을 넣고 있었다. 파리강화회의에서 내세운 민족자결주의에 고무되어 조국 베트남의 독립을 요구하는 성명서였다. 얼마 후 그 청년은 자신이 순진했다는 사실을 깨달았다. 민족자결주의는 제국주의 국가가 식민지를 해방한다는 의미가 아니었다. 좌절하고 충격을 받은 청년은 요리사의 꿈을 접고 파리를 떠났다. 그로부터 20여 년 뒤 세계는 베트남의 정글에서 사회주의 혁명투사가 되어 있는 그를 발견했다. 그가 바로 호치민胡志明이다.

같은 시각, 조선의 수도 한양에서도 여러 사람이 비슷한 꿈을 꾸며 흥분하고 있었다. 하지만 윤치호尹致昊는 호치민과 같은 청년들의 좌절을 이미 예측하고 있었다.

> 신흥우 군이 찾아와 내게 유럽(파리)에 갈 의향이 있느냐고 물었다. 그는 계속해서 약소국에 소요가 일어나는 것과 조선에서 소요가 발생하는 것에 대해 어떻게 생각하느냐고 물었다. 나는 이렇게 대답했다. "세계대전과 관련 있는 약소국 문제는 파리강화회의에서 틀림없이 안건으로 상정될 걸세. 그러나 조선은 거론될 기회조차 없을 거야. 파리강화회의에서 조선에 대한 암거래는 제쳐놓고, 직간접적으로 세계대전과 관련 있는 약소국들 문제를 해결하는 데 주력할 걸세." **《윤치호일기》, 1919년 1월 17일***

파리강화회의에서 강대국들이 약소국(식민지)의 문제를 주요 의제로 삼은 이유는 그들이 식민지를 포기하기 위해서도 아니었고, 강대국에게 위협받는 약소국을 위해서도 아니었다. 제1차 세계대전의 주요 참전국들은 모두 1,000만 명이 넘는 사상자를 냈다. 이 전쟁은 역사상 유례가 없는 대참극이었다. 현대 전쟁의 가공할 살상력에 충격을 받은 그들은 강대국 간에 파멸적인 전쟁이 재발하는 것을 방지하기 위해 전쟁의 화약고, 즉 자신들의 식민지와 접경지대에 놓인 약소국 문제를 논의하고자 한 것이다. 따라서 강대국 간의 직접적 분쟁 지역이 아닌 조선 문

* 윤치호는 평생 영어로 일기를 썼다. 영어 학습을 위해서이기도 했지만 우리말로는 자신의 생각을 제대로 표현하기 어렵다는 것이 주된 이유였다. 언뜻 납득하기 어려운데, 1890년대는 현대 사회의 각종 개념, 서구의 국가와 지명에 관한 용어가 한자로 정리되지 않은 시대였기 때문이었다. 《윤치호 일기》는 최근에 완역되었는데, 본문에서는 김상태 편역, 《윤치호 일기》(역사비평사, 1988)와 송병기 역, 《국역 윤치호 일기 I》(연세대학교 출판부, 2001)을 인용했다.

제는 상정조차 될 리가 없었다. 윤치호는 이러한 사정을 이미 꿰뚫고 있었기에 "(파리강화회의는) 세계대전과 관련이 있는 약소국들의 문제를 해결하는 데만 주력할 것"이라 판단한 것이다. 하지만 조선 사람들은 희망을 버리지 않았다. 조선의 독립을 위해서는 무엇이든 일단 해봐야 하지 않겠느냐는 그런 절박한 의미 때문만은 아니었다.

> 중앙학교의 송교장(송진우)이 찾아왔다. 그는 국제연맹이 창설될 것이며, 약소국에 자결권이 주어지지 않는다면 이 기구는 아무런 의미도 갖지 못할 것이라고 말했다. 그리고 만일 이러한 이상적인 방안이 거부된다면 미국이 (일본에) 선전포고를 할 수도 있을 것이라 주장했다. 정말이지 어이없는 일이다.
> 난 그에게 다음과 같은 점을 이해시키려고 무진 애를 썼다. (1)거창한 이상이 모두 그렇듯, 국제연맹이 창설되어 실제 활동에 들어가려면 앞으로도 몇 년은 걸릴 것이다. (2)조선 문제는 파리강화회의에서 안건으로 상정되지도 않을 것이다. (3)열강 중 누구도 바보처럼 조선 문제를 거론해 일본의 비위를 거스르지는 않을 것이다. (4)미국이 단지 조선에 독립을 안겨줄 요량으로 일본과 전쟁을 불사한다는 것은 상상조차 할 수 없는 일이다. 그러나 송 교장은 내가 일본의 힘을 과대평가한다고 생각하는 눈치였다. **《윤치호일기》, 1919년 1월 17일**

송진우宋鎭禹는 일본 유학생 출신으로 중앙학교 교장을 거쳐 〈동아일보〉 사장을 지내고, 자본주의 국가 건설을 주장한 민족주의 진영의 대표적 인사였다. 그러한 그도 1919년 파리강화회의에 대해 완전한 착각을 하고 있었다. 그 착각 중에서 미국이 일본에 선전포고를 한다는 기대보다도 더 근원적인 오류가 '약소국에 자결권이 주어지지 않는다면 이 기구는 아무런 의미도 갖지 못할 것'이라는 부분이다. 아무런 의미가 없다는 것은 조선의 입장에서 본 것이다. 국제연맹이나 파리강화회의의 주체는 제국주의 국가들이었다. 그들의 관심은 식민지 쟁탈전이 제국주의 국가 간의 전쟁으로 비화하는 것을 막는 것이었다. 민족자결주의도 이런 방안에서 나온 것이다. 게다가 민족자결주의는 당시 막바지에 이른 제1차 세계대전의 패전국 식민지를 처리하기 위해 제시된 방안이었다. 그래서 파리강화회의는 약소국에 자결권을 주기는커녕 일본이나 독일 같은 후발 제국주의 국가들의 식욕조차도 채워주지 못하고 끝났다.

'아무런 의미가 없다'는 송진우의 생각은 주체와 객체가 혼동되어 있다. 타국과 세계의 문제를 자기 기준에서 바라보는 태도는 18세기 박제가의 시대와 달라진 것이 없다. 이것은 주체의식과 애국심의 소산도 아니다. 내 기준이 절대적으로 옳고 내 삶의 진리와 다른 세계가 있다는 것을 인지하지 못하는 중세적 사고와 소중화의식의 산물이다.

오늘날 우리의 입장에서 보면 믿기지 않는 일이지만 그것은 정말로 넘기 어려운 벽이었다. 박제가가 청나라 이야기를 했을 때 친구들은 이렇게 말했다. "어떤 역관은 중국을 (자네보다 더 많이) 몇 번이나 다녀왔지만 자네처럼 생각하지 않더라." 소현세자는 세계관을 바꾸고 심지어 천주교에까지 호의를 보였지만, 함께 인질생활을 한 봉림대군은 소현세자와 강빈의 변화를 못마땅하게 바라보았다. 이는 21세기인 지금도 마찬가지다. 그렇다면 윤치호는 어떻게 이 벽을 넘었던 것일까?

신흥 가문의 능력

윤치호를 이해하려면 부친 윤웅렬尹雄烈과 그 가문의 내력을 살펴보는 것으로 시작해야 한다. 윤치호의 집안은 한미했다. 서얼가문이었고, 고조부부터 조부까지 전혀 관직에 등용된 이가 없었다. 1856년(철종 7년)에 윤웅렬이 비로소 무과에 급제한다. 그는 정조가 시행한 서얼허통과 흥선대원군의 무장 우대정책 덕을 톡톡히 보았다. 그는 1861년 충청감영중군 겸 공주중군, 함북 북청병마우후토포사를 거쳐 1878년 통리기무아문참사, 남양부사로 승진했다. 1882년에는 우리나라 최초의 근대식 군대였던 별기군別技軍의 신병대장이 되었으며 1883년에는 함경남도병마절도사(남병사)가 되었다. 뇌물과 배경이 없으면 승진하기가 쉽지 않던 시대에 태생적 결함을 지닌 그가 이렇게 출세한 것은 기적에 가깝다. 하지만 그의 관직생활이 순탄할 리 없었다. 남양부사 시절에는 어사의 감찰에 걸렸고, 남병사 재직 중에는 가렴주구를 하고 사무를 늦게 처리한다고 함경도 감사의 탄핵을 그리고 보고서의 격식이 틀렸다고 의정부의 탄핵을 받았다.

그래도 윤웅렬은 고종의 신임을 받으며 버텼다. 더욱 놀라운 것은 그의 이러한 출세가 단지 그의 보신 능력과 정치적 능력만으로 이룬 결과가 아니라는 사실이다. 그가 남병사 시절 의정부와 감사의 탄핵을 받은 진정한 이유는 향교에 세운 향헌비鄕憲碑(조선 후기에 북청의 양반가문을 기록한 비로 북청의 전통 양반들은 이 비에 기록되지 않은 집안은 양반으로 인정하지 않았다)를 헐어버렸으며, 법대로 군인을 징발하고, 향교를 군대 훈련장으로 만든 것 때문이었다. 그는 보수적인 전통 양반가문의 행세에 정

윤치호와 아버지 윤웅렬

서얼이었던 윤웅렬은 무관 출신으로 고종의 신임을 얻으면서 급부상했다. 조선의 근대화에 뜻을 두었으나 여러 차례 정변에 휘말려 일본과 중국에서 망명생활을 하기도 했다. 그는 러일전쟁 무렵, 정계를 은퇴한 뒤 완전히 친일로 돌아서 일본으로부터 남작 작위를 수여받았다.

면으로 대항했다. 이처럼 소신 있고, 파격적인 행동을 하면서 윤웅렬은 관료 세계의 험난한 파고를 헤쳐갔다.

이렇게 되기 위해서는 소신만으로도 안 되고, 뇌물 같은 부정적 방법만으로도 안 된다. 말로 형용할 수 없는 복잡하고 다양한 능력이 필요한데, 그 능력을 가장 잘 보여주는 사례가 동생 윤영렬尹英烈(윤보선 전 대통령의 조부)의 성공기다. 윤영렬의 출세에 결정적인 계기가 된 사건은 1894년의 갑오농민전쟁이었다. 300명의 병사를 모집한 그는 정부군에 가담해 혁혁한 공을 세웠다. 천하장사였던 그는 머리가 좋고 행정력도 뛰어나 산적 소탕, 도적 체포의 달인이 되었다.

결코 농민군을 깎아내리려는 것은 아니지만 모든 혁명은 아무리 뜻이 좋아도 부작용이 있기 마련이다. 이런 부작용은 농민군이 다스리는 지역보다 그렇지 않은 외곽 지역에서 더 심하게 발생했다. 비적 세력이 혁명군의 간섭을 받지 않고 활동할 수 있기 때문이다. 순수 혁명 세력이 봉기하는 일도 있었지만 비상시국이다 보니 그 의도를 명확히 구분하기 어려웠고, 수령과 관군이 도망가 치안 부재 상황이 되면서 도둑과 비적이 늘었다.

윤영렬은 여러 지역에서 해결사로 활약했는데, 특히 그의 재능이 최고로 빛난 곳이 안성이었다. 안성은 남부와 중부를 잇는 교통 요지로 조선시대 최고의 상업 요지이자 전략 요충지였다. 그러므로 당연히 도적이 들끓었다.* 1896년 봄부터 6월까지 방화와 약탈 사건만 수십 건이 발생했다고 할 정도였다. 관아에 관군이 없어서 군수는 협박 편지를 받으

* 이 중에는 농민군 집단도 있었겠지만, 기록상으로는 혁명군과 도적을 구분하기가 힘들어서 일괄적으로 도적이라고 표기하기로 한다.

면 놀라 도주했다. 이런 상황에서 윤영렬이 안성군수로 부임했다. 윤영렬은 부임하자마자 근대적 치안 제도와 순검 제도를 도입했으며 민병대를 조직해 '도적' 토벌에 나섰다. 토벌은 총격전까지 벌이는 치열한 난투였고 저항도 대단했다. 당시 안성 주변의 도적들은 무리가 강성해서 자신들의 병력이 8,000명에 이른다고 주장하며 윤영렬에게 죽산 오봉산에서 결투를 벌이자는 전갈을 보낼 정도였다. 윤영렬이 협박에 굴복하지 않자 논두렁에 숨어 윤영렬을 저격하기도 했다.

윤영렬은 생명의 위험에도 굴하지 않고 안성을 평정하는 데 성공한다. 비겁하고 무능한 관료들이 판치던 시절에 윤영렬의 책임감과 용기는 확실히 독보적이었다. 그의 재능은 이러한 투사적인 자질에 그치지 않았다. 당시 조선은 썩을 대로 썩어서 세금 징수 능력으로 수령의 성적을 평가했다. 군현의 사정을 무시한 채 얼마 이상 미납이면 처벌, 혹은 파면이라는 기계적인 규정까지 만들어서 운영했다.

간혹 거물급 인사가 수령으로 오면 조정에 상소해서 조세를 탕감하거나 유예하는 것이 가능했지만, 그렇지 않으면 백성에게 긁어서 바치거나, 출세를 포기하고 사직 또는 파면당하거나 둘 중 하나를 택해야 했다. 윤영렬은 이 난감한 상황에서 이전의 군수들이 해결하지 못한 역둔토驛屯土의 밀린 세금을 거두어 납부하는 한편, 안성군 호포의 절반을 탕감받았다. 또한 의병들이 관청 서류를 모두 태우는 바람에 밀린 세금의 납부가 어렵다고 하소연하여 세금 탕감을 받아내기도 했다. 한마디로 적당히 주고, 적당히 받으면서 정부와 민간 모두를 만족하게 하는 수완을 발휘했다.

자기 홍보에도 능력이 있어서 안성에만 선정비를 네 개나 세웠다.

물론 이것이 지방민의 진정한 감사의 표시였는지, 본인이 입김을 불어넣은 결과인지는 미지수다. 당시 선정비 중 한 개에는 이런 비문이 새겨졌다.

> 쇠는 부드럽게 다룰 수 없고, 그림을 빠르게 그리면 고통이 따른다. 백성은 편안함을 바라지만 밤마다 개 짖는 소리는 가리지를 않는구나. 병정과 잡기로 백성의 한 모퉁이를 붙잡고 한편으로는 금지하고 한편으로는 조절하니 바람이 달무리를 씻어내었도다.

일방적인 찬사도 비판도 아닌 비유로 가득한 글이지만 비정상적인 방법을 쓰지 않을 수도 없고, 모든 사람을 만족시킬 수도 없는 복잡하고 난감한 시대에 그의 능력과 행적을 무척이나 잘 표현한 시구가 아닌가 싶다. 권력과 부를 향한 탁월한 재능과 실천력은 형 윤웅렬은 물론이고 이들 형제의 후손들에게까지 이어졌다. 그중에서도 가장 돋보이는 인물이 윤치호였다.

1880년대 윤웅렬은 고종이 신뢰하는 몇 안 되는 무장이자 개화파와도 깊은 관계를 맺고 있는 인물이었다. 그는 최초의 신식 군대였던 별기군의 지휘관이었으며, 1880년 김홍집金弘集을 대표로 하는 2차 수신사의 일원으로 일본에 다녀왔다. 1881년 정부에서 다시 일본에 조사시찰단 파견을 추진하자 그는 당시 열일곱 살이던 아들 윤치호를 적극적으로 추천해 시찰단에 합류시켰다. 목적은 일본 유학이었다.

조정의 고관으로서는 놀라운 결단이었다. 비록 윤웅렬이 서얼이기는 했지만 국왕의 총애를 받는 고관이었고(물론 자신은 자기 능력에 맞는 대접을 받지 못한다고 생각했다) 윤치호는 어윤중魚允中의 제자로 소문난 수재였다. 쉽게 말하면 과거에 급제할 여건은 충분히 갖춘 상황이었지만, 그것만으로는 서얼의 자식이라는 굴레와 부당한 대우를 극복할 수 없다고 생각했던 것 같다.

자신이 경험한 부조리와 개항 이후 쏟아져 들어온 외국에 대한 정보를 접하면서 윤웅렬, 윤치호 부자는 전통 사회와 관습에 깊은 회의와 반감을 지니게 되었다. 윤치호는 무위도식을 자랑으로 삼는 조선의 양반들에 대해 "자기 손으로 하는 일이라곤 세수하는 것과 밥 먹는 것뿐"이며 "항상 어디가 아프다고 하면서 남의 동정을 받으려고만 하고 아랫사람에게 물건을 줄 때는 꼭 던져준다"고 비난했다.

이 말의 속뜻을 살펴보면, 조선의 지배층은 윤치호가 좋아했던 말처럼 '적극적·전투적'으로 무언가를 이루려 하지 않고, 저보다 힘없고 약한 사람들에게 온갖 치졸한 행세를 부리는 것으로 자기만족을 찾고 살아가는 인간들이라는 의미다. 이와 같은 조선의 전통 사회와 지배층의 행태에 대한 역겨움은 평생 그를 따라다녔다.

> 어젯밤 추도식을 지낸 다산 정약용이야말로 이조가 배출한 아니 박해한 위대한 학자다. … 그는 16년 동안 유배 생활을 하면서 매우 광범위한 주제를 다룬 70여 권의 귀중한 원고를 남겼다. 그런데 요즘에도 노론계에 속하는 인사들은 그가 남인이었다는 이유만으로 그의 책을 읽지도 사지도 않는다. **《윤치호일기》, 1935년 7월 17일**

> 40여 년 전 민영익은 워낙 지체가 높은 나머지 (체면상) 손목시계조차 차고 다니지 않았다. 그래서 수많은 시종 중 하나인 현흥택에게 시계를 차고 다

니게 했다. 민비도 시간이 궁금할 때마다 현씨를 불러 시계를 보곤 했다.

《윤치호일기》, 1934년 4월 29일

1881년 파견된 조사시찰단에 속한 청년 내에는 두 그룹이 있었다. 유길준俞吉濬 같은 명문가의 적손은 일본 개화사상의 태두라고 할 수 있는 후쿠자와 유키치福澤諭吉가 세운 명문 게이오기주쿠慶應義塾大學(게이오 대학의 전신) 입학이 준비되어 있었다. 다른 학생은 농업학교, 조선소, 제철소와 같은 기술학교 행이었다. 서얼인 윤치호의 예정지도 농업학교였다. 그러나 이토 히로부미伊藤博文와 함께 일본 근대화의 두 기둥이었던 외무장관 이노우에 가오루井上馨의 주선으로 도진샤同人社에 입학했다. 도진샤는 나카무라 마사나오中村正直가 세운 중등학교로 게이오에 필적하는 명성을 쌓아가던 학교였다.

1883년 윤치호는 일본에 온 김옥균金玉均의 권유로 영어 학습을 시작한다. 김옥균은 영어를 배워야 일본을 거치지 않고 서구 문명을 직수입할 수 있다는 말로 윤치호를 설득했다고 한다. 그리하여 1883년 5월, 조미수호통상조약에 따라 입국하는 미국 공사 푸트L.H. Foote의 통역으로 임명되었다. 겨우 3개월 학습으로 통역은 불가능했지만 당시 영어를 아는 사람은 윤치호뿐이었고, 이노우에와 후쿠자와의 추천에 힘입어 그가 임명되었다. 처음에는 일본인 통역이 일어로 통역하면 다시 윤치호가 우리말로 통역하는 삼각통역으로 행해졌다. 이후 윤치호는 미국 공사관에 거주하면서 영어 공부에 몰두한다.*

* 유영렬, 《개화기의 윤치호 연구》, 한길사, 1985.

통역 임무를 맡은 윤치호는 통리기무아문統理機務衙門의 주사로 임명되었다. 하급관원이지만 통역이라는 지위 덕분에 윤치호는 고종의 측근에서 근무하게 된다. 하지만 조선 사회에 대한 불만은 더욱 커졌다. 2년간의 유학 생활 동안 그는 근대 민주주의 사회에 대한 확고한 신념을 지니게 되었고, 조선의 현실에 개탄했다. 1884년 7월, 윤치호는 고종과 명성황후에게 이렇게 말했다.

> 청국은 사람이 많고, 땅이 커서 일본의 11배나 되는데, 사람들은 일본이 30년 내외로 갱장, 진작하여 문명 부강함이 60년간 외국과 통상한 청국보다 백배나 낫다고 말하니 이것은 무슨 까닭입니까? 청국은 옛것만 지켰으나 일본은 옛것을 고쳐서 새것을 본받았기 때문입니다. 우리나라에는 이 두 개의 본보기가 있으니 새것을 좇는 것과 옛것을 지키는 것의 이해가 분명하여 의심할 여지가 없습니다.

윤치호가 이 말을 꺼낼 당시, 개화파는 개혁을 준비하고 있었다. 바로 갑신정변이다. 개화파는 정변의 무력 기반으로 세 개의 부대를 준비하고 있었다. 광주유수 박영효朴泳孝가 이끄는 친군영 전영(광주유수부)과 후영의 부대와 함경병사 윤웅렬의 지휘하에 있는 북청군이었다(윤웅렬이 함경병사로 임명된 것은 김옥균의 힘이었다). 모두 일본식 신식훈련을 받은 군대로서 무장과 훈련에서 당시 최고의 부대라는 평판을 듣고 있었다. 친군영의 병력이 전영, 후영 합쳐서 1,000명, 북청군이 500명이었다.

그러나 수구파도 바보가 아니어서 낌새를 눈치 채고 박영효를 광주유수에서 해임시켰다. 그러자 개화파는 고종을 설득해 윤웅렬의 부대를 상경시켜 고종의 친위군으로 삼도록 한다. 그러나 마지막 순간, 수구파의 맹렬한 반대에 봉착한 고종이 북청군 500명 중 250명을 돌려보내라는 명령을 내린다. 그러자 윤웅렬이 발을 뺐다. 윤웅렬과 윤치호는 개화파에 대한 고종의 지지가 확고하지 않은 이상 정변이 실패할 가능성이 크다고 판단했다. 결론적으로 그 판단은 정확했다. 이 부분에서 이 집안의 개성이 드러난다. 그들은 언제나 최고 권력자의 의지에 민감했고, 그것을 거스르는 모험은 절대 하지 않았다.

거사 한 달 전, 윤웅렬은 북청군 전원을 돌려보내고 70명만을 남겼다. 정변 1주일 전에는 갑신정변의 주력이 된 친군영 전영의 지휘관 직을 사임했다. 그러나 정세판단과 양다리의 명수답게 국왕 측에 정변음모를 고자질하지도 않았다. 갑신정변은 청나라 군대의 개입으로 실패했다(1884년). 전황을 보면 윤웅렬의 북청군이 가세했어도 전세를 뒤집지는 못했을 것이다. 윤웅렬과 윤치호의 양다리 처세에 고종과 개화파 양쪽이 다 격분하여 그 두 사람을 죽이려고 했지만 결론적으로는 그 양다리 덕분에 두 사람은 죽음을 면했다. 윤웅렬은 유배되었고, 윤치호는 망명해서 중국과 미국에서 유학 생활을 시작한다.

개화의 길, 망국의 길

상해로 간 윤치호는 중서서원中西書院에서 3년 6개월을 수학하고, 미국으로 건너가 에모리대학에서 5년간 공부했다. 그는 상해 유학 시절에 세례를 받고 남감리회 교인이 되었다. 윤치호는 유학 생활을 하며 부강한 독립국이 되려면 민주주의에 기반한 서구적 문명사회를 건설해야 한다고 확신하게 되었다. 황제가 지배하는 중국은 더는 동경의 대상이 아니었다. 18세기 가장 혁신적인 인물들이 조선에서 왕따를 감수하며 부르짖었던 '북학'도 이제는 의미를 상실해버린 것이다. 그가 기독교인이 된 것도 조선 사회의 선각자들이 고수했던 유학과의 결별을 의미한다. 조선을 둘러싼 세계가 그만큼 변했다.

1894년 갑오농민전쟁이 발생하자 윤치호 집안에 다시 변화가 일었다. 앞에서 살핀 것처럼 윤영렬은 안성군수로 취임해 맹활약하며 출세의 전기를 잡았고 윤웅렬은 갑오개혁 내각의 군부대신이 되었다. 이무렵 윤치호도 귀국해 2차 김홍집 내각에 참여, 학부협판學部協辦이 된다.

1896년 4월, 윤치호는 민영환閔泳煥을 수행해 러시아의 페테르부르크에 가 니콜라이 2세의 대관식에 참석했다. 이때 민영환이 양복을 입고 행사에 참석해서 우리나라에서 처음 양복을 입은 사람이라는 명성을 얻었다. 하지만 양복보다 더 큰 변화가 민영환에게 발생한다. 잘 알다시피 나중에 을사늑약乙巳勒約(1905년)이 맺어지자 민영환은 자결해서 열사의 지위에 서게 되는데, 사실 민영환은 이전까지만 해도 평판이 상당히 좋지 않았다. 황현이 민씨 중의 악당으로 지목한 3인 중에 민영환이 있을 정도였다.

그 민영환이 갑자기 변하는 계기가 니콜라이 2세의 대관식이었다고 한다. 러시아를 다녀오고 나서 민영환은 세계의 발전과 조선의 현실에 충격을 받았던 듯하다. 돈 많은 귀공자에 장안의 난봉꾼으로 명성이 자자했던 그가 이후로는 궁궐에 멍하니 앉아 있는 모습이 목격되기도 하고, 말수가 갑자기 없어지고 우울해졌다고 한다.

윤치호의 변화는 보다 예리하고 이지적이었다. 그는 러시아는 다른 유럽 국가와 다르게 사회 내면에 심각한 문제가 있다는 사실을 간파했다. 그는 일기에 러시아의 도시와 궁전은 다른 나라 못지않게 화려하지만 크고 웅장한 것만 추구해서 무언가 어울리지 않으며, 사람들의 모습과 질서에서도 내면적 수준을 찾아볼 수 없다고 적었다. 또 건물에 비해 주민들의 모습은 가난하고 초라하며, 특히 촌락 주민의 생활은 조선보다 못한 곳도 얼마든지 있다고 했다. 이때의 경험으로 윤치호는 중국과 함께 러시아도 제대로 된 선진국 목록에서 삭제했다.

이 시기 독립협회가 결성되면서(1896년) 윤치호의 명성과 능력이 최고로 발휘되기 시작한다. 초기의 독립협회는 윤치호의 말대로 이완용 파, 흥선대원군 파, 러시아 파, 일본 파, 근왕 파 등 이해관계에 따라 각종 정파가 섞인 쓸모없는 집단이었다. 이 단체를 제대로 된 국민 계몽 단체이자 정치 단체로 변모시킨 사람이 윤치호였다. 서재필徐載弼이 회장을 맡던 시절 윤치호는 부회장으로서 협회의 모든 일을 처리했다. 만민공동회萬民共同會를 개최해 독립협회를 대중적 운동 단체로 만든 것도 윤치호의 공로였다. 이후 윤치호는 독립협회 회장과 《독립신문》의 주필을 지내면서 국민 참정과 근대 민주주의 개혁을 추진했다.

1898년 10월에는 만민공동회 활동이 결실을 보아 국정개혁강령이 채택된다. 이로써 관선 25명, 민선 25명의 의석을 규정한 중추원中樞院 설립이 추진된다. 우리 역사상 처음으로 국민의 참정권이 공인된 것이다. 그러나 이날, 중추원 설립이 윤치호가 공화정을 설립해 대통령이 되려는 음모라는 내용의 익명서가 고종에게 전달되었다. 이 사건으로 독립협회는 해산되고, 중추원 발족도 무산되고 말았다.*

이때쯤 윤치호는 이미 내면적으로는 절망의 길로 접어들고 있었다. 윤치호는 자신이 생각했던 서구적 근대국가를 이루려면 제도 변화뿐 아니라 교육을 통한 국민의 의식구조와 행동양식의 변화가 우선이라고 생각했다. 이러한 경향은 초창기 유학 시절부터 나타나는데, 미국 유학을 통해 더욱 확고해졌던 것 같다. 그가 중국과 일본을 비교하면서 두 나라 모두 서구 문물을 수입했지만, 중국은 더럽고 게으른 나라가 되고, 일본은 깨끗하고 근면하고 진취적인 나라가 되었다고 생각한 것에서도 이런 의식이 보인다. 갑오개혁 이후 내각에 참여하게 되어 귀국할 때도 윤치호는 교육 분야에서 일하고 싶다는 소원을 피력했으며 실제로 학부 협판으로 근무했다.

반면에 그는 농민전쟁은 물론이고 의병운동, 일제강점기하의 무장운동에 대해서도 회의적이었다. 여기에는 두 가지 이유가 있다. 일본의 군사력을 당할 수가 없으며, 만에 하나 무력투쟁에 승리한다고 해도 그것이 근대국가를 이룰 수 있는 능력을 담보하지는 못한다는 것이 그 이유였다. 무장투쟁이나 혁명이 성공하려면 개명된 사회를 건설할 수 있는 내적 능력이 담보되어 있어야만 한다는 것이 그의 소신이었다.

이 판단의 옳고 그름에 대한 논쟁은 일단 유보하고, 그의 논리를 따라가보자. 그렇다면 조선이 강하고 부강한 자주국가로 변모할 수 있을 만큼 국민을 교육하고 사회를 변화시킬 수 있는 시간적 여유가 남아 있을까? 윤치호의 대답은 '아니다'이다. 이것이 그의 내면적 절망의 원인이다. 그는 갑오개혁에 참여하고, 독립협회를 운영하기 훨씬 전인 1890

* 유영렬, 《개화기의 윤치호 연구》, 한길사, 1985.

년 미국 체류 중에 벌써 이런 결론에 도달해 있었다.*

> 내가 아는 오늘의 조선이 선택할 길은 다섯이다.
>
> 첫째, 평화적 자기 개혁. 잘 훈련된 군대 조직, 정부 개조, 아무짝에도 쓸모없는 하급관리들의 전면적 소탕, 언론의 자유, 교육, 이런 것들이 개혁에 필요한 몇 가지 조치다. 그러나 민비와 그 일당의 이기심 그리고 고종에게 훌륭한 신하가 없다는 점 때문에 이러한 개혁이 조선에서 일어날 것이라고 기대할 수 없다.
>
> 둘째, 내부 혁명. 이는 현존하는 모든 악습과 무의미한 관습을 청산하고, 견고하고 개명된 터 위에 새로운 정부를 세우려는 현명하고 강건한 정신을 가진 이들에 의해 수행되어야 한다. 그러나 외세가 있고, 또한 그들이 이권에 개입할 것이기에 이러한 건전한 혁명이 일어날 것이라는 희망이 없다. 이 두 가지가 최선의 선택이다. 그러나 일어날 가능성이 희박하기 때문에 우리는 최악이지만 가능한 선택을 모색하게 된다. **《윤치호 일기》, 1890년 5월 18일**

여기서 최선의 선택 다음이 차선이 아니라 최악이라고 한 부분에 주목할 필요가 있다. 모든 식민지 국가와 세계 여러 국가의 고민을 윤치호는 잘 간파하고 있다. 그것은 차선의 기회가 없다는 것이다. 즉 우리에게 남은 메뉴는 불가능한 최선과 최악의 선택뿐이다.

그러면 남은 세 가지 길은 무엇일까? 바로 현 상태의 지속, 중국의 식민지화, 영국이나 러시아의 식민지화다. 일본이 쏙 빠져 있는 것이

* 허동현, 〈개화기 윤치호의 해외체험과 문화수용〉, 《한국문화연구》 II, 2006.

정말로 이상한데, 그것은 일본을 진정한 우방으로 믿었기 때문인지, 일본이 아직 조선을 점령할 능력은 없다고 보았기 때문인지는 알 수 없다. 아무튼 이날의 일기는 다음의 구절로 끝난다.

> 지금까지의 정황으로 보건대, 나는 러시아의 지배보다는 영국의 지배를 더 좋게 여긴다. 마지막 선택을 바라는 나는 자포자기의 심정이다. 그러나 처음 두 가지 상황은 일어날 가능성이 없고, 그다음 두 가지 상황은 견뎌낼 수가 없다.

윤치호의 한계

1919년 9월 12일 오후 3시 20분, 윤치호의 표현을 빌리면 '예쁘장하게 생긴 여학생'이 집으로 윤치호를 찾아왔다. 여학생은 조선인민협회 명의의 서한을 내밀면서 독립운동 자금을 달라고 요구했다. 윤치호는 이렇게 대답했다고 한다. "나 자신과 가족이 위험에 처할 수 있기에 돈을 줄 수가 없다. 아울러 독립운동가들이 생명의 위험을 무릅쓰고 조선에 잠입하지 못하면서 내게는 생명을 담보로 자기들에게 돈을 대라고 요구하는 게 희한한 일이 아닐 수 없다고 생각한다."

친일단체인 국민협회國民協會의 회장 민원식閔元植을 살해한 양근환梁槿煥의 체포 소식을 들은 1921년 2월의 일기에는 이런 구절도 있다. "젊은 사람이 하찮은 데 자기 목숨을 내놓다니 정말 유감스럽다. 암살 따위를 통해 조선 독립을 쟁취한다는 건 불가능한 일이다."

무력투쟁에 대한 윤치호의 회의론은 천성적인 것이었으므로 이 사실만으로 그를 친일파라고 규정하기는 곤란하다. 일제강점기 내내 윤치호는 YMCA를 중심으로 한 계몽 운동과 교육 사업에는 상당한 기여를 했다. 그는 개성의 한영서원과 그 후신인 송도고등학교, 평양 대성학교의 교장을 역임했다. 거부였던 그는 세브란스, 연희전문학교, 이화여자전문학교, 보성전문학교 발전사업회 위원장을 지내며 많은 기부를 했고 연희전문학교 교장도 역임했다. 또한 다양한 사회사업, 장학사업에도 많은 투자를 했다. 음악가 홍난파도 윤치호의 후원을 받아 일본에 유학했다.

그의 뇌리에서 떠나지 않는 생각은 우리가 독립을 얻더라도 독립을 유지해나가는 법을 배워야 한다는 것이었다. 그렇지 않으면 독립을 얻더라도 또 상실하고 말 것이라는 것이 그의 생각이었다(1921년 3월 4일 일기). 그가 무력투쟁에 대해 회의적이었던 이유도 일본이 너무 강한 반면, 우리 민족은 무력 투쟁을 성공으로 이끌 자질을 갖추지 못했다고 판단했기 때문이었다.

> 이탈리아군이 에티오피아에서 험한 꼴을 당하고 있다. 셀라시에라는 에티오피아 국왕은 용감하고 현명한 사람인가 보다. 그와 그의 아들들은 에티오피아군의 선봉에 서서 이탈리아 침략자들과 싸우고 있다. … 정말이지 극명한 대조가 아닐 수 없다. 에티오피아 국왕의 이 감탄할 만한 태도와, 침략자에 맞서 단 한 번도 군대를 직접 지휘한 적이 없는 조선 국왕들의 수치스런 행위 말이다. **《윤치호일기》, 1935년 10월 26일**

이 글에서는 국왕을 비난했지만, 윤치호는 게으르고 무책임한 양반과 도무지 진취적이지 못하고 책임감이 없는 조선 민중도 지금의 현실에 책임이 있다고 보았다. 그래서 그는 조선이 나아갈 길은 투쟁이 아니라 교육과 계몽뿐이라는 이분법적 선택을 하게 된다. 그에게 독립할 수 있는 방법은 일본의 선물뿐이었다. 그리고 어느 시점에서는 정말로 그것을 기대하고 있었다.

그는 왜 이런 극단적인 생각을 했을까? 윤치호는 사회 발전의 요인으로 두 가지를 생각하고 있었다. 첫째는 지도자의 능력, 둘째는 민족성이다. 그래서 그는 조선의 옛 지배층과 양반을 신랄하게 비판했고, "무솔리니와 같은 파시스트를 유능하고 정직하고, 상식 있고 정력적인 사람, 그러나 호전적인 민족에게서나 출현 가능한 인물"이라고 평가했다. 민족성 부분에서 윤치호는 기독교로 개종함으로써 조선의 전통과 단절했다. 민족성의 다른 부분인 진취성, 책임감, 판단력 등의 분야는 개종 여부와 무관하게 그와 그의 일가들이 이미 충분히 능력을 증명했고, 자녀, 손자, 사위, 며느리에게로 유전되면서 조선 최고의 신식 그룹을 형성하는 중이었다. 그러나 보통의 조선인은 그렇지 않았다.

> 난 조선인들이 개인별로는 정신적으로나 육체적으로 일본인들보다 못한 게 없다고 생각합니다. 하지만 우리는 일본인들에게 두드러지게 나타나는 책임감과 공덕심이 없습니다. 그러다 보니 협동심과 정직성이 요구되는 사업을 경영할 수가 없습니다. **《윤치호일기》, 1939년 7월 3일**

일본과 싸워서 이길 수 없다고 판단한 이유도 현실적인 조건 때문만은 아니었다. 그는 민족의 자질과 능력에서 차이가 나기 때문이라고 여겼다.

> 우리가 일본인들을 경멸할 자격이 있는가? 어디 한번 생각 좀 해보자. 일본인들은 깔끔하기로 유명하다. 우리는 불결하다고 소문이 나 있다. 그들은 부지런하기로 유명하다. 우리는 게으르다고 소문이 나 있다. … 우리 입장에서 최선의 행동은 일본인들의 뛰어난 자질을 가능한 한 많이 배우고 모방하는 것이다. 그들의 청결성, 근면성, 협동심, 기강, 응집력 등을 말이다. **《윤치호일기》, 1920년 7월 26일**

그렇다고 해서 그가 일본의 모든 것을 맹목적으로 추종한 것은 아니다. 일본의 무단 통치에 대해서도 그는 일기에 많은 불만을 토로하곤 했으며, 진정으로 조선의 독립을 바랄 뿐 아니라 조선의 이권을 수호하자고 했다.

> 박흥식은 미스코시 백화점을 어설프게 흉내 낸 화신백화점을 열었다. 언론에서는 그가 엄청난 비용을 들여 7층짜리 백화점을 짓고 있다고 보도했다. 일본 대재벌인 미쓰비시가 그에게 돈을 빌려주기로 되어 있다. 내가 보기에 이는 정신 나간 짓이다. … 종로 심장부에 교활한 일본 상인들을 위해 큰 점포를 내는 게 틀림없다. 그가 조만간 이 값비싼 터와 건물을 일본인들에게 고스란히 넘겨주고 은퇴하거나 그 대가로 조선의 부호가 될 것 같다. **《윤치호일기》, 1934년 4월 9일**

그러나 1930년대를 넘어가면서 윤치호는 점차 심각한 비관론에 빠지게 된다. 여기에는 나보다 강한 자에게 덤벼서는 절대로 이길 수 없다고 생각하며 살아온 윤치호의 습관과 제국주의 열강에 대한 총체적 실망감이 복합된 결과가 담겨 있다. 1890년대 러시아보다는 영국의 식민지가 되는 게 낫다고 말한 윤치호는 1934년, 신사의 나라라고 생각했던 영국도 식민지에서는 똑같은 야만국이었다는 사실을 발견한다.

> 인간의 본성은 어디나 다 똑같다. 다르기를 기대한다는 건 순전히 망상에 불과하다. 그래서 언제나 약하고 호전적이지 못한 국가가 강대국 대신 욕을 먹고 곤경을 당하기 마련이다. **《윤치호일기》, 1934년 6월 18일**

중일전쟁이 심화되면서 일본군의 야만성 역시 유감없이 드러나기 시작했다. 꽤 충격을 받았겠지만 윤치호는 자신의 실력양성론과 준비론을 포기하는 대신 총체적인 회의론자로 변해버린다. 사실 그것은 당연한 귀결이었다. 영국과 일본의 본질이 어떻든 그에게 조선은 여전히 '음식점 하나도 제대로 경영하지 못하면서 독립 국가를 경영하겠다고 우기는 민족'이었고, 새로 알게 된 사실은 조선을 지배하는 국가도 남들과 똑같이 사악한 국가라는 사실뿐이었다.

그러나 이런 인식의 변화가 있었다고 해서 일본을 배워야 한다는 논리를 일본에게 협력해야 한다는 논리로 바꾼 사실을 설명할 수도 변호할 수도 없다. 중일전쟁과 태평양전쟁이 발발하고, 일본의 민족동화정책이 시행되면서 윤치호의 행동도 변호할 수 있는 수준을 넘어섰다. 강연, 방송 등을 통해 지원병 모집 활동을 하고, 1941년에는 중추원고문,

1945년에는 일본이 임명한 칙선의원이 되었다. 이러한 노골적 친일 행위에 대해서는 개인적인 품성의 한계, 일제의 협박, 현실에 대한 비관론, 그의 사상적 한계 등 여러 가지 해석이 있는데 아마 이 모든 것이 복합된 결과일 것이다.

81세까지 장수를 누린 덕분에 그는 해방을 보았다. 물론 해방의 기쁨을 누리기도 전에 그에게는 친일파라는 비난이 쏟아졌다. 노령과 질병에도 그는 이러한 비판이 가소롭고 위선적이며, 어리석은 행동이라는 취지의 글을 남겼지만 부담을 이겨내기는 어려웠던 것 같다. 해방의 해가 가기도 전인 1945년 12월 6일, 윤치호는 개성 자택에서 뇌일혈로 사망한다.

복잡한 유산

조선은 운명의 마지막 순간에 개혁과 개방에 헌신한 진취적인 선각자들을 배출했다. '근대적 인간'이라는 기준으로 볼 때 윤치호는 그들 중에 가장 앞서 있었다. 최소한 1930년대까지만 해도 윤치호는 조선에서 근대 민주주의 사회의 운영 원리와 건설 방법을 가장 잘 이해하고 있는 인물이었다. 국제정세나 사회 현실에 대해 윤치호는 감정이나 이념을 앞세우지 않고 현실을 볼 줄 아는 탁월한 능력을 가지고 있었다.

윤치호가 100년만 일찍 태어났더라면, 아니 100년 전의 사회가 윤치호와 같은 인물을 양성하고 받아들일 수 있었더라면 조선 사회는 크게 변했을 것이다. 윤치호의 삶은 개혁가의 교훈이 아니라 개혁에 실패한 나라, 외부와 단절했던 나라의 비극을 보여준다. 조선 사회를 위해 필요했던 그의 선각자적 능력, 그의 탁월한 현실감각은 개인의 치부와 기회주의적 처신, 친일 행위에 묻혔다. 이런 평가를 받게 된 데에는 일차적으로 윤치호에게 책임이 있다. 사실 그의 일기에는 단죄의 여지가 될 만한 말들이 수없이 남아 있다. 그는 고종과 양반층에 대해 무책임하고 나라를 위해 진정으로 싸운 적이 없다는 말로 평생토록 그들을 비판했다. 전혀 무책임했던 것은 아니었지만 윤치호도 자신과 그의 가족이 감당할 수 있는 만큼만의 책임을 수행하려 한 건 사실이다.

그 자신에 대한 더욱 적절한 선고는 그가 고종만큼 싫어했던 민영휘閔泳徽에게 퍼부었던 비난이다.

> 신문보도에 의하면 민영휘 씨가 자기가 설립한 휘문의숙에 10만 원가량을 내놓기로 했다고 한다. 조선일보는 사설을 통해 민씨가 도덕, 명성, 재력 면에서 조선 최고라고 평했다. 당치 않은 소리다. 민씨를 두고 도덕적이라고 평가하는 건, 아무리 극악무도한 방식으로 돈을 벌더라도 그중 일부를 공익사업에 투자하기만 하면 그것으로 면죄부가 된다고 조선 청년들에게 가르치는 것과 조금도 다를 바가 없다. 민영휘와 이용익李容翊 중 전자는 청일전쟁, 후자는 러일전쟁의 직접적인 원인을 제공한 인간들이다. 학교 하나를 후원한다고 해서, 아니 제아무리 많은 학교를 후원한다 하더라도 이런 작자들은 절대로 용서받을 수가 없다. **《윤치호일기》, 1921년 6월 26일**

조선과 일본의 민족성 비교 그리고 진취적·호전적인 민족만이 선진국이 될 수 있으며, 그렇지 못한 조선을 근대화하려면 교육을 통한 민족성의 변화가 필요하다는 윤치호의 생각은 세부적으로는 잘못된 부분이 많다. 그러나 20세기 전반이라는 시대 속에서 보면 이는 크게 그릇된 생각도 아니었다. 세계가 자본주의와 사회주의 두 개의 축으로 분리되면서 철학과 역사의 영역도 이성과 물질을 기준으로 각각 극단적인 형태를 띠게 되었다. 심지어 파시즘 지도자에 대한 열망도 파시스트 국가만이 아니라 이론상으로는 정반대의 형태라는 사회주의 국가에도 동시에 존재했다.

근대국가의 성립과 발전을 위해서 항쟁이 우선이냐 실력양성이 우선이냐는 고민 역시 어리석은 것이다. 두 가지는 다 필요하다. 그것은 윤치호 사후, 20세기의 남은 50년 동안 수십 개의 국가가 증명해주었다. 그러나 이 생각이 식민지 현실로 돌아오면 친일과 협력의 논리라는 굴레를 쓰게 된다. 엄밀히 말하면 친일은 개인의 실천과 양심의 문제이고, 사회 발전과 국가 건설을 위한 방안과는 별개의 문제다. 하지만 우리 현실에서는 그렇지 못한 것도 사실이었다.

안타깝게도 이 혼란은 독립 국가가 된 오늘날까지 이어지고 있다. 누군가의 주장이 과거 친일파가 했던 논의와 비슷하다고 낙인이 찍히면 버티기가 어렵다. 21세기는 20세기와 또 달라서 세계는 시시각각으로 변하고, 우리는 매일같이 개혁을 강요받는 시대가 되었다. 그러나 아직도 많은 사람이 과거의 논리와 과거의 교훈을 혼동하고 있다. 더욱이 과거에 대한 집착은 이상한 민족주의를 낳았다.

21세기 대한민국은 세계에서 수출을 가장 많이 하는 나라 중 하나이자, 수입 의존도 역시 다른 나라에 비해 높은 나라가 되었다. 그럼에도 불구하고 아직도 많은 사람이 '수출은 애국이며, 수입은 매국' '무역이란 수입은 막고, 수출은 장려해서 수익을 올리는 경제 행위'라는 구멍가게식 정의를 믿고 있을 정도로 현대사회의 구조를 잘못 이해하고 있으며, 감정적이고 배타적 민족주의가 강하다. 이런 감정은 정치와 선동에 악용되고 국가적 목표를 설정하는 데 커다란 장애요소가 되고 있다.

윤치호가 주장한 개화의 논리가 최악의 친일 논리로 변화하고 만 것도 그 논리 자체가 친일이 될 수밖에 없는 구조여서가 아니라, 우리 사회가 개방과 개혁의 시기, 자기 변화의 시기를 놓쳤기 때문이었다. 그것은 윤치호나 우리 민족만이 겪은 고통도 아니다. 세계의 3분의 2가 넘는 국가들이 똑같은 고민과 갈등을 겪었고, 그중 대부분은 이 문제로 아직도 심한 고통을 받고 있다.

역사의 진정한 목적은 잘못을 찾아 단죄하는 것이 아니라 그런 잘못이 다시는 발생하지 않도록 하는 것이다. 윤치호의 삶이 주는 교훈은 '때를 놓친 자각은 우리 민족과 국가 모두에게 슬픈 운명을 안겨줄 뿐'이라는 것이다.

이 책에 들어간 도판 중에는 저작권자를 찾지 못한 것들이 있습니다. 이에 관해 문의하실 분들은 편집부로 연락해주시기 바랍니다.

시대의 개혁가들

2009년 4월 13일 초판 1쇄 발행
2012년 11월 26일 2판 1쇄 인쇄
2012년 11월 30일 2판 1쇄 발행

지은이 | 임용한
발행인 | 전재국

본부장 | 이광자
단행본개발실장 | 박지원
책임편집 | 김효선 정선영 이연수
마케팅실장 | 정유한
책임마케팅 | 정남익 조용호 조광환 이지희 정현설
제작 | 정웅래 박순이

발행처 | (주)시공사
출판등록 | 1989년 5월 10일(제3-248호)

주소 | 서울 서초구 사임당로 82(우편번호 137-879)
전화 | 편집 (02)2046-2864 · 영업 (02)2046-2800
팩스 | 편집 (02)585-1755 · 영업 (02)588-0835
홈페이지 | www.sigongsa.com

ISBN 978-89-527-6765-3 03900